# 초등학생을 위한 개념 한국지리 150

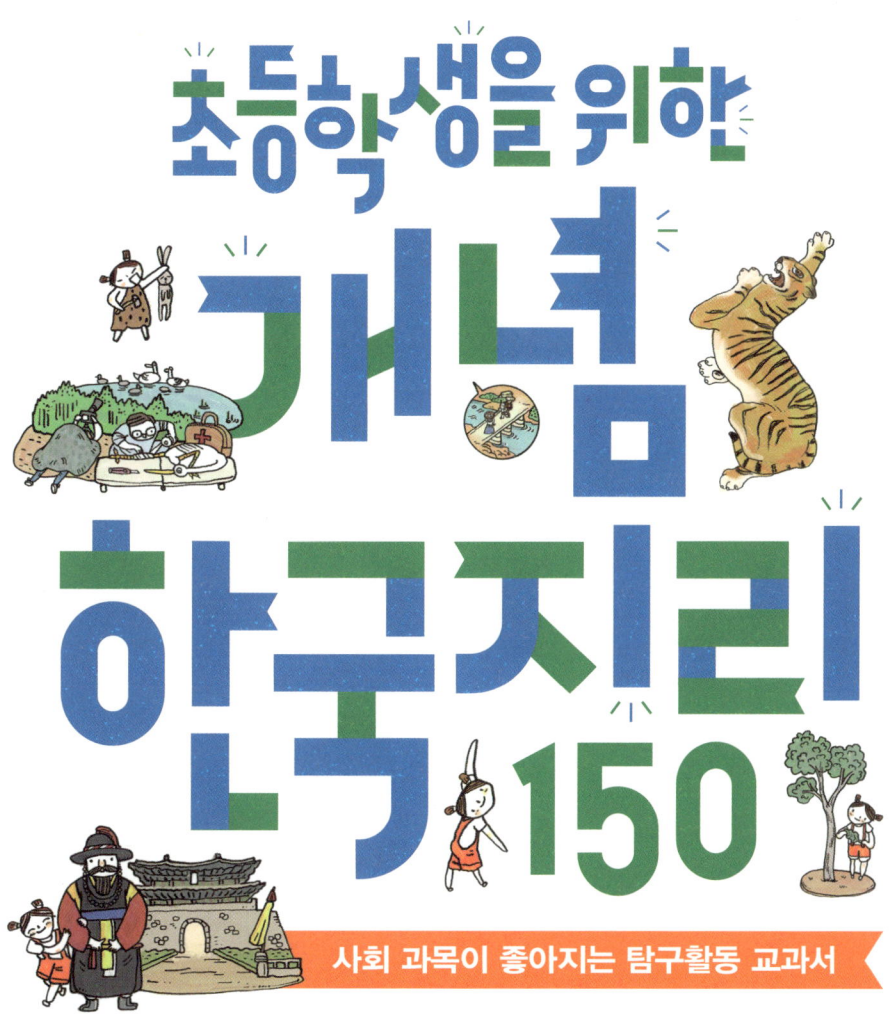

사회 과목이 좋아지는 탐구활동 교과서

고은애·김영미·문상온·박효연 지음 | 전국지리교사모임 감수 | 구연산 그림

바이킹

## 우리나라 구석구석으로 여행을 떠나면 세상과 나를 연결하는 지리가 보여요

우리나라는 다양한 자연환경에 둘러싸여 있어요. 높은 산이 있는가 하면 굽이치며 흐르는 강과 일렁이는 바다가 있고, 다양한 생물이 사는 갯벌, 곡식이 무럭무럭 자라는 평야 등이 있지요. 한반도가 품은 자연은 이처럼 다양한데 우리는 한반도의 구석구석을 얼마나 알고 있을까요?

어릴 적 가족들과 여행을 갔어요. 기차를 타고 도착하니 눈앞에 푸른 바다가 펼쳐졌죠. 살던 곳에는 바다가 없어 바다를 처음 보고 신이 났어요. 배를 타고 도착한 섬에는 평소 보지 못한 나무와 꽃들이 많아 신기했습니다. '어쩜, 같은 나라인데 풍경은 왜 이렇게 다양하지?'라는 생각이 들었어요. 주변을 둘러보고 찾은 식당에서도 새로운 음식을 보고 놀랐습니다. 바닷가 근처라 해산물이 많았고, 김치도 평소 먹던 맛이 아니었지요.

이후에도 우리나라를 여행하면서 깨달았어요. 사람들의 생김새는 비슷해도 지역에 따라 사람들이 사는 모습과 말투가 조금씩 다르다는 사실을 말이에요. 그리고 곧 '무엇 때문에 사는 모습이 다르지?'라는 의문이 들었지요. 생각은 꼬리를 물어, '한반도라는 작은 땅도 이렇게 모습이 다양한데 세계는 어떨까?'라는 궁금증도 생겼습니다.

어른이 된 지금, 훗날 세상 곳곳을 누빌 여러분을 위해 한반도의 자연과 사람들이 사는 모습을 친절히 알려 주고 싶었어요. 지형, 기후, 문화, 축제 등 다양한 한국지리 이야기를 이 책에 담았답니다. 이 모두가 '지리'예요. 지리는 나뿐만 아니라 친구와 이웃, 우리 사회의 다른 사람까지 이해하는 데 바탕이 됩니다.

언젠가 텔레비전에서 지구 반대편 사람들이 사는 모습을 봤습니다. 사계절이 있는 우리와는 다른 환경에 살고 있었죠. 처음에는 이들이 사는 모습이 이해가 가지 않았어요.

하지만 지리를 공부하고 나서 우리와 다르게 사는 모습을 이해하게 되었어요. 지리를 공부하지 않았다면 '다르다'는 것을 이해하지 못하고 '틀렸다'고만 여겼을 거예요.

《초등학생을 위한 개념 한국지리 150》에서는 우리나라를 지역별로 나누어 흥미로운 지리 이야기를 소개했어요. 지도에 어떤 정보가 담겨 있는지, 무심코 지나쳤던 땅이 어떻게 생겼는지 알 수 있습니다. 기후와 지형이 사람들의 삶에 미치는 영향도 다루고요. 우리나라 방방곡곡을 살펴보며 지역 문화와 특산물 이야기도 재미있게 풀어냈어요. 또한 도시 문제처럼 오늘날 사회에 나타나는 현상과 해결 방법은 무엇인지 함께 생각해 봅니다. 따로 외우지 않아도 이야기를 읽는 동안 익힌 개념이 자연스레 여러분의 지식이 될 거예요.

한반도의 주인인 여러분이 이 책을 보고 우리나라 구석구석을 잘 알게 되면 좋겠습니다. 그리고 폭넓은 이해로 탄탄한 지식을 쌓고 이웃을 이해하며 배려하는 삶을 살길 바랍니다.

고은애, 김영미, 문상온, 박효연

# 차례

이 책을 활용하는 법  8

## 1장

### 봄, 여름, 가을, 겨울이 예쁜 우리나라
: 기후, 지리, 국토, 생활 모습

'지구'와 '기록하다' 뜻을 합치면?  12
각 도의 이름에 숨은 도시 이름은?  13
장마는 왜 생기나요?  14
사람들이 모여 사는 곳의 공통점은?  15
왜 촌락에 일할 사람이 없어요?  16
고속 도로가 있는데 왜 철도가 필요하죠?  17
날씨를 어떻게 미리 알 수 있죠?  18
일본·중국·한국 사람은 왜 비슷하게 생겼어요?  19
지도로 땅의 높낮이를 알 수 있대요!  20
비가 가장 많이 내리는 계절은?  21
겨울바람은 어디에서 불어올까요?  22
갯벌과 모래사장이 있는 촌락은?  23
도로명 주소와 지번 주소는 어떻게 달라요?  24
우리가 사는 한반도는 어떻게 생겼을까요?  25
에어컨을 많이 켜면 지구가 덥대요  26
꽃이 피는 시기가 지역마다 다른 이유는?  27
넓은 땅을 지도에 나타내는 방법은?  28

우리나라와 뉴질랜드의 계절이 반대인 이유는?  29
우리 시도 광역시가 될 수 있어요?  30
하나의 민족이라서 한민족 아닌가요?  31
딸꾸기, 포각질, 딸꾹질 이게 다 같은 말이에요?  32
날씨와 기후는 같은가요?  33
농촌에서는 왜 주로 농사를 지을까요?  34
내 위치를 어떻게 알 수 있어요?  35
한반도의 공룡은 어떻게 사라졌을까요?  36
태풍의 이름은 누가 지어요?  37
우리나라 기후가 바뀌고 있대요!  38
슬금슬금 한반도가 움직이고 있다고요?  39
바다와 하늘에도 주인이 있을까요?  40
우리나라의 기후는 어떤 특징이 있나요?  41
나라마다 왜 시간이 달라요?  42
우리나라가 나이 들어가고 있어요  43
한국, 중국, 일본은 왜 문화가 비슷할까요?  44
너무 덥고 습하면 불쾌해진대요!  45
콜록콜록 황사는 어디에서 와요?  46
신재생 에너지가 무엇인가요?  47
우리나라인데 갈 수 없는 곳은?  48
태풍이 좋은 일도 한다고요?  49
인구수에도 절벽이 있어요?  50
날씨 정보로 어떤 물건이 잘 팔릴지 알 수 있대요!  51
김정호는 대동여지도를 어떻게 만들었을까요?  52
지층으로 지구의 역사를 알 수 있대요!  53
미래를 이끌어 갈 산업은 무엇일까요?  54

우리나라에서 비가 가장 많이 오는 곳은? 55
38선과 휴전선은 어떻게 달라요? 56

 **2장**

## 와글와글 수도를 중심으로 사람들이 모여요
: 서울특별시, 경기도

서울 사대문의 원래 이름을 알고 있나요? 58
경기도는 어떤 음식과 특산물이 유명해요? 59
왜 서울만 특별시라고 부르나요? 60
독립운동가를 가둔 서대문 형무소 61
지하철역 이름에 숨은 비밀은? 62
바다가 아닌데 섬이 있다고요? 63
도시에 주택이 부족해요 64
조선 시대 나라의 중요한 통신 수단은? 65
최초의 여성 서양화가 이름을 딴 거리 66
쓰레기 매립지의 대변신! 67
궁중 음식이 발달한 지역은? 68
도로, 철도, 항구, 공항만 다룬 지도가 있다고요? 69
지구처럼 도시에도 위성이 있대요! 70
우리나라 수도는 언제부터 서울이었어요? 71

아직도 조선의 임금님께 제사를 지낸다고요? 72
도넛처럼 보이는 도시의 비밀은? 73
조선 시대에도 계획도시가 있었다고요? 74
우리나라에도 사막이 있을까요? 75
비행기를 타지 않고 중국에 갈 수 있어요! 76
우리나라에 있는 가장 오래된 사찰은? 77
열섬은 어디에 있는 섬이에요? 78
할아버지가 가장 좋아하는 포천 막걸리 79
우리나라 대표 공항은 어디일까요? 80
옛날에는 한강에서 배를 타고 교역했대요! 81
처음 발견한 우리나라의 공룡알 화석지는? 82
우리나라 최북단에 병풍처럼 서 있는 두무진 83
도시에 사람들이 너무 몰리면? 84
여름에 시원한 한옥의 비밀은? 85
고인돌과 화문석이 유명한 곳은? 86
서울시는 어떤 산업이 발달했을까요? 87
조선 시대에 첫 번째로 지은 궁궐은? 88
우리나라 도심 속 자연공원은? 89
재개발을 하면 무엇이 달라질까요? 90
왜 새해가 되면 보신각종을 치나요? 91
어복쟁반과 호박김치가 유명한 지방은? 92

## 3장

# 굽이굽이 태백산맥을 따라가요
: 강원도, 경상도

우리나라 지도에 호랑이가 있어요!  94
대구의 별명은 대프리카?  95
메밀 하면 봉평이라고 말하는 이유가 뭐죠?  96
두 지폐 속 위인이 함께 살았던 집은?  97
대관령이 여름에도 시원한 이유는?  98
대게가 유명한 곳은?  99
조선 시대 3대 고갯길은?  100
동해안은 밀물과 썰물이 없나요?  101
대구와 오징어가 모두 잡히는 바다의 비밀은?  102
화산섬 울릉도에 눈이 많이 내리는 이유는?  103
우리나라에서 가장 역사가 깊은 축제는?  104
조선 시대에 냉장고가 있었다고요?  105
댐의 좋은 점과 나쁜 점은 뭘까요?  106
한강이 시작되는 곳은?  107
굽이굽이 넘어 다니던 고개를 찾아라!  108
세계 전통 탈춤을 보러 가 볼까요?  109
우리나라 최초의 사립 대학교는?  110
북동풍을 뜻하는 순우리말은?  111
우리나라 절은 왜 산속에 많나요?  112
황해와 남해의 해안선이 삐뚤빼뚤한 이유는?  113

국제 영화제가 처음 열린 곳은 어디일까요?  114
울타리 없는 박물관이라 불리는 곳은?  115
산에도 논이 있을까요?  116
강릉과 광주의 기온이 같다고요?  117
한반도에 공룡들의 놀이터가 있었대요!  118
독도는 왜 우리에게 중요할까요?  119
옥수수와 고랭지 배추로 유명한 지방은?  120
왜 삼천포로 빠지지 말라고 해요?  121
해인사에 보물이 숨겨져 있다고요?  122
동해안에는 해식애가 많아요  123
한반도에서 가장 추운 땅은 어디일까요?  124
희귀 동식물의 천국인 산은?  125
대구가 국내 최대 섬유 도시가 된 이유는?  126

## 4장

# 섬과 드넓은 평야를 찾아 떠나요
: 전라도, 충청도, 제주도

두꺼비 전설이 깃든 강은?  128
사람은 서울로, 말은 제주도로 보내라?  129
유관순은 어디에서 독립운동을 했을까요?  130

우리나라 해전 역사에 길이 남는 대승은? **131**
산 정상에 호수가 있어요? **132**
김치는 원래 빨갛지 않았대요! **133**
바닷가에도 밭이 있어요? **134**
같은 경지에서 보리와 벼를 모두 길러요! **135**
제주도에 감귤이 많이 나는 이유는? **136**
조수 간만의 차가 무엇인가요? **137**
굴비가 유명한 지역은? **138**
수만 권의 책을 쌓은 듯한 채석강 **139**
물고기가 많이 모이는 황금어장 남해 **140**
우리나라의 3대 악성은 누군가요? **141**
혁신 도시로 살고 싶은 지역을 만들어요 **142**
공업 지역은 왜 바닷가에 많을까요? **143**
문화 발전에 힘쓰는 광주의 미술 전람회는? **144**
갯벌의 경제 가치는 농경지 못지않아요! **145**
바다가 둘로 갈라지는 신비한 바닷길 **146**
전라도와 경상도를 잇는 장터의 이름은? **147**
구석기 때 우리나라에 사람이 살았대요! **148**
심청이 몸을 던진 인당수는 어디일까요? **149**
은하수를 잡아당길 만큼 높은 산은? **150**
한반도에 누가 동굴을 팠을까요? **151**
우리나라에서 가장 큰 섬은? **152**
지역마다 집 모양이 달라요 **153**
호남의 금강이라 불리는 산은? **154**
금속 활자로 인쇄된 가장 오래된 책은? **155**
곡식이 자라는 평야는 어떻게 만들어져요? **156**

호두과자는 왜 천안이 유명할까요? **157**
태권도와 택견은 다른 무술인가요? **158**
왜 세종시로 정부 기관을 옮겼을까요? **159**
습지를 보호하려면 이 약속을 지켜야 해요! **160**
임금님이 찾던 온천에 가 보아요 **161**
제주도 사람들이 주로 바닷가에 사는 이유는? **162**
대추 하면 보은, 알밤 하면 공주래요! **163**
국악과 민속놀이 실력을 뽐내는 대회가 있대요! **164**
제주도에 종 모양을 닮은 화산이 있어요 **165**
땅을 새로 만들 수 있다고요? **166**
인삼을 먹으면 불로장생한다고요? **167**
민주주의를 꽃피운 호남의 도시는? **168**
백두산이 폭발할까요? **169**
지역에 따라 자라는 나무가 다 달라요 **170**

**찾아보기 171**
**도움받은 자료들 174**

# 이 책을 활용하는 법

### 분야별 아이콘
초등학교 사회 교육 과정 중 한국지리에 해당하는 영역인 '지리 인식', '장소와 지역', '자연환경과 인간 생활', '인문 환경과 인간 생활', '지속가능한 세계'를 골고루 다루었습니다.

### 핵심 개념 정리
교육 과정과 연계했을 때 알아 두면 좋을 개념을 정리했습니다. 본문을 읽고 나서 한 번 더 정리하면 개념을 확실히 익혔는지 확인할 수 있어요.

## 3 바다와 하늘에도 주인이 있을까요?

교과서 5학년 1학기 1단원 살기 좋은 우리 국토  핵심 용어 영공, 영해, 영토, 배타적 경제 수역

• **영토** 한 나라의 힘이 미치는 땅의 범위. 영공과 영해의 범위를 정하는 기준이 된다.

### 우리나라의 영토, 영공, 영해
우리 땅을 영토, 우리 하늘을 영공, 우리 바다를 영해라고 해요. **영토**는 가장 기본적이고 중요한 국가 영역입니다. 그래서 우리가 다른 나라에 갈 때는 여권을 가지고 출국 심사를 거쳐야만 갈 수 있어요. 우리나라 영토의 97%는 한반도이고 나머지 3%는 한반도를 둘러싼 섬이랍니다. 그렇다면 바다와 하늘은 어떨까요?

가끔 텔레비전에서 우리 영해에 불법으로 들어와 고기잡이를 한 중국 어선을 다룬 뉴스를 본 적 있을 거예요. 다른 나라 인근 바다는 함부로 갈 수 없어요. 고기잡이처럼 다른 행위도 할 수 없죠. 하늘도 마찬가지예요. 우리 영공도 우리나라의 허락 없이 다른 나라의 비행기가 다닐 수 없어요.

### 어디까지가 우리 바다와 하늘이에요?
우리나라의 **영해**는 동해, 황해, 남해가 있어요. 영해는 기선에서 12해리까지입니다. **기선**은 영해를 정할 때 기준이 되는 선이랍니다. 우리나라의 황해와 남해는 섬이 많아, 가장 끝에 있는 섬을 연결한 선이 기선이에요. 동해는 해안선이 단조롭기 때문에 해안선을 기준으로 기선을 세웠어요. 1해리는 약 1,852m예요. 그러니까 약 22km 떨어진 곳까지 우리 바다입니다. **영공**은 영토와 영해 위의 하늘을 가리킵니다.

#### 지리 탐험대
**두 나라가 너무 가까울 때 영해는 어떻게 구분하죠?**
두 나라의 대륙 사이 거리가 너무 가까우면 영해 다툼이 일어납니다. 우리나라는 일본과의 거리가 가까워 12해리를 적용할 수 없어요. 그래서 양국 합의를 거쳐 3해리(5,556m)로 정했답니다.

 영해를 정하는 기선에서 200해리까지 영역은 **배타적 경제 수역**이라고 합니다. 해당 국가가 경제적 권리를 가지는 수역이에요.

### 교과 연계
주제마다 초등 사회 교육 과정의 단원명을 연계하여 추가 학습을 할 수 있도록 도왔어요. 중·고등 교육 과정에 나오는 주제는 '심화'로 분류했습니다.

### 핵심 용어
본문에서 다루는 핵심 용어를 강조했습니다. '찾아보기'에서도 쉽게 찾아볼 수 있어요.

### 지리 탐험대
지리학자가 된 것처럼 지도 보는 법을 이해하고, 다양한 지역 문화를 알아보며, 사회 문제를 조사해 볼 수 있어요. 본문 내용을 깊이 있게 다루어, 탐구하고 체험할 거리도 제공합니다.

### 지식 나침반
주제와 관련해 추가로 알아 두면 좋을 상식을 소개했습니다. 친구와 선생님에게 지식을 뽐낼 수 있어요.

### 매일매일 재미있는 한국지리 이야기
초등학교 사회 교육 과정 중 한국지리에 해당하는 영역에서 중요하게 다루는 개념을 다루었습니다. 한국지리와 친해질 수 있도록 우리 주변에서 일어나는 흥미로운 이야기도 담았습니다.

## 분야별 아이콘

**국토와 지도**  우리나라 국토가 어디에 있는지, 영토·영해·영공의 개념은 무엇인지, 지도를 보고 이용하는 방법, 교통수단의 발달 등을 배웁니다.

**사회 문제**  사회가 발전하면서 환경 오염, 지역 불균형, 소음, 주차 공간 부족과 같은 환경·도시·주택 관련 문제가 일어나요. 어떤 문제가 일어나는지, 이를 해결하기 위해 어떤 노력을 해야 하는지 알아봅니다.

**자연**  산, 강, 바다와 같은 우리나라의 다양한 자연환경을 알아보세요. 한반도 곳곳마다 자연에 얽힌 놀라운 이야기가 기다립니다.

**지역 특산물**  우리 고장의 특산물에는 무엇이 있을까요? 지역마다 환경과 역사가 다르듯이 특산물도 다릅니다. 고장별로 유명한 특산물이 무엇인지 찾아보세요.

**지형**  땅 위에는 다양한 지형이 나타납니다. 바닷물이 깎아 만든 해안 절벽, 화산 활동으로 만들어진 지형, 강물이 휘돌아 나가는 마을 등 여러 가지 땅의 모습을 알아보세요.

**기후**  한반도에는 태풍, 꽃샘추위, 장마 등 다양한 기후가 나타나요. 날씨와 기후는 어떻게 다른지, 기후에는 어떤 요인이 영향을 미치는지 알려 줍니다.

**유적 탐방**  우리나라 방방곡곡에 있는 유적을 찾아 떠나 볼까요? 역사와 문화가 어떤 모습으로 남아 있는지 유적을 통해 알 수 있어요.

**지역 문화**  각 지역의 축제, 지명 등에는 역사와 문화가 담겨 있어요. 비슷한 듯 다른 지역 문화는 서로 영향을 주고받는답니다. 나라끼리도 영향을 받지요. 지역마다 어떤 문화가 있는지 알아보세요.

**지층과 화석**  우리가 살고 있는 한반도에는 한때 공룡이 살았습니다. 화석과 암석, 지층 등을 살펴보면 한반도가 어떻게 만들어졌는지, 예전에 어떤 모습이었는지 알아낼 수 있어요.

**환경과 생활**  사람은 자연환경에 맞추어 집을 짓거나 일을 합니다. 주어진 환경을 있는 그대로 이용하는 한편, 목적에 따라 개발하기도 하지요. 환경이 우리 생활에 어떤 영향을 주는지, 환경에 따라 어떤 산업이 발달하는지 알아볼까요?

**일러두기**
- 주제마다 연계한 단원명은 2015년에 개정된 교육 과정을 반영했습니다.
- 우리나라 행정 구역의 명칭은 2018년 기준입니다. 2018년 현재, 특별시 1개, 광역시 6개, 도 8개, 특별자치도 1개, 특별자치시 1개로 나뉘어요.

# 1장

# 봄, 여름, 가을, 겨울이 예쁜 우리나라

## 기후, 지리, 국토, 생활 모습

우리나라를 지도에서 찾아보면 땅을 둘러싼 세 면이 바다이며, 한 면은 육지에 이어진 '반도'예요. 또 사계절이 뚜렷하지요. 그런데 최근 한반도가 조금씩 이동하고, 기후도 점점 더워지면서 봄가을이 짧아지고 있대요. 우리나라에 무슨 일이 생기고 있는 걸까요? 지리와 기후는 물론 사회에 어떤 변화가 있는지, 사람들이 사는 모습은 어떻게 변하고 있는지 알아보세요.

# '지구'와 '기록하다' 뜻을 합치면?

- **자연환경** 산, 하천 같은 땅의 생김새와 날씨에 영향을 주는 눈, 비 등.
- **인문 환경** 논, 다리, 공장처럼 사람들이 자연환경을 이용해 만든 환경.

**교과서** 3학년 2학기 1단원 환경에 따라 다른 삶의 모습  **핵심 용어** 자연환경, 인문 환경, 지리

## 지리가 뭐예요?

지리는 다양한 지역의 자연과 사람들의 생활 모습을 연구하는 학문이에요. 영어에서 지리를 뜻하는 '지오그래피'(geography)의 어원은 그리스어로 '땅'이라는 뜻의 지오(geo)와 '기록하다'라는 뜻의 그래피(graphy)가 합쳐져 만들어졌어요. 합치면 '땅에 대해 기록한다'는 뜻이죠.

우리가 살고 있는 땅을 아는 것은 중요해요. 가족들과 적도 지방으로 여행가면서 두꺼운 겨울옷 차림이면 안 되겠죠. 또 험준한 산을 오를 때 튼튼한 신발을 신고 가는 건 필수예요. 이처럼 지리와 우리 삶은 아주 가깝답니다.

## 사람들의 사는 모습이 다른 이유

농촌과 어촌에 사는 사람들이 사는 모습은 서로 달라요. 농촌에서는 농사를 짓고, 어촌에서는 물고기를 잡습니다. 추운 지방과 더운 지방에서 사는 방식도 다르지요. 예를 들어 우리나라는 북쪽과 남쪽의 전통 가옥 구조가 다릅니다. 겨울철 추위가 심한 북쪽 지방의 전통 가옥은 열이 빠져나가지 않도록 'ㅁ' 자 모양입니다. 여름이 길고 무더운 남쪽 지방의 가옥은 넓은 대청마루를 갖추어 바람이 잘 통하는 구조예요. 이렇듯 사람들이 사는 모습과 가옥 구조 등이 다른 이유는 지역마다 지형과 기후, 즉 환경이 다르기 때문입니다.

우리 주변을 둘러싼 환경에는 산, 들, 하천, 비, 바람, 눈 같은 **자연환경**과 사람들이 만든 논, 밭, 도로 같은 **인문 환경**이 있어요.

### 지리 탐험대

**지리에도 종류가 있어요?**

지리는 크게 자연지리와 인문지리로 나눕니다. 자연지리는 자연 현상을 연구하는 학문으로 지형, 기후, 자원 등을 다뤄요. 인문지리는 사람이 만들어 내는 현상을 연구하는 학문인데 경제, 도시, 인구 등 여러 가지 삶의 요소를 다룹니다.

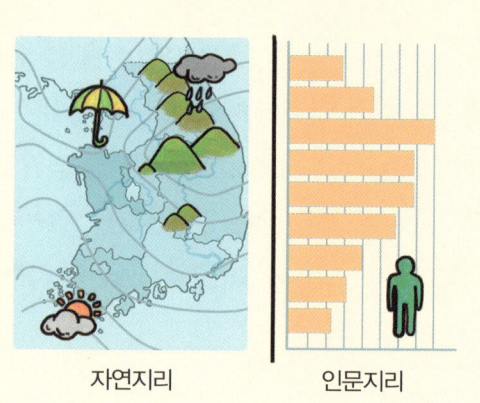

자연지리　　인문지리

 지도는 지리를 공부하는 데 중요한 자료예요. 주변에서 쉽게 볼 수 있는 지도에는 지하철 노선도, 차에 장착되어 길을 안내해 주는 내비게이션 속 지도 등이 있답니다.

# 각 도의 이름에 숨은 도시 이름은?

• **행정 구역** 나라를 효율적으로 다스리기 위해 나눈 구역. 한국은 특별시, 광역시, 도, 시, 군, 구, 읍, 면, 동, 리로 나눈다.

**교과서** 3학년 1학기 2단원 우리가 알아보는 고장 이야기    **핵심 용어** 행정 구역, 팔도

## 팔도강산의 '팔도'는 어디일까요?

조선 시대에는 지금과 달리 우리나라를 팔도로 나누었어요. 1413년 태종 때 함경도, 평안도, 황해도와 경기도, 강원도, 충청도, 전라도, 경상도로 구분했지요. 성종 때 《팔도지리지》라는 책을 통해서 많은 사람에게 알려졌어요. 그런데 오늘날 행정 구역과 조금 다르죠? 지금은 남한에 8개의 도와 1개의 특별자치도가 있어요. 경기도, 충청북도, 충청남도, 전라북도, 전라남도, 강원도, 경상북도, 경상남도, 제주특별자치도가 있지요. 제주도는 조선 시대까지 전라도에 포함되어 있다가, 대한민국이 세워지면서 하나의 자치도로 분리되었습니다.

조선 시대 행정 구역 '팔도'

## 도의 이름에 숨겨진 도시들

조선 시대에 정한 팔도의 이름을 자세히 살펴볼까요? 각 도의 이름에는 당시 가장 컸던 도시 이름의 앞 글자가 있어요. 강원도는 강릉과 원주, 충청도는 충주와 청주, 전라도는 전주와 나주, 경상도는 경주와 상주, 함경도는 함흥과 경성, 평안도는 평양과 안주, 황해도는 황주와 해주의 앞 글자를 따서 만든 이름이거든요.

그런데 경기도는 어느 도시의 머리글자를 따왔냐고요? 경기도는 조금 다르답니다. 고려 성종 때 지역 이름인 '경현'과 '기현'의 앞 글자를 따서 합쳤지요. 도의 이름에 영향을 준 조선 시대 대표 도시들이 지금도 각 도의 가장 큰 도시인지 알아보세요.

### 지리 탐험대

**내가 사는 고장 이름의 유래는?**

도의 이름뿐 아니라 도시 또는 동, 면에는 그 이름이 붙은 유래가 있답니다. 자연환경에 따라 붙은 이름, 전설, 유명한 역사적 사건이 고장의 이름이 되기도 해요. 우리 고장의 시청이나 도청 등의 누리집에서 재미있는 유래를 찾아보세요.

 북한에는 9개의 도가 있어요. 황해남도, 황해북도, 강원도, 평안남도, 평안북도, 함경남도, 함경북도, 량강도, 자강도가 있습니다. 황해도, 충청도, 전라도, 경상도 등이 각각 남도와 북도로 나뉜 것은 1896년 조선 말 고종 때랍니다.

# 장마는 왜 생기나요?

- **장마** 여름철 대략 6월 하순에서 7월 하순 사이에 지속적으로 내리는 비.
- **기후 변화** 한 지역에서 오랜 기간 사이 일어나는 바람, 구름 등의 변화.

**교과서** 5학년 1학기 1단원 살기 좋은 우리 국토 **핵심 용어** 장마, 기후 변화, 정체 전선

### 성질이 다른 두 기단이 만나면?

6월 하순에서 7월 하순 사이에 계속해서 내리는 비를 **장마**라고 해요. 장마가 끝나면 본격적인 여름 날씨가 시작되지요. 장마는 남쪽에서 시작하여 우리나라를 거쳐 북쪽으로 이동하며 소멸해요. 장마철에는 보통 집중 호우로 하천이 범람하고, 홍수와 산사태 등 많은 재해가 발생하지요. 장마는 차고 습한 성질을 가진 오호츠크해 기단 세력과 무덥고 습한 성질을 가진 북태평양 기단 세력이 우리나라 부근에서 만나 생긴답니다. 이렇게 성질이 서로 다른 공기 덩어리가 만나 생긴 장마 전선은 거의 이동하지 않기 때문에 **정체 전선**이라고 불러요.

### 찬 공기와 더운 공기가 밀고 당겨요

장마철이라고 해서 계속 비만 내리는 것은 아니에요. 장마 전선이 일시적으로 북상하거나 남하하면 맑은 날씨를 유지하기도 해요. 오호츠크해 기단 세력이 더 강해지면 습도가 낮은 상쾌한 날씨가, 북태평양 기단 세력이 강해지면 습도가 높고 끈적끈적한 날씨가 돼요. 또 장마 전선이 평년(지난 30년간 평균 기후)에 비해 우리나라에 접근하지 않거나 활동이 약하면 장마철인데도 비가 적게 내리거나 맑은 날씨가 나타나는데, 이것을 **마른 장마**라고 부르기도 한답니다.

**지리 탐험대**

#### 기후 변화로 날씨가 바뀌었어요?

장맛비는 농사를 짓는 데 꼭 필요합니다. 장마가 오지 않으면 가뭄이 길어질 수 있어요. 반대로 장맛비가 길어지면 작물에 병이 생기지요. 예전에는 장마철에 비가 많이 왔지만, 요즘에는 기후 변화로 장마 후에도 집중 호우가 많이 발생해 피해를 입기도 합니다. 가까운 기후 변화 체험관에 가서 오늘날 우리나라 날씨가 기후 변화 영향을 얼마나 받고 있는지, 기후 변화를 되돌리기 위해 무엇을 해야 할지 알아보세요.

'장마'라는 용어는 한국에만 있는 순우리말이에요. 중국과 일본에서는 매실이 익어갈 무렵 내리는 비라는 뜻으로 '매우'(梅雨)라고 해요. 매우의 중국어 발음은 '메이우', 일본어 발음은 '바이우'랍니다.

# 사람들이 모여 사는 곳의 공통점은?

• **배산임수** 집 뒤로 산을 등져 찬바람을 막고, 앞으로는 하천이 흘러 물을 얻기 쉬운 지형.

**교과서** 3학년 2학기 1단원 환경에 따라 다른 삶의 모습 **핵심 용어** 배산임수, 촌락, 1차 산업

## 사람들이 모여 사는 촌락

농업, 목축업, 임업, 수산업 등으로 생활하는 지역 사회는 모두 사람들이 모여 살면서 농촌, 어촌, 산촌과 같은 촌락으로 이루어졌습니다. 그렇다면 사람들은 왜 그곳에 모여서 살게 되었을까요?

아무도 살지 않던 곳에 사람들이 모인 첫 번째 이유는 물에 있어요. 물은 사람이 살아가는 데 중요합니다. 농사를 지을 때도 꼭 필요하지요. 옛날부터 사람들은 하천이나 호수, 연못 등 물 가까운 곳에 촌락을 이루어 살았답니다.

## 차가운 바람을 막고 물을 얻기 쉬워요

우리나라에서는 예부터 뒤에는 산이 있고, 앞에는 물이 있는 **배산임수**(背山臨水)의 촌락이 가장 좋다고 이야기해 왔어요. 땅, 물 등의 위치로 사람에게 좋은 일, 나쁜 일이 일어날 수 있다고 믿는 풍수지리에서도 배산임수 지형을 명당이라고 부릅니다.

배산임수 지형이 좋다고 하는 이유는 우리나라 자연환경과 관련이 있답니다. 겨울에는 집 뒤에 산이 버텨서 차가운 바람을 막아 주고, 산지에서 다양한 자원을 얻을 수 있어요. 앞으로는 하천이 있어서 농사에 필요한 물을 얻기가 쉬워요. 그리고 남향이기 때문에 햇볕이 잘 들어 작물도 잘 자라기에 살기가 좋거든요.

### 지리 탐험대

**촌락에서는 어떤 생활을 하나요?**

**촌락**은 농업, 임업, 수산업, 목축업처럼 '1차 산업'을 바탕으로 생활하는 지역 사회를 말해요. 촌락 주민은 대부분 비슷한 직업을 갖고 함께 일을 많이 합니다. 마을 사람들끼리 가깝게 지내다 보니 유대감이 높답니다.

 농촌, 산지촌, 어촌이라는 말도 촌락에서 나온 말이에요. 어느 자연환경에 있는 촌락인지에 따라서 주민의 생업도 달라집니다.

# 왜 촌락에 일할 사람이 없어요?

- **이촌향도** 사람들이 농촌을 떠나 도시로 이동하는 현상.
- **귀촌** 도시에 살던 사람들이 촌락으로 삶의 터전을 옮기는 것.

교과서 4학년 2학기 1단원 촌락과 도시의 생활 모습  핵심 용어 이촌향도, 귀촌

## 이촌향도 현상이 뭘까요?

우리나라에 산업화와 도시화가 시작된 후부터 젊은 사람들은 도시로 일자리를 찾아 떠났어요. 인구가 많은 도시는 교육, 문화, 관공서, 병원 같은 시설이 잘되어 있기 때문에 젊은 사람들이 다시 농촌으로 돌아오지 않게 되었지요. 이를 **이촌향도** 현상이라고 합니다. 한자로 '떠날 이(離), 마을 촌(村), 향할 향(向), 도시 도(都)'라고 씁니다.

젊은이들이 마을을 떠나니 촌락에는 어르신만 남았습니다. 그러다 보니 농촌이나 어촌 등 촌락에서 일손이 많이 필요한데 사람이 부족해요.

## 다시 촌락으로 돌아가는 '귀촌'

요즘에는 도시를 떠나 다시 촌락으로 돌아가는 사람들이 늘어나고 있어요. 이를 **귀촌** 현상이라고 합니다. 생활비와 집값이 저렴하다는 이유로 촌락을 찾기도 합니다. 여유로운 시간과 깨끗한 자연환경을 누리기 위해 귀촌을 하기도 해요. 농업이나 어업, 임업에 종사하려는 목적도 있어요. 특히 제주도처럼 자연환경이 아름다운 곳으로 떠나는 도시 사람들이 많답니다.

정부에서도 다양한 정책으로 귀촌을 돕고 있어요. 인구가 도시에만 집중되면 다양한 도시 문제가 생기거든요. 여러 제도를 운영해 땅을 빌려주거나, 귀촌 생활에 적응하기 쉽도록 도와준답니다.

### 지리 탐험대

#### 이촌향도 현상의 문제점은?

농촌에 사람이 부족하면 노동력이 부족해져요. 빈집과 비어 있는 땅도 늘어 경제적인 손실이 생깁니다. 또한 인구가 줄어들면서 교육 문화 시설도 줄어드는 문제가 생겨요. 또 어떤 문제가 있을까요?

 우리나라 이촌향도 현상은 1960년부터 시작되었어요. 1970~1980년 사이에 서울, 부산, 경기도로 인구가 많이 이주하였답니다. 1966년에 우리나라 인구 중 약 23%만 서울과 경기에 살았는 데 비해, 1995년에는 45%로 늘었어요. 얼마나 많은 인구가 도시에 집중되었는지 알겠지요?

# 고속 도로가 있는데 왜 철도가 필요하죠?

**교과서** 3학년 1학기 3단원 교통과 통신 수단의 변화　**핵심 용어** 교통수단, 고속 도로, 고속 철도

• **교통수단** 사람이 이동하거나 물건을 옮기는 데 사용하는 방법이나 도구. 오늘날에는 자동차와 고속 철도, 전철 등을 주로 이용한다.

## 고속 도로 덕분에 생활이 편리해졌어요

우리나라 방방곡곡에는 고속 도로가 잘 만들어져 있어요. 고속 도로는 자동차 전용 도로를 말합니다. 사람이나 자전거, 오토바이 등이 들어갈 수 없는 길이지요. 주요 도시로 신속하게 이동하거나 경유할 수 있답니다.

우리나라에 고속 도로가 본격적으로 생기기 시작한 시기는 1960년대였어요. 경제 개발이 이루어지면서 사람과 물건을 신속하게 실어 나를 수 있는 도로가 부족했거든요.

꾸준히 고속 도로망이 꾸려지면서, 우리나라는 이제 1일 생활권이 되었어요. 어느 도시이든지 하루 안에 갈 수 있다는 뜻이지요. 이전에는 장거리를 가거나 물건을 운반하기 위해서 철도를 이용해야 했지만, 지금은 운송 방법이 다양해졌어요.

## 철도가 왜 필요할까요?

우리나라에 고속 도로망이 잘 갖춰지면서 철도 이용률이 많이 줄어들었어요. 하지만 철도에는 고속 도로가 따라갈 수 없는 장점이 있답니다. 그것은 정확한 시간에 도착할 수 있다는 사실이에요. 사람이 오고 가기 쉽기 때문에 관광 산업도 활성화된답니다. 또한 고속 도로를 운행하는 차량이 줄면 환경에도 도움이 돼요.

### 지리 탐험대

**고속 철도는 얼마나 빠를까요?**

기술 발전으로 철도는 점점 더 빠르고 안전해졌어요. 우리나라의 고속 철도인 KTX는 최고 시속 약 300km로 주행합니다. 고속 도로의 최대 제한 속도가 100~120km이니 얼마나 빠른지 알겠죠? 비행기 다음으로 빠르답니다.

 고속 철도가 어느 지역을 지나가는지는 많은 지역민의 관심사예요. 고속 철도가 가까이 지나가면 인근 지역이나 대도시로 이동하기 쉬울 뿐만 아니라, 관광 활성화에도 도움이 되거든요.

# 날씨를 어떻게 미리 알 수 있죠?

교과서 3학년 1학기 3단원 교통과 통신 수단의 변화  핵심 용어 통신 수단, 일기예보

• **통신 수단** 정보를 전달하려고 사용하는 방법이나 도구. 예를 들어 텔레비전과 인터넷으로 일기예보를 알 수 있다.

### 일기예보를 하려면?

매일매일 뉴스에 나오는 일기예보는 어떻게 하는 걸까요? 우주에 보낸 기상 위성이 세계 각지에서 관측한 기온, 구름, 습도 등 여러 기상 정보를 모읍니다. 이렇게 관측한 자료를 대형 컴퓨터로 처리하여 예상 일기도를 작성해요. 그다음 여러 예보관들이 모여 일기도를 분석해, 바람과 해류가 어떤 방향으로 진행될지 예측하는 회의를 한답니다. 이렇게 결정한 내용을 신문사나 방송국에 보내요.

우리가 텔레비전, 인터넷 등으로 편하게 내일이나 일주일간의 날씨를 미리 알 수 있는 것은 슈퍼컴퓨터 같은 첨단 기술과 여러 사람들의 노력이 있기 때문이에요.

### 큰 사고를 막는 데 도움이 돼요

날씨 정보를 미리 알면 생활에 편리한 점이 참 많아요. 우산을 미리 챙긴다거나 날씨에 맞추어 옷을 입고 나갈 수 있지요. 나들이 계획을 세우거나 취소하기도 하고요. 이처럼 일기예보는 태풍, 홍수, 가뭄 등 자연재해에 미리 대비해 인명이나 농작물 피해를 줄일 수 있도록 도와 줍니다. 또 일기예보는 비행기나 배의 운행에 도움이 된답니다. 궂은 날씨가 예상될 때 비행기나 배의 운항을 막아 큰 사고를 막을 수 있습니다.

일기예보 과정

### 지리 탐험대

**가끔 일기예보가 맞지 않는 이유는?**

보통 일기예보는 인공위성으로 관찰한 대기 상태를 분석하고 수십 년치 과거 데이터를 활용해 예측한답니다. 그러나 날씨 변화가 규칙적이지 않아 정확한 계산은 불가능해요. 또 지구 온난화로 예상치 못한 기후 변화가 많이 생겨 일기예보가 어긋나기도 합니다.

 슈퍼컴퓨터는 계산 속도가 매우 빠르고 많은 자료를 오랜 시간 동안 꾸준히 처리할 수 있어요. 슈퍼컴퓨터는 국방, 우주 개척, 재난 예방 등 국가 안보와 관련된 분야에서 많이 활용해요. 최근에는 자동차, 항공, 신소재 등 주요 산업 분야에서 신제품의 설계 및 개발에도 쓰입니다.

# 일본·중국·한국 사람은 왜 비슷하게 생겼어요?

- **문화** 사람들이 공통적으로 가진 생활 방식.
- 한국, 일본, 중국은 위치가 가까워 문화가 비슷하다.

교과서 4학년 2학기 3단원 사회 변화와 문화의 다양성  핵심 용어 문화

## 한국 사람은 어디에서 왔을까요?

길거리에서 만나는 서양인들이 어떤 나라 사람인지 한눈에 알아볼 수 있나요? 왠지 생김이 비슷해 보여서 구별하기가 쉽지 않아요. 서양인들도 우리 동양인을 보면 그렇다고 해요. 그래서 한국인인 우리에게 '차이니즈? 재팬?' 하고 물어오기도 하지요. 그러고 보면 한국, 중국, 일본 사람은 비슷하게 생겼어요.

우리나라 사람은 어느 인종이고 어디에서 비롯된 인종인지 참 궁금해요. 유전학자들은 유전자 분석을 통해 우리나라 사람과 주변국 사람의 유전자를 분석해 보았어요. 그 결과 우리나라 사람의 유전자는 만주족, 일본인 순으로 가깝다고 해요.

## 남방계와 북방계의 유전자가 섞였대요

우리나라 사람의 유전자는 이웃한 중국, 일본 사람의 유전자와 비슷해요. 그래서 생김새가 비슷하지요. 하지만 중국 한족에 비해서는 남방계와 북방계의 유전자가 고루 섞여 있다고 해요. 또 한반도에 사는 사람들끼리 혼인을 하면서 고유한 한국인 유전자의 동질성이 높게 나타난답니다.

유전자 분석으로 2,300년 전 일본으로 건너간 야요이족이 당시 한반도를 거쳐 갔다는 점을 확인할 수 있었어요.

중국인  한국인  일본인

### 지리 탐험대

**한국, 일본, 중국을 지구본에서 찾아봐요**

지구본을 보면 한국, 일본, 중국은 위치가 아주 가깝다는 점을 알 수 있어요. 때로는 앙숙처럼 다투기도 하지만, 오랫동안 선의의 경쟁자이자 좋은 친구로 지내 왔지요. 가깝기 때문에 음식, 한자, 의복 등 문화권을 공유하며 교류해 왔어요. 또 어떤 것들이 같거나 다른가요?

 황인종, 백인종, 흑인종으로 나누는 것은 단지 생김새로 구분한 것뿐이랍니다. 사실 인류는 생물학적으로 하나의 종, 즉 호모 사피엔스랍니다.

# 지도로 땅의 높낮이를 알 수 있대요!

- **방위표** 지도에서 동서남북의 방향을 알려 주는 표시.
- **등고선** 바다의 평균 수면을 기준으로 높이가 같은 지점끼리 연결한 선.

교과서 4학년 1학기 1단원 지역의 위치와 특성  핵심 용어 지도, 방위표, 등고선, 일반도, 주제도

## 등고선과 색깔로 높이를 알 수 있어요

지도는 평평한데, 지도를 보고 땅의 높낮이를 어떻게 알 수 있을까요? 지도를 보면 일정한 간격으로 동글동글하고 일정하게 이어진 선이 있어요. 이 선들이 바로 **등고선**이에요. 등고선은 평균 해수면으로부터 높이가 같은 지점을 연결하여 선으로 나타낸 것입니다. 등고선으로 땅의 높낮이를 알 수 있어요. 등고선의 간격이 좁은 곳은 경사가 급한 곳이고, 간격이 넓으면 경사가 완만하다는 것을 알 수 있어요.

　땅의 높이를 알 수 있는 방법이 더 있어요. 바로 색으로 높이를 나타내는 방법이에요. 보통 녹색과 갈색을 이용해 표시하는데 진한 갈색으로 갈수록 높이가 높고, 옅은 녹색으로 갈수록 높이가 낮답니다.

## 지도에서 동서남북 방향을 찾아요

**방위**는 동서남북의 방향을 말합니다. 지도에 표시된 곳이 어느 방향에 있는지 알려면 방위를 이해해야 하죠. 지도에는 4방위표와 8방위표 같은 표시가 있습니다.

　그런데 잠깐, 방위 표시가 없는 지도가 있다고요? 만약 지도에 방위 표시가 없다면 오른쪽이 동쪽, 왼쪽이 서쪽, 아래쪽이 남쪽, 위쪽이 북쪽이랍니다.

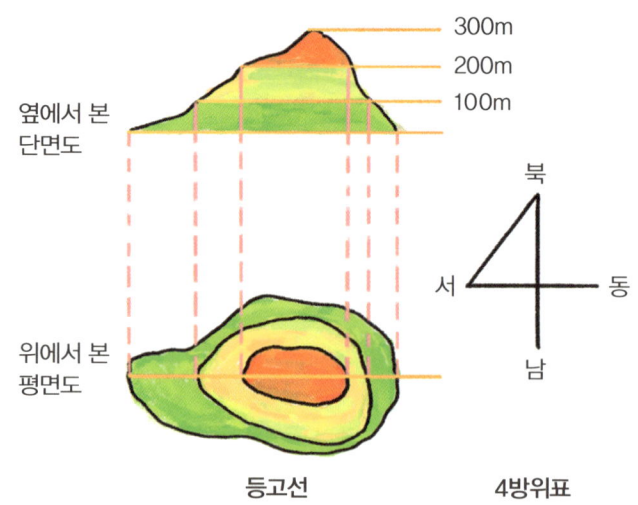

### 지리 탐험대

**나침반 없이 방향을 알아내는 방법은?**

주변에 있는 나무를 이용하면 나침반 없이도 자기가 있는 곳의 방향을 짐작할 수 있어요. 대체로 나무의 나이테 간격이 넓은 쪽은 남쪽, 좁은 쪽은 북쪽이라고 합니다. 또 밤하늘에 떠 있는 북극성이 있는 쪽이 북쪽이에요. 바위에 이끼가 낀 쪽은 북쪽이고 반대쪽은 남쪽이에요.

 땅의 모양, 나라와 나라 사이의 경계, 도로, 강이나 바다의 범위 등이 나타나 있는 지도는 **일반도**라고 해요. 반면 기온, 관광 지역, 인구 등 특수한 내용을 담은 지도는 **주제도**라고 해요.

# 비가 가장 많이 내리는 계절은?

- **강수량** 일정 기간 비나 눈처럼 구름에서 땅으로 떨어져 내린 물의 양.
- **댐** 수력 발전, 관개 등의 목적으로 강이나 바닷물을 막아 두려 쌓은 둑.

**교과서** 5학년 1학기 1단원 살기 좋은 우리 국토  **핵심 용어** 강수량, 강우량, 댐

## 여름에만 비가 많이 와요

우리나라는 3면이 바다로 둘러싸여 있어요. 여름에는 비가 많이 내려서 홍수가 나는 지역도 있죠. 기상청에 따르면 2008년부터 2017년까지 평균 연 강수량은 1,226.6mm라고 해요. 세계 평균 강수량보다 많은 편이지요. 계절별로 살펴보면 우리나라 전국 평균 강수량은 늘 여름에 제일 많아요. 일 년 동안 내릴 비의 절반 이상이 여름에 몰려 내리거든요. 바꾸어 말하면 다른 계절에는 비의 양이 부족해요. 특히 늦은 봄과 초여름에는 바짝 갠 날씨가 계속되어 날이 가물어요.

물을 저장하거나 내보내는 댐

## 물을 저장해 두는 저수지와 댐

아프리카에서는 물이 많이 부족한 탓에 경제 발전이 더디고, 많은 사람이 목숨을 잃기도 해요. 우리나라에서는 물이 부족하면 농사를 짓는 데 어려움을 겪는답니다. 농사를 지을 때는 물이 아주 많이 필요하거든요. 그러면 어떻게 해야 할까요?

비가 많이 올 때 물을 저장해야겠지요. 저수지나 댐 등에 저장해 두었다가 날씨가 가물 때 이용해요. 강수량이 많다고 해서 물 자원이 항상 풍부한 것은 아니랍니다. 예를 들어 여름에 집중 호우가 내리면 강이나 바다로 흘러가는 양이 많아 물이 부족해져요. 물 자원도 무한한 게 아니니 아껴 써서 함께 나누어야겠죠?

### 지리 탐험대

#### 물 부족을 예방하려면?

세수나 양치질을 할 때 물을 받아서 쓰면, 물 낭비를 줄일 수 있어요. 설거지나 빨래를 할 때에도 세제를 적당량만 쓰면 오염된 물을 정화하는 비용을 줄일 수 있어요.

 **강수량**은 일정 기간 동안 비나 눈, 우박과 같이 '구름에서 땅으로 떨어져 내린 물의 양'을 말해요. 순수하게 '비의 양'을 뜻하는 것은 **강우량**이라고 한답니다.

# 겨울바람은 어디에서 불어올까요?

- **기단** 아주 멀리 영향을 끼칠 만큼 거대하고 성질이 일정한 공기 덩어리.
- **삼한사온** 3일 정도는 매우 춥고, 4일 정도는 비교적 온난한 현상.

교과서 5학년 1학기 1단원 살기 좋은 우리 국토  핵심 용어 기단, 삼한사온

## 시베리아에서 찬 바람이 불어와요

같은 계절이라 하더라도 나라마다 날씨가 조금씩 다르답니다. 어디에서 생긴 기단이 영향을 끼치는지가 날씨를 결정해요. **기단**은 날씨를 일으키는 원인을 간단히 설명할 때 쓰는 말이에요. 아주 멀리까지 날아가 영향을 끼칠 만큼 거대하고 성질이 일정한 공기 덩어리를 말한답니다.

우리나라 겨울은 시베리아 기단의 영향을 많이 받아요. 시베리아 기단은 차갑고 건조한 대륙성 기단이에요. 저 멀리 바이칼호를 중심으로 하는 시베리아 지역이나 외몽골 지역에서 생겨 불어옵니다. 시베리아 기단이 커지면서 차가운 공기가 우리나라로 이동하여 기온이 낮아져요. 우리나라에 한파가 몰려오는 거죠.

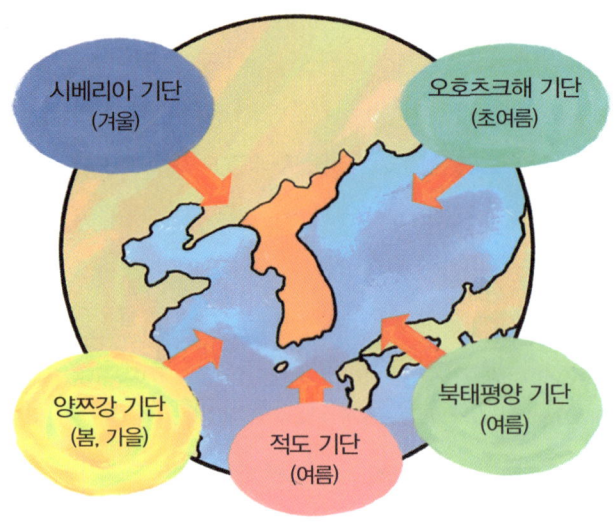

## 꽃샘추위도 시베리아 기단 때문이에요

시베리아 기단은 먼 지역을 건너오면서 성질이 변하기도 해요. 원래는 차갑고 건조한 기단이지만, 바다를 건너면서 습기를 많이 머금거든요. 이때에는 우리나라의 서해안과 산악 지방에 눈이 많이 내리지요. 또 날이 따뜻한 봄이 되면 시베리아 기단이 불안정하게 갑자기 세질 때가 있어요. 봄철 꽃샘추위가 찾아온 거죠. 3일 정도는 매우 춥고, 4일 정도는 온난한 삼한사온 현상도 시베리아 기단 세력이 커졌다가 약해지는 주기에 따라 일어납니다.

### 지리 탐험대

**계절마다 영향을 받는 기단이 달라요!**

우리나라는 여름에 북태평양에서 형성된 기단의 영향을 많이 받아요. 장마철에는 오호츠크해 기단과 북태평양 기단, 시베리아 기단이 번갈아가며 영향을 끼쳐요.

 최근에는 지구 온난화 때문에 한파가 더 자주 일어나요. 원래 북극의 제트 기류가 차가운 공기를 가둬 놓는 역할을 하는데, 북극 기온이 오르면서 제트 기류가 약해져 차가운 공기가 내려옵니다.

# 갯벌과 모래사장이 있는 촌락은?

- **생산 활동** 사람이 살아가는 데 필요한 것을 자연에서 얻는 활동. 예를 들어 어촌에서는 물고기를 잡거나 미역, 해삼 등을 딴다.

교과서 3학년 2학기 1단원 환경에 따라 다른 삶의 모습  핵심 용어 생산 활동, 어촌, 자연환경

## 자연환경을 이용하며 살아가요

어촌에는 넓은 바다와 갯벌이나 모래사장이 있어요. 어촌 사람들은 이러한 자연환경을 이용하여 여러 가지 생산 활동을 한답니다.

갯벌에서 조개를 잡기도 하고, 바다에서 물고기를 잡거나, 양식을 해요. 해녀들은 바다에서 미역, 해삼, 전복 등을 따지요. 해수욕장이나 체험 학습장 등을 운영하거나 소규모로 농사를 짓기도 해요.

바다와 관련된 생산 활동은 공동 작업이 많아 어촌 사람들은 서로 교류하고 돕기 쉽도록 모여 삽니다.

어촌의 생활 모습

## 어촌에서만 볼 수 있는 시설은?

바닷가에 있는 어촌에는 다른 고장에서 볼 수 없는 시설들이 있습니다. 우선, 배가 닻을 내리고 머무르는 데 필요한 부두가 있어요. 밤에 다니는 배에 뱃길이나 위험한 곳을 알려 주기 위해 불을 비추는 등대는 어촌에서 필수적인 시설입니다.

항구로 밀려드는 파도를 막기 위한 방파제도 있습니다. 어시장이나 수산물 직판장에서는 바다에서 잡아온 물고기, 갯벌에서 캐낸 조개 등을 팔아요. 또 잡은 수산물을 보관하는 냉동 창고, 오징어와 물고기 같은 수산물을 건조하는 건조장도 볼 수 있어요.

지리 탐험대

### 농어촌 체험을 해 볼까요?

우리나라 곳곳에는 농어촌 체험 마을이 있어요. 지역 누리집에서 정보를 찾아 조개 캐기, 모 심기 같은 체험 활동을 해 보세요. 각 촌락의 생활 방식을 직접 경험할 수 있습니다.

 어촌 사람들은 날씨를 중요하게 여겨, 일기예보에 관심이 많아요. 날씨가 어촌의 생산 활동이나 사람들의 안전과 관련이 깊기 때문이랍니다.

# 도로명 주소와 지번 주소는 어떻게 달라요?

• **주소** 사람이 사는 곳이나 기관이 있는 곳을 행정 구역으로 나타낸 이름. 예전에는 지번을, 지금은 도로명과 건물 번호를 기준으로 한다.

교과서 4학년 1학기 1단원 지역의 위치와 특성  핵심 용어 주소, 행정 구역, 도로명 주소, 지번 주소

## 주소로 위치를 쉽게 찾아요

내가 어디에 사는지 알려 주어야 할 때 주소가 없으면 불편할 거예요. 약속 장소를 정하거나, 편지나 우편물을 배달할 때, 모르는 장소를 찾아갈 때에도 주소가 꼭 있어야 해요. 그래서 모든 사람들이 찾을 수 있도록 약속된 규칙을 만든 것이 '주소'예요. 주소는 행정 구역을 기준으로 합니다.

2011년 이전에는 지번 주소라는 것을 사용했어요. 시·군·구 및 읍·면까지는 지금의 도로명 주소와 주소가 같습니다. 다른 점은 이전에 쓰던 지번 주소 뒤에 번지가 붙어 있었다는 것입니다. 하지만 번지만으로는 위치를 쉽게 찾지 못한다는 단점이 있었어요.

## 도로명 주소는 왜 만들어졌어요?

지번 주소의 단점을 보완하기 위해 만든 것이 새 주소, 즉 도로명 주소예요. 지번 주소에 익숙한 사람들을 위해 2011년부터 2014년까지는 두 주소를 함께 사용했고, 지금은 나라 전체에서 도로명 주소만 이용한답니다. 지번이나 아파트 이름 대신 도로명과 건물 번호를 사용하는 것이 큰 차이예요.

도로명 주소는 도로에 이름을 붙이고 주택과 건물에 번호를 붙였어요. 도로는 폭과 길이에 따라 '대로, 로, 길'로 구분해 집을 쉽게 찾을 수 있게 했습니다.

### 지리 탐험대

**우리 집 도로명 주소의 숨은 뜻은?**

그림 속 주소를 살펴보세요. '동교로'가 적혀 있지요. '대로'나 '길'이 아닌 '로'라는 이름이 붙어 있어요. 폭이 12미터를 넘거나 왕복 2차선 이상의 길을 앞에 두고 있다는 뜻입니다. 그리고 동쪽이나 북쪽을 바라보고 도로가 시작하는 곳부터 끝나는 곳까지 차례대로 길 왼쪽에는 홀수 번호, 오른쪽에는 짝수 번호를 붙여요.

 도로명 주소는 외국의 여러 나라에서 오랫동안 쓰던 방식에서 따왔어요. 영국은 1666년부터 도로명 주소를 사용했답니다.

# 우리가 사는 한반도는 어떻게 생겼을까요?

교과서 5학년 1학기 1단원 살기 좋은 우리 국토   핵심 용어 동고서저 지형

• **동고서저 지형** 동쪽 땅은 높고 서쪽 땅은 낮다는 뜻. 우리나라는 동고서저 지형이다.

## 땅속에서 무슨 일이 일어나요?

지구는 지각, 맨틀, 외핵, 내핵으로 이루어져 있어요. 삶은 달걀에 빗대자면 달걀 껍데기가 지각이에요. 한자로 각(殼)은 껍데기라는 뜻이죠. 지구의 지각 두께는 약 5~35km입니다. 지각 아래에 있는 맨틀 온도는 무려 약 1,000℃에서 5,000℃로 아주 뜨거워요. 맨틀은 가만히 있지 않고 이리저리 움직입니다. 그러면 맨틀 위에 있던 지각들도 덩달아 움직이죠. 이렇듯 맨틀이 움직이면서 바닷속 암석이 들려 올라와 땅이 되기도 해요. 그렇게 땅이 올라와 육지가 만들어지는데, 그 가운데에는 히말라야 산맥과 같은 높은 산지도 있습니다.

## 한반도의 동고서저 지형

우리나라는 동쪽에 높은 산이 모여 있고 서쪽에는 논과 밭 같은 평야가 많아요. 이러한 지형을 **동고서저**라고 부르는데 동쪽은 높고, 서쪽은 낮다는 뜻이에요. 약 30억 년 동안 땅속 맨틀이 이리저리 움직이면서 한반도를 만들었어요. 그런데 신생대에 동쪽과 북쪽을 더 많이 들어 올렸어요. 태백산맥을 비롯해 백두산이 있는 동쪽 산간 지역이 높게 만들어졌습니다. 그렇다 보니 강물이 동쪽에서 서쪽으로 흘러 서쪽 평야에는 강물이 싣고 온 영양가 있는 흙이 쌓였어요. 덕분에 농사 짓기 알맞은 기름진 논밭이 됐답니다.

*2005년 국토연구원 자료 기준

### 지리 탐험대

### 동고서저 지형은 어떻게 만들어졌을까요?

신생대 제3기 말부터 동해 아래에 있는, 지구를 감싼 지각이 움직였어요. 이때 땅 밑에 있던 동해 지각이 한반도를 밀어 올리면서 동쪽 지역이 높이 올라갔어요. 동쪽 지역에 커다란 산맥이 생긴 거죠. 이때 생긴 것이 우리나라 등줄기에 해당하는 태백산맥과 낭림산맥이에요.

 낭림산맥은 자강도와 함경남도, 평안남도의 경계에 있으며 남북 방향으로 죽 뻗은 산맥이에요. 태백산맥은 함경남도 안변군에서 시작하여 부산 다대포까지 뻗은 산맥이에요.

# 에어컨을 많이 켜면 지구가 덥대요

교과서 5학년 1학기 2단원 환경과 조화를 이루는 국토　핵심 용어 지구 온난화, 사막화, 화석 연료

- **지구 온난화** 지구의 기온이 높아지는 현상.
- **사막화** 땅이 풀, 나무가 거의 자라기 힘든 사막으로 변하는 것.

## 에어컨은 지구 온난화의 주범

무더운 여름날 에어컨의 시원한 바람은 숨 막힐 듯한 무더위를 멀리멀리 쫓아 주지요. 그런데 에어컨 때문에 지구가 더워진다니 참 이상하지요? 에어컨을 켜면 방 안의 공기는 시원해지지만, 에어컨 실외기를 통해 나오는 더운 공기는 대기로 퍼져 나가 지구를 뜨겁게 만들어요. 에어컨에서 찬 바람을 만드는 물질도 지구에 있는 열을 온실처럼 가두어 지구를 덥게 하고요. 이렇게 지구 대기의 온도가 점점 높아지는 현상을 **지구 온난화**라고 합니다.

## 지구 온난화로 무슨 일이 일어나요?

지구가 따뜻해지면 우리가 살고 있는 지구에 여러 가지 문제가 생겨요. 어떤 곳은 비가 내리지 않아 사막이 돼요. 사막화로 황사가 발생하기도 하고요. 북극의 빙하가 녹아 해수면이 올라가기 때문에 지대가 낮은 곳은 바닷물에 잠겨요. 빙하가 녹으면서 북극곰은 살 곳이 없어져 버립니다. 기상이변이 생겨서 농작물에 큰 피해가 생기고, 갑작스러운 날씨 변화로 사람들이 목숨을 잃기도 한답니다.

　지구 온난화의 대표적인 원인은 이산화탄소입니다. 전기를 만들어 공급하는 발전소는 아직까지 석유나 석탄과 같은 화석 연료를 사용하는 곳이 많아요. 화석 연료를 태울 때 이산화탄소를 많이 배출한답니다.

### 지리 탐험대

**지나친 에어컨 사용은 건강에도 나빠요**

여름철에 너무 덥다고 에어컨 온도를 너무 낮게 설정해 놓지는 않나요? 실내외 온도 차가 5℃ 이상 지속될 때 우리 몸은 적응력이 떨어질 수 있어요. 에어컨을 사용할 때 여름철 실내 적정 온도는 26~28℃입니다.

 오존층은 태양에서 나오는 해로운 자외선을 막아 줘요. 에어컨에 쓰였던 프레온 가스, 할론 가스 등이 오존층을 파괴합니다. 오존층이 파괴되면 생명체에 해로운 자외선이 지표면까지 도달하여 피부암, 백내장 등을 일으키고 생태계도 파괴할 수 있어요.

# 꽃이 피는 시기가 지역마다 다른 이유는?

- **절기** 1년을 해의 움직임에 따라 24개로 나눈 것.
- **관측 표준목** 지역마다 지정된 나무로, 개화 시기의 기준이 된다.

**교과서** 5학년 1학기 1단원 살기 좋은 우리 국토  **핵심 용어** 절기, 관측 표준목

## 꽃 피는 시기가 달라요

"우수 경칩에 대동강 물이 풀린다."라는 속담이 있지요. 봄에는 겨울 동안 꽁꽁 얼었던 대동강도 녹아 흐르고, 강가의 버드나무 가지도 연둣빛 새잎을 내밀어요.

여러분은 언제 봄이 온 것을 느끼나요? 꽃 소식은 추운 겨울이 가고 따뜻한 봄이 왔다는 걸 알려주지요. 봄이 되면 일기예보는 앞다투어 꽃 소식을 전하고 전국 곳곳에선 봄꽃 축제가 열려요. 지역마다 기후가 다 다르기 때문에 대표적인 봄꽃인 진달래, 개나리, 벚꽃 등이 피는 시기도 지역마다 다 다르답니다.

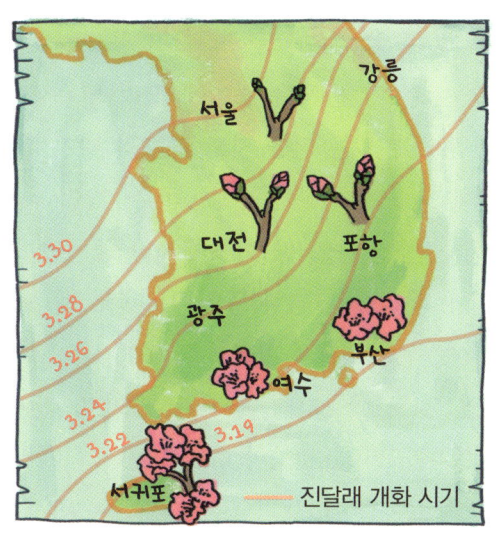

 진달래 개화 시기

## 북쪽으로 올라가는 꽃 소식

그림을 보면 진달래의 개화 시기가 서귀포는 3월 19일, 여수는 3월 22일, 서울은 3월 30일로 다 다르다는 것을 알 수 있어요. 그럼 서귀포에서 서울까지 진달래 피는 시기가 거의 보름 정도 차이 나는 이유는 무엇일까요? 그것은 지역에 따라 기온이 다르기 때문이지요. 서귀포에는 분홍 진달래가 피어나는 따뜻한 봄이 왔지만, 서울에서 봄꽃 소식을 들으려면 아직 멀었다는 뜻이기도 해요. 이렇게 꽃 소식은 봄바람을 타고 남쪽에서 북쪽으로 퍼져 올라간답니다.

### 지리 탐험대

**봄꽃 개화 시기 기준은?**

봄꽃의 개화 시기를 알려 주는 표준목이 지역마다 지정되어 있답니다. 봄꽃의 개화는 표준목의 한 가지에서 꽃이 3송이 이상 피었을 때를 말해요. 서울의 봄꽃 개화 시기를 알려 주는 표준목은 서울 기상 관측소 안에 있어요. 이 표준목에 3송이 이상이 피어야 비로소 '서울에 벚꽃이 피었다'고 말할 수 있어요.

 아주 오랜 옛날부터 우리 조상들은 1년을 24절기로 나누어 농사에 활용해 왔어요. 그중 경칩(驚蟄)은 양력 3월 5일경으로 땅속에서 겨울잠을 자던 동물들이 깨어나 꿈틀거리기 시작하는 무렵을 말해요. 봄이 왔음을 알려 주는 절기랍니다.

# 넓은 땅을 지도에 나타내는 방법은?

- **지도** 위에서 내려다본 땅의 실제 모습을 일정하게 줄여 나타낸 그림.
- **축척** 지도에서 실제 거리를 줄인 비율.

교과서 4학년 1학기 1단원 지역의 위치와 특성  핵심 용어 지도, 소축척 지도, 대축척 지도, 축척

## 넓은 땅을 줄여서 표시해요

지도는 넓은 땅을 작은 종이에 그려 넣은 것이에요. 한반도같이 큰 땅을 지도에 그려 넣기 위해서는 실제 모습보다 훨씬 작게 줄여서 그려야 해요. 그런데 크기를 줄일 때 아무렇게나 줄이면 안 돼요. 실제 거리를 일정한 규칙대로 축소해 그려야 해요. 예를 들어 실제 거리가 250,000cm(2.5km)인 곳을 지도로 나타낼 때 1cm 거리로 그렸다면 실제 거리를 250,000분의 1로 줄여서 나타낸 것이죠. 지도에는 1:250,000으로 표시해요. 이렇게 실제 거리를 줄여 넣는 비율을 **축척**이라고 합니다. 지도만 보고도 실제 거리와 크기를 가늠할 수 있는 것은 축척 덕분이에요.

## 간단한 기호로 나타내요

우리가 사는 한반도에는 바다, 산, 강 등이 많이 있어요. 이 모든 것을 지도에 나타낼 때 정확히 그리려고 하면 종이가 너무 작아 다 들어가지 않을 거예요. 그래서 간략한 기호로 나타내기로 했어요. 지도에 표시하는 기호는 자세히 보면 본래의 모양과 아주 비슷해요. 산 기호는 물론이고 논에 모를 심은 모양의 논 기호 등은 딱 봐도 한눈에 알 수 있게 만들어 놓았어요. 간략히 그리는 기호 덕분에 작은 지도에도 다양한 정보를 넣을 수 있답니다.

1:250,000 소축척 지도    1:5,000 대축척 지도

*자료: 국토지리정보원

### 지리 탐험대

**다음 기호는 무엇을 의미할까요?**

다음 기호가 무엇을 뜻하는지 연결해 보고, 여러분이라면 어떻게 표현할지 기호를 만들어 보세요. 주어진 것 외에도 병원, 교회, 공장 등 다양한 건물과 자연을 표시할 수 있습니다.

비율이 1:100,000 이하로, 넓은 지역을 많이 줄여 간단하게 나타낸 지도는 **소축척 지도**라고 해요. 반면 **대축척 지도**는 비율이 1:50,000 이상으로 좁은 지역을 조금 줄여 자세하게 나타낸 지도입니다. 1:5,000 지도도 대축척 지도예요. 예를 들어 서울을 기준으로 본다면, 1:250,000과 같은 소축척 지도는 전국에서 서울이 어디 있는지 알 수 있어요. 대축척 지도는 서울만 자세하게 보여 주어 시청의 위치도 볼 수 있습니다.

# 우리나라와 뉴질랜드의 계절이 반대인 이유는?

**교과서** 5학년 1학기 1단원 살기 좋은 우리 국토  **핵심 용어** 위도, 경도, 위선, 경선

- **위도** 적도를 기준으로 북쪽과 남쪽의 위치를 나타낸다.
- **경도** 본초 자오선을 기준으로 동쪽과 서쪽의 위치를 나타낸다.

## 계절 변화에 영향을 주는 것은?

우리나라에 봄, 여름, 가을, 겨울처럼 사계절이 나타나는 이유는 무엇일까요? 그건 바로 지구의 공전과 기울어진 자전축 때문이에요. 지구는 태양 둘레를 1년에 한 바퀴씩 도는 공전 운동을 합니다. 지구의 가운데 부분인 적도 부근은 태양열을 가까이서 많이 받아 기온이 높아요. 자전축이 기울어진 채 태양을 공전하기 때문에 적도를 중심으로 지구의 위아래 부분에 해당하는 지역에는 계절의 변화가 일어납니다.

## 위도에 따라 기후가 달라요

우리에게는 '따뜻한 남쪽 나라'라는 말이 익숙해요. 어떤 나라는 북쪽이 더 따뜻하대요. 왜 같은 지구에 있어도 어떤 나라는 덥고, 어떤 나라는 추울까요?

지구에서 태양빛을 가장 많이 받는 적도를 중심으로 위쪽을 '북반구', 아래쪽을 '남반구'라고 해요. 우리나라는 적도 위쪽인 북반구에 있어요. 그래서 남쪽으로 갈수록 적도와 가까워지기 때문에 따뜻하고, 북쪽으로 갈수록 적도에서 더 멀어지고 북극에 가까워지기 때문에 더 추워지는 것이지요.

우리나라와 반대로 남반구에 있는 뉴질랜드는 북쪽으로 갈수록 적도와 가까워져 따뜻하고, 남쪽으로 갈수록 남극이 가까워지고 더 추워져요. 우리나라가 무더운 여름일 때 남반구의 나라들은 추운 겨울이 된답니다.

### 지리 탐험대

#### 지구본과 지도에서 경선과 위선이란?

**위선**이란 지도에서 지역의 위치를 쉽게 알 수 있도록 지구를 가로로 구분한 선을 말해요. 위도를 나타내지요. **경선**은 위선과 함께 지구상의 위치를 나타내는 좌표의 하나로 지도에서 세로로 표시한 선이에요. 경도를 나타냅니다.

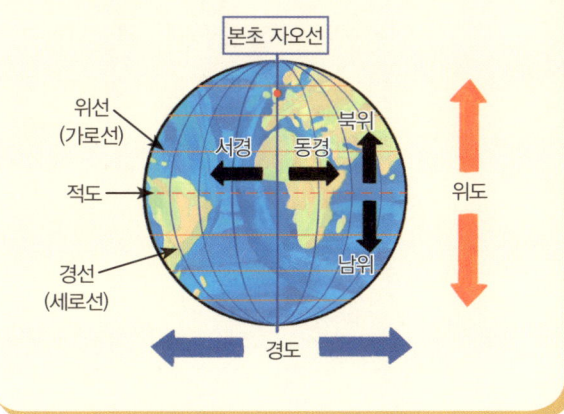

 가로선인 위도의 기준선은 적도로, 이를 기준으로 북쪽은 북위, 남쪽은 남위라고 합니다. 경도는 영국의 그리니치 천문대를 지나는 본초 자오선을 기준선으로 삼아 동쪽은 동경, 서쪽은 서경이라고 합니다.

# 우리 시도 광역시가 될 수 있어요?

• **광역시** 1995년 직할시를 고친 것으로, 특별시에 버금가는 행정 구역. 인천, 대전, 광주, 대구, 울산, 부산이 광역시에 해당한다.

교과서 5학년 1학기 1단원 살기 좋은 우리 국토  핵심 용어 광역시

## 광역시가 뭐예요?

우리나라에는 광역시가 6개 있어요. 인천광역시, 대전광역시, 광주광역시, 대구광역시, 울산광역시, 부산광역시이죠. 인구가 100만 명이 넘어요. 광역시에는 서울특별시나 도처럼 자체적인 행정 결정을 할 수 있는 권한이 있어요. 인구가 많은 도시일수록 도시 안에서 모든 걸 해결할 수 있도록 편의를 주고, 주변 도시에도 도움을 줄 수 있는 '광역시'라는 특별 행정 구역 제도를 두는 것이랍니다.

## 어떤 도시가 광역시가 되죠?

부산, 대구, 인천은 각각 근처 지역과 통합하여 면적이 넓어졌어요. 지역을 합치니 인구가 늘어나 광역시가 되었습니다. 광역시가 되는 조건에 인구 몇 명 이상이라고 법적으로 기준이 정해져 있는 것은 아니에요. 하지만 보통 인구가 100만 명 정도 되면 광역시로 승격을 준비한답니다.

광역시가 되려면 인구가 많을 뿐 아니라 각 도와 중앙 정부의 인정이 필요해요. 특히 행정자치부에서는 특정 지역이 광역시가 되는 것이 해당 도시민의 편의뿐 아니라, 도 전체에 도움이 되는지를 판단해요.

### 지리 탐험대

### 광역시가 되려면?

광역시로 승격을 준비하는 도시들이 있어요. 예를 들면 경상남도 창원시는 인구가 늘어나면 광역시로 만들자는 의견이 나오고 있대요.(2018년 기준) 하지만 광역시가 되는 것은 여러 사람의 의견이 중요하기 때문에 쉽게 결정할 수 없답니다.

 예전에는 광역시 대신 '직할시'라는 명칭을 사용했습니다. 1995년 '광역시'로 이름을 바꾸었어요.

# 하나의 민족이라서 한민족 아닌가요?

- **세계화** 교통·통신 수단 발달로 여러 나라들이 교류하고 가까워지는 것.
- **다문화** 한 사회 안에 다양한 인종과 문화가 함께 있는 것.

교과서 4학년 2학기 3단원 사회 변화와 문화의 다양성  핵심 용어 다문화, 세계화

## 민족과 국민은 달라요

대한민국 국민은 한민족이에요. 하나의 민족이라서가 아니라 '대한민국'(大韓民國)의 한(韓)민족이랍니다. 한국어를 공통으로 사용하고, 한반도를 중심으로 같은 문화를 누리는 민족을 말하지요. 세종대왕이 창제한 한글을 사용하는 것도 한민족의 특징이에요.

다른 나라는 한 나라에 여러 민족이 있냐고요? 그럼요. 무려 56개 민족으로 이루어진 국가가 있어요. 바로 중국이에요. 중국은 여러 소수 민족이 다양한 문화를 이루며 살고 있답니다.

## 우리는 단일 민족일까요?

한민족 이야기를 하면 우리는 반만년 동안 혈연적 동일성을 지니고 이어진 단일 민족임을 강조하기도 해요. 그러나 우리가 한민족이라는 것과 단일한 혈통으로 이루어져 있다는 것은 조금 다른 뜻이에요.

학자들이 밝힌 바에 따르면 우리나라 사람들의 유전자에는 오랜 기간에 걸쳐 북방 대륙과 남방 해양에서 이주하고 교류해온 인종의 특징이 있대요. 특히 요즘은 국제결혼이나 이민이 늘고 있지요. 그만큼 언어와 문화가 다른 다양한 민족이 함께 어우러져 살기 때문에 단일 민족이라는 말이 어울리지 않을 수도 있겠네요.

### 지리 탐험대

**다양한 인종을 대하는 우리의 태도는?**

우리나라는 세계화가 이루어지면서 다양한 인종을 쉽게 만날 수 있어요. 피부색은 다르지만 우리나라 국적인 다문화 친구들도 많지요. 하지만 아직도 가끔 다른 인종을 차별하는 시선이 있답니다. 여러 인종과 다문화의 풍습과 문화를 이해하고, 함께 살아갈 노력을 해야 해요.

우리 민족을 일컫는 또 다른 이름에는 '백의민족'이라는 말이 있어요. 옛날에 흰옷을 입고 흰색을 좋아하는 전통에서 유래했다는 설이 있습니다.

# 딸꾸기, 포깍질, 딸꾹질 이게 다 같은 말이에요?

• **표준어** 한 나라에서 국민들이 함께 쓰는 말로 정해 놓은 말.
• **방언** 어느 한 지방에서만 쓰는 말. '사투리'라고도 한다.

교과서 3학년 1학기 2단원 우리가 알아보는 고장 이야기    핵심 용어 표준어, 방언

## 같은 한국어라도 지역마다 달라요

가끔 우리나라 사람과 우리말로 대화하는데도 낯설 때가 있어요. 사투리를 쓰기 때문이지요. 지역마다 쓰는 고유한 말을 우리는 쉽게 '사투리' 또는 '방언'이라고 해요. 서울에는 서울의 문화가 있고, 제주도에는 제주도의 문화가 있는 것처럼 지역마다 오랫동안 써 온 고유어가 있답니다. 우리나라 방언은 크게 함경도, 평안도, 황해도, 강원도, 경기도, 충청도, 전라도, 경상도, 제주도 방언으로 나뉘어요. 어떤 단어는 비슷하기도 하고 뜻을 알 수 없는 것도 있어요.

## 표준어, 방언 모두 우리말이에요

딸꾸기, 포깍질, 똘곡지 등은 모두 '딸꾹질'을 뜻하는 말이에요. 이렇게 대화를 하다가 처음 듣는 말이 나오면 불편함을 겪겠지요? 서로 다른 지역 사람들끼리 이야기할 때 의사소통을 더 편히 하도록 표준어를 정해서 사용해요. 대부분 각 나라의 수도에서 쓰는 말이 표준어가 된답니다.

하지만 표준어가 꼭 더 좋거나 맞는 말이라고는 할 수 없어요. 지금은 서울말이 표준어이지만, 통일 신라 시대에는 경주가 수도였기 때문에 경주에서 쓰는 말이 표준어였거든요. 방언도 오랫동안 전해 내려온 우리의 문화유산이라고 볼 수 있어요. 사라져 가는 방언을 오래 기억하고 지키기 위한 노력도 이어지고 있답니다.

### 지리 탐험대

#### 방언을 지켜야 해요!

사람들이 표준어를 많이 쓰면서, 지역의 고유한 방언들이 사라지고 있어요. 특히 제주도 말은 방언 중에서도 독특하기 때문에 아는 사람이 적어 점차 잊히고 있답니다. 최근에는 제주도 말을 살아 있는 문화유산으로 지키기 위해 노력하고 있어요.

 서로 다른 방언에는 고유한 지역 문화가 담겨 있습니다. 영화나 소설 등에서는 다양한 인물의 성격을 맛깔나게 표현하기 위해 일부러 방언을 쓰기도 해요.

# 날씨와 기후는 같은가요?

- **날씨** 일정한 장소에서 짧은 시간 동안 나타나는 대기의 상태.
- **기후** 일정한 지역에서 오랜 기간에 걸쳐 나타나는 날씨의 평균 상태.

교과서 5학년 1학기 1단원 살기 좋은 우리 국토  핵심 용어 기후, 날씨, 대기

## 날씨? 기후?

'날씨'라는 말을 쓰지만 어떨 땐 '기후'라는 말도 씁니다. 둘은 같은 말일까요, 다른 말일까요? 날씨와 기후는 비슷한 뜻으로 사용하기도 하지만, 정확히 말하자면 같은 뜻은 아니랍니다. **날씨**는 '짧은 시간 동안 일정 장소에서 나타나는 대기의 상태'를, **기후**는 '특정 지역에서 오랜 기간에 걸쳐 나타나는 평균 날씨'를 뜻해요. 말하자면 날씨는 산, 기후는 산맥 같다고나 할까요? 하루하루의 날씨가 모여 기후가 됩니다.

## 날씨 변화의 평균을 내요

만약 누군가 "오늘 서울 기후가 어때?"라고 묻는다면, 질문이 틀렸습니다. "오늘 서울 날씨가 어때?"라고 해야 맞겠죠? 또 누군가 "런던은 비가 많이 오는 서안해양성 기후야."라고 말한다면, 그건 런던이 대체로 비가 올 때가 많다는 뜻입니다. 런던에 오늘 비가 오지 않아도 할 수 있는 말이지요.

날씨란 비가 오거나 맑거나 날이 춥거나 덥거나 하는 그날그날의 대기 상태를 뜻합니다. 그에 비해 기후는 어떤 지역의 날씨 변화를 오랫동안 관찰하여 평균을 낸 것이에요. 기후는 일정한 지역에서 보통 30년 이상 오랜 기간에 걸쳐 나타나는 날씨의 평균 상태를 말한답니다.

### 지리 탐험대

**속담으로 우리나라 기후를 알 수 있어요**

다음 속담을 보고 우리나라 기후를 짐작해 보세요. 요즘 기후와 다른 점이 있다면 무엇인지도 비교해 보세요.

- 봄 추위가 장독 깬다.
- 장마 끝물 참외는 거저 줘도 안 먹는다.
- 제비가 낮게 날면 비가 온다.
- 처서가 지나면 모기도 입이 비뚤어진다.

 '대기'란 지구를 둘러싼 공기층을 말해요. 대기 상태에 따라 날씨가 결정됩니다. 대기층은 매우 두꺼워서 지구 표면에서 1,000km 이상이나 되는 곳까지도 펼쳐져 있어요. 서울에서 부산까지 거리가 410km이니, 지구 표면에서 약 2배 이상 거리로 대기가 둘러싸고 있다고 볼 수 있어요.

# 농촌에서는 왜 주로 농사를 지을까요?

• **농촌** 주민의 대부분이 농업에 종사하는 마을이나 지역. 보통 평야가 많은 지역에 있지만 산간 지역에도 생길 수 있다.

**교과서** 3학년 2학기 1단원 환경에 따라 다른 삶의 모습  **핵심 용어** 농촌, 산지촌, 생산 활동

## 농촌의 자연환경을 이용한 생산 활동

농촌 지역에 사는 사람들은 자연환경을 이용해 여러 가지 생산 활동을 해요. 하천에서 물을 끌어와 논에서 벼농사를 짓고, 밭에서는 여러 가지 채소를 재배해요. 이러한 농촌의 생산 활동은 우리가 농촌에서 볼 수 있는 낮은 산이나 넓은 들판과 관련이 깊답니다. 바닷가에서는 물의 염분이 높기 때문에 벼농사를 하기가 어렵고, 높은 산은 험한 지형 때문에 농기구를 이용하기 쉽지 않거든요. 하지만 농촌에서 벼농사와 채소 재배만 하는 것은 아니에요. 가축을 기르거나, 농기구를 팔거나 고치고, 농업 기술을 연구해 다른 사람들에게 알려 주기도 합니다.

## 저수지는 농촌에서만 볼 수 있어요

농사를 지으려면 물이 반드시 필요하지요. 그래서 농촌에는 농지에 물을 대기 위해 만든 물길인 인공 수로가 있어요. 물을 저장해 두었다가 필요할 때 쓸 수 있도록 만든 저수지도 있고요. 수확한 농산물을 보관하는 농산물 저장 창고도 있습니다. 쌀 찧는 일을 전문으로 하는 정미소와 겨울에 채소나 과일을 재배할 수 있게 만든 비닐하우스도 있지요.

농사는 힘이 많이 드는 일인 만큼 농촌에서는 여러 사람이 힘을 합쳐 일합니다. 사람들이 마을의 중요한 일을 결정하거나 모여서 함께 여가를 즐기고 쉴 수 있는 마을 회관도 있어요.

### 지리 탐험대

**농촌과 산지촌에서 하는 일을 비교해 봐요**

농촌과 달리 산이 많은 산지촌에서는 목재를 얻을 수 있어요. 버섯을 재배하고, 나물이나 약초를 캐기도 하지요. 또한 산지는 평지보다 기온이 낮아 여름에도 서늘해요. 이러한 날씨를 이용해 배추, 무 같은 고랭지 채소를 재배합니다.

산촌에서는 다양한 일을 해.

산지에서는 지하자원을 캐거나 벌을 길러 꿀을 얻기도 해요. 길이 좁고 구불구불한 산비탈에 맞게 농사를 짓기 위해 경사진 밭이나 계단식 논을 만들기도 하지요.

# 내 위치를 어떻게 알 수 있어요?

- **위성 위치 확인 체계(GPS)** 위성으로 위치 정보를 전달하는 체계.
- **지리 정보 체계(GIS)** 컴퓨터에 입력한 지리 정보를 전달하는 체계.

교과서 3학년 1학기 3단원 교통과 통신 수단의 변화  **핵심 용어** 지리 정보 체계, 위성 위치 확인 체계

## 정확하게 길을 찾아 줘요

부모님과 자동차를 타고 낯선 곳을 갈 때면 내비게이션을 이용합니다. 그러면 처음 가는 길도 쉽게 잘 찾을 수 있어요. 내비게이션에는 길과 건물이 정확히 표시되어 있고 사람의 목소리로 친절히 길을 안내해 줍니다. 또 바뀐 건물이나 새로 난 길의 정보도 빨리 반영해 운전자에게 전달합니다.

## 위성으로 위치 정보를 전달해요

내비게이션은 운전자가 어디 있는지 어떻게 알고 길 안내를 해 주는 걸까요? 바로 GPS(위성 위치 확인 체계) 덕분이에요. 내비게이션에 있는 지리 정보 체계와 지구 밖에 있는 인공위성이 만나 위치를 파악합니다. GPS는 내비게이션뿐 아니라 휴대 전화로 택시를 부를 때도 유용해요. 휴대 전화에 내 위치 정보를 입력하면 위성을 통해 택시에 전달되고, 나와 가까이 있는 택시는 내비게이션을 이용해 내가 있는 곳으로 올 수 있답니다.

GPS는 미국 해군에서 군사용으로 개발됐어요. 지금은 자동차, 배, 비행기 등에서 널리 쓰입니다. 세계 여러 나라에서는 오랫동안 미국의 GPS를 사용해 왔어요. 유럽에서는 정확도를 높이기 위해 자체적으로 GPS 신호를 보정한 SBAS(위성 항법 보강 체계)의 정보를 제공합니다.

GPS 활용 과정

### 지리 탐험대

**지리 정보 체계는 어떻게 활용될까요?**

컴퓨터에 여러 가지 지리 정보를 입력한 후 사람들이 원하는 정보를 다양한 방법으로 제공하는 것을 '지리 정보 체계'(GIS)라고 해요. 지리 정보 체계는 자원을 관리하거나 도시 계획, 버스 노선 관리, 재해 감시 등에 활용합니다.

 해외에서도 스마트폰 어플을 통해 택시를 손쉽게 이용할 수 있어요. 내가 있는 곳의 장소와 목적지를 입력하면 택시 기사에게 전달돼요. 그러면 이동 거리와 택시비까지 스마트폰에서 확인할 수 있답니다.

# 한반도의 공룡은 어떻게 사라졌을까요?

• **화석** 오랜 옛날에 살았던 생물이 죽어 몸의 일부나 그 흔적이 지층 속에 남은 것. 지층이 만들어진 시대와 환경을 알려 준다.

교과서 4학년 1학기 2단원 우리가 알아보는 지역의 역사  핵심 용어 화석, 공룡 멸종설

## 다양한 공룡 멸종설이 있어요

공룡이 사라진 이유에는 다양한 설이 있어요. 먼저 화산 활동설이에요. 화산 활동에서 볼 수 있는 백금족이라는 원소가 공룡 화석에서 발견됐어요. 지질학자들은 백악기 말에 활발해진 화산 활동으로 지구 환경이 갑자기 바뀌었다고 생각했어요. 바뀐 환경에 적응하지 못해 공룡이 멸종됐다는 설입니다.

다음으로 기온 저하설이 있어요. 갑작스러운 기후 변동으로 판게아 대륙과 곤드와나 대륙이 극지방으로 이동해, 거대한 얼음덩어리인 대륙 빙하가 만들어졌을 것이란 이론입니다. 이 빙하가 태양빛을 거의 반사해 기온이 급격하게 떨어졌고 결국 지구의 생물 대다수가 멸종했다는 이야기입니다.

## 가장 유력한 '운석 충돌설'

다양한 공룡 멸종설 중에 운석 충돌설이 가장 설득력 있어요. 공룡 멸종 시기에 생긴 지층을 조사해 보니 지구상에 거의 없는 물질을 아주 많이 발견했어요. 이 물질이 운석에서 나왔다고 추측합니다. 운석이 지구와 부딪히고 나서 거대한 먼지가 한반도를 비롯한 전 지구를 덮어 버렸대요. 몇 년 동안 햇빛을 받지 못해 식물이 자라지 못했고, 이어 먹이로 식물을 먹던 초식동물과 초식동물을 먹던 육식동물까지 목숨을 잃었다고 합니다. 결국 지구상에 있는 모든 공룡이 사라졌다는 거죠.

### 지리 탐험대

**공룡의 흔적을 찾아 떠나요!**

우리나라는 공룡의 왕국이라 할 정도로 화성, 여수, 고성 등에 흔적이 많이 남아 있어요. 다음 지도를 보고 공룡 탐사를 하러 떠나 볼까요?

 발자국 화석    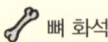 뼈 화석     알 화석

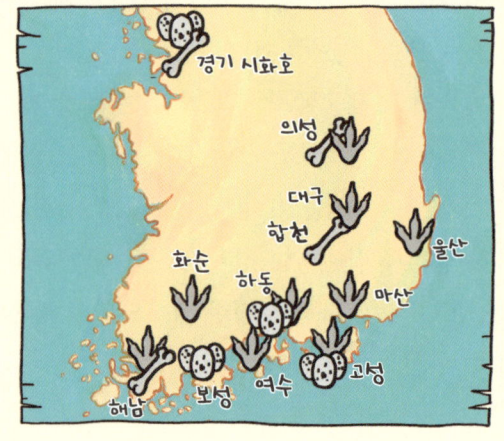

 중생대는 약 2억 5,000만 년 전에서 6,500만 년 전까지 시기를 이릅니다. 중생대는 트라이아스기, 쥐라기, 백악기로 나뉘어요.

# 태풍의 이름은 누가 지어요?

교과서 5학년 1학기 1단원 살기 좋은 우리 국토  핵심 용어 태풍

• **태풍** 적도 지방에서 발생한 이동성 열대 저기압. 초속 17m 이상 빠른 속도로 고위도 쪽으로 움직이며, 보통 폭풍우를 동반한다.

## 우리나라에 찾아오는 태풍의 정체는?

태풍은 이동성 열대 저기압을 말해요. 태양열을 많이 받는 적도 부근에서 생긴 따뜻한 공기 덩어리가 바다의 수증기를 품으면서 강한 바람을 동반한 비를 많이 내립니다. 초속 17m 이상 빠른 속도로 고위도 쪽으로 움직이지요. 여름철 일기예보를 듣다 보면 종종 우리나라 남해안을 강타한 태풍 소식을 들을 수 있어요. 태풍은 보통 폭풍우를 동반하여 많은 피해를 가져오지요. 우리나라에 큰 피해를 끼쳤던 태풍에는 태풍 매미, 태풍 루사 등이 있습니다.

## 태풍에도 이름이 있어요

태풍에 이름을 붙이기 시작한 때는 1953년 호주의 기상 예보관들이 자신이 싫어하는 정치가 이름을 붙이면서부터라고 해요. 태풍 위원회는 아시아·태평양 지역 국민들이 태풍에 관심을 갖게 하고 경계를 강화하기 위해 2000년부터 회원국이 제출한 이름으로 태풍을 불렀어요. 태풍의 이름은 국가별로 10개씩 제출한 140개 이름을 순서대로 사용하는데, 전체 이름이 다 사용되는 데 약 4~5년이 걸린답니다. 태풍 위원회의 회원국은 모두 14개국으로 캄보디아, 중국, 한국, 일본, 필리핀, 미국 등이 있어요.

### 지리 탐험대

**태풍 이름에 담긴 뜻은?**

막대한 피해를 입힌 태풍은 앞으로 유사한 피해가 없길 바라는 마음으로 이름을 없애 버려요. 2003년 우리나라를 강타한 매미는 무지개로, 2005년 일본에 피해를 입힌 나비는 독수리로 대체되었지요. 주로 우리나라는 태풍 위원회에 너구리, 개미, 장미, 나리 등 작은 동물이나 식물 이름을 제출합니다. 여기에는 연약한 동식물처럼 태풍이 약해지기를 바라는 의미가 담겨 있대요.

태풍 위원회는 아시아·태평양 지역에서 발생하는 태풍 피해를 최소한으로 줄이기 위해 만든 기관이에요. 재해 예방을 위한 공동 대처 방안을 연구하고, 기상 관측 분야의 기술을 교류하거나 태풍과 관련된 연구 활동을 해요.

# 우리나라 기후가 바뀌고 있대요!

- **아열대 기후** 연평균 기온이 10℃가 넘는 달이 8개월을 넘어서는 지역.
- **이상 기후** 기온, 강수량 등의 변화가 심해서 피해가 일어나는 현상.

교과서 5학년 1학기 2단원 환경과 조화를 이루는 국토 　핵심 용어 아열대 기후, 이상 기후

## 온대 기후에서 아열대 기후로?

우리나라는 사계절이 뚜렷한 온대 기후 지역에 속한답니다. 그런데 최근 우리나라의 여름 기온은 평년(지난 30년간 평균 기후)에 비해 점점 높아지고, 여름에 비가 내리는 기간도 점점 늘어나고 있어요. 열대 지방에서나 볼 수 있었던 스콜처럼 갑자기 세찬 비가 쏟아져 내리기도 하고요. 그래서 기후학자들은 우리나라가 아열대 기후로 점점 변하고 있다고 본대요.

아열대 기후 지역은 1년 평균 기온이 10℃가 넘는 달이 8개월 이상인 지역을 말해요. 지금은 제주도, 목포, 부산 등 일부 남해안 지역만 아열대 기후를 보입니다. 이들 지역에서는 예전에 키울 수 없었던 바나나, 파파야, 리치 등을 재배한대요.

## 우리나라의 이상 기후는?

기후 변화가 너무 심해서 피해가 일어나는 현상은 '이상 기후'라고 해요. 세계 기상 기구에 따르면 **이상 기후**는 사회나 사람의 목숨에 중대한 영향을 끼치는 기상 현상으로, 한 달 이상에 걸쳐서 날씨가 평년보다 한쪽으로 매우 치우쳐 피해가 생기는 것을 뜻해요. 우리나라에서 이상 기후는 여름에 무더위와 집중 호우로, 겨울에 폭설과 한파로 나타난답니다.

### 지리 탐험대

**이상 기후는 왜 나타날까요?**

이상 기후의 원인으로는 지구 온난화를 들 수 있어요. **지구 온난화**란 지구의 평균 기온이 계속 상승해 점점 더워지는 것을 말해요. 지구 온난화 때문에 빙하가 녹아내려 해수면이 상승하면서 이상 기후가 일어나요. 이상 기후로 각종 천재지변이 많이 발생하면 생태계의 평형이 깨져 생물이 멸종하거나 그 수가 줄어드는 등 큰 피해가 생긴답니다.

 우리나라에서 발생한 이상 기후 현상의 대표적인 예로는 1994년 여름에 일어난 이상 고온 현상을 들 수 있어요. 당시 서울 최고 기온은 38.4℃를 기록했대요. 이러한 폭염 때문에 전국에서 3,000여 명이 숨졌다고 하네요.

# 슬금슬금 한반도가 움직이고 있다고요?

• **판게아** 대륙이동설에서 지금은 여러 개로 나뉜 대륙이 원래 하나의 땅덩어리였을 때의 이름.

**교과서** 5학년 1학기 1단원 살기 좋은 우리 국토  **핵심 용어** 판게아, 대륙이동설

## 땅덩어리 하나가 여섯 개로 나뉘었어요

세계 지도에서 우리나라를 찾아보세요. 세계 대륙은 아시아, 유럽 등 여러 개로 나뉘어 있지요. 그중 우리나라는 아시아에 속한다는 사실을 알 수 있습니다. 그런데 지금은 여러 개로 나뉜 대륙이, 원래는 하나였다는 것을 알고 있나요?

약 3억 년 전 지구에 있던 대륙은 한 덩어리였어요. 한 덩어리인 대륙을 **판게아**라고 해요. 약 1억 8,000만 년 전인 중생대 쥐라기에 판게아는 두 곳으로 나뉘었는데 북반구는 로라시아 대륙, 남반구는 곤드와나 대륙이에요. 약 1억 5,000만 년 전부터 판게아가 여러 대륙으로 갈라지기 시작했어요. 그래서 오늘날 아시아, 유럽, 아프리카, 북아메리카, 남아메리카, 오세아니아의 여섯 대륙으로 나뉘었답니다.

약 1억 5,000만 년 전 판게아

현재 대륙

## 땅들이 움직인다고요?

우리나라는 고생대 초기 남반구에 있었어요. 당시 남반구 남위 10° 부근에 있었기 때문에 무척 더웠죠. 이후 우리나라는 적도를 지나 점점 위쪽으로 올라왔어요. 지금 위치는 북위 38° 부근입니다.

지금도 지구에 있는 땅들은 아주 조금씩 움직이고 있어요. 1년에 2~6cm씩 움직여서 우리는 눈으로 볼 수도 느낄 수도 없어요. 아주 오랜 시간이 지나야 대륙들이 이동했다는 걸 알 수 있을 거예요.

### 지리 탐험대

**일곱 대륙과 다섯 바다는 어디예요?**

흔히 지구에 있는 대륙과 바다를 합쳐 '5대양 6대주'라고 부릅니다. '5대양'에는 태평양, 대서양, 인도양, 북극해, 남극해가 포함돼요. '6대주'는 아시아, 아프리카, 유럽, 남아메리카, 북아메리카, 오세아니아를 일컫습니다. 여기에 남극 대륙까지 더해 부르면 '7대주'가 되지요. 세계 지도나 지구본을 이용해 각 대륙과 바다가 어디에 있는지 찾아보세요.

'대륙 이동설'은 판게아였던 대륙이 분리되고 이동해서 지금과 같은 땅 모양이 됐다고 주장하는 학설이에요.

# 바다와 하늘에도 주인이 있을까요?

• **영토** 한 나라의 힘이 미치는 땅의 범위. 영공과 영해의 범위를 정하는 기준이 된다.

**교과서** 5학년 1학기 1단원 살기 좋은 우리 국토  **핵심 용어** 영공, 영해, 영토, 배타적 경제 수역

## 우리나라의 영토, 영공, 영해

우리 땅을 영토, 우리 하늘을 영공, 우리 바다를 영해라고 해요. **영토**는 가장 기본적이고 중요한 국가 영역입니다. 그래서 우리가 다른 나라에 갈 때는 여권을 가지고 출국 심사를 거쳐야만 갈 수 있어요. 우리나라 영토의 97%는 한반도이고 나머지 3%는 한반도를 둘러싼 섬이랍니다. 그렇다면 바다와 하늘은 어떨까요?

가끔 텔레비전에서 우리 영해에 불법으로 들어와 고기잡이를 한 중국 어선을 다룬 뉴스를 본 적 있을 거예요. 다른 나라 인근 바다는 함부로 갈 수 없어요. 고기잡이처럼 다른 행위도 할 수 없죠. 하늘도 마찬가지예요. 우리 영공도 우리나라의 허락 없이 다른 나라의 비행기가 다닐 수 없어요.

## 어디까지가 우리 바다와 하늘이에요?

우리나라의 **영해**는 동해, 황해, 남해가 있어요. 영해는 기선에서 12해리까지입니다. **기선**은 영해를 정할 때 기준이 되는 선이랍니다. 우리나라의 황해와 남해는 섬이 많아, 가장 끝에 있는 섬을 연결한 선이 기선이에요. 동해는 해안선이 단조롭기 때문에 해안선을 기준으로 기선을 세웠어요. 1해리는 약 1,852m예요. 그러니까 약 22km 떨어진 곳까지 우리 바다입니다. **영공**은 영토와 영해 위의 하늘을 가리킵니다.

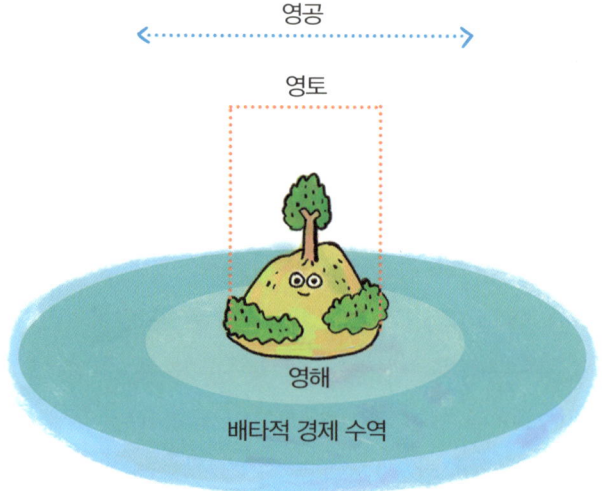

### 지리 탐험대

**두 나라가 너무 가까울 때 영해는 어떻게 구분하죠?**

두 나라의 대륙 사이 거리가 너무 가까우면 영해 다툼이 일어납니다. 우리나라는 일본과의 거리가 가까워 12해리를 적용할 수 없어요. 그래서 양국 합의를 거쳐 3해리(5,556m)로 정했답니다.

 영해를 정하는 기선에서 200해리까지 영역은 **배타적 경제 수역**이라고 합니다. 해당 국가가 경제적 권리를 가지는 수역이에요.

# 우리나라의 기후는 어떤 특징이 있나요?

• **위도** 적도를 기준으로 나타내는 남쪽과 북쪽의 위치. 남쪽은 남위, 북쪽은 북위라 한다. 우리나라는 북위 33°에서 43° 사이의 중위도에 있다.

**교과서** 5학년 1학기 1단원 살기 좋은 우리 국토 **핵심 용어** 기후, 위도, 자전, 공전

## 사계절이 뚜렷한 우리나라

적도 근처 나라에는 1년 내내 무더운 여름이, 북극이나 남극 근처 나라에는 1년 내내 추운 겨울이 계속되지요. 한편 북반구의 중위도에 있는 우리나라는 봄, 여름, 가을, 겨울과 같이 사계절이 다 있어요. 지구의 자전축이 약 23.5° 기울어진 채 1년에 한 번씩 태양의 주위를 도는 공전 운동을 하기 때문이에요. 공전 운동을 하는 동안 태양의 위치, 즉 태양 고도에 따라 낮의 길이와 해가 뜨고 지는 시각이 달라지기 때문이지요. 만약 지구의 자전축이 수직이라면 계절과 관계없이 우리나라를 비추는 태양 열의 양은 늘 같겠지요. 하지만 자전축이 약 23.5° 기울어져 있기 때문에 여름에는 태양과 가까워서 덥고, 겨울에는 태양과 멀어지기 때문에 춥답니다.

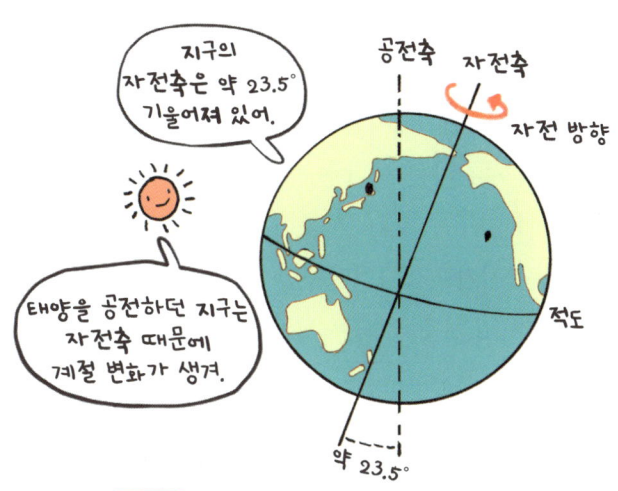

### 지리 탐험대

**겨울에 눈이 내리는 이유는?**

우리나라의 겨울은 시베리아에서 불어오는 차고 건조한 북동 계절풍의 영향을 받아 날씨가 아주 추워요. 이때 구름 속 얼음 알갱이에 수증기가 달라붙어 커져요. 커진 얼음 알갱이가 땅으로 떨어질 때 땅 부근 온도가 낮아서 눈이 되어 내립니다. 땅 근처 온도가 7℃ 이상일 때는 비가 되어 내린답니다.

## 우리나라 계절별 날씨의 특징

봄에는 중국에서 불어오는 포근한 바람으로 따뜻한 날씨가 돼요. 그런데 이 따뜻한 바람에는 중국의 고비 사막에서 날아온 황토가 섞여 있어 황사 현상이 나타나기도 한답니다. 여름에는 비가 많이 와요. 적도 부근 남쪽 지방에서 더운 바람이 불어와 기온이 높고 습기가 많은 날씨가 되지요. 가을에는 맑고 상쾌한 날씨가 나타나고, 서리가 내리기도 해요. 겨울에는 북쪽에서 불어오는 찬바람 때문에 날씨가 추워져요.

 서리란 무엇일까요? **서리**는 공기 중의 수증기가 얼어붙은 것이랍니다. 땅이나 풀잎 가장자리에 하얀 가루를 뿌려 놓은 듯 하얗게 서리가 내리기도 하지요. 24절기 중에는 서리가 내린다는 상강(霜降)이 있습니다. 상강은 곧 추운 겨울이 닥친다는 것을 뜻합니다. 이 즈음에는 농부들이 한 해 농사를 거둬들이려고 바쁘게 움직입니다.

# 나라마다 왜 시간이 달라요?

• **본초 자오선** 경도의 기준이 되는 경도 0°선. 그리니치 천문대를 지난다. 이를 기준으로 동쪽은 동경, 서쪽은 서경이라 한다.

교과서 5학년 1학기 1단원 살기 좋은 우리 국토  핵심 용어 본초 자오선, 경도

## 영국 그리니치 천문대가 기준선이에요

하루는 어떻게 24시간으로 정해졌을까요? 지구가 한 바퀴 자전하는 시간을 하루라고 한답니다. 24시간 동안 지구는 360°를 돌아요. 그래서 세계의 모든 표준 시간은 1시간만큼인 15°를 기준으로 나누어져요. 그 기준이 되는 곳은 바로 영국의 그리니치 천문대입니다.

나라마다 자기 나라를 중심으로 지도를 그리면 혼란이 올 뿐만 아니라, 시간의 기준도 명확하지 않겠지요. 그래서 1884년 여러 나라 사람들이 모여 영국 그리니치 천문대를 기준으로 **본초 자오선**을 정했답니다.

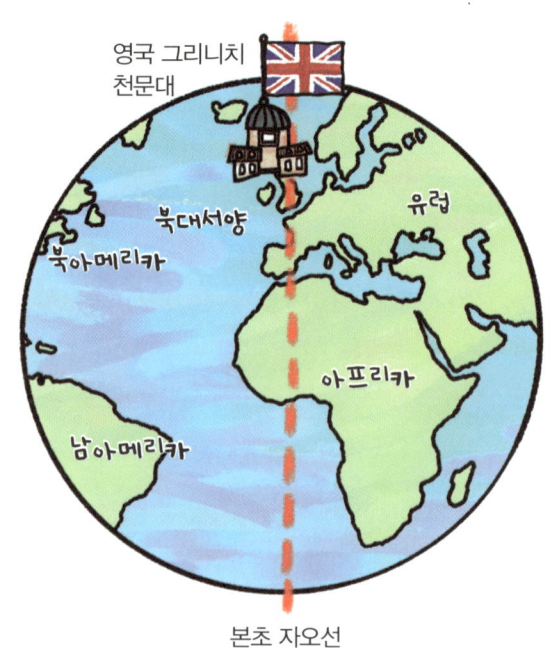

본초 자오선

## 우리나라와 일본은 시차가 없나요?

그리니치 천문대를 기준으로 경도 15°마다 시간이 달라져요. 그래서 땅덩어리가 넓은 미국은 같은 나라 안인데도 지역마다 시차가 난답니다. 한반도 중심을 지나는 경선은 동경 127.5°예요. 1908년 대한제국이 이를 기준으로 표준시를 정했습니다. 일본 본토를 통과하는 동경 135°와 차이가 나지요. 시간으로 따지면 일본보다 30분 빨랐어요. 일제 강점기에 일본과 강제 합병되면서 일본과 같은 시간을 쓰게 되었죠. 광복 후 다시 대한제국 표준시를 사용했다가 박정희 정부 때부터 동경 135°로 바뀌었습니다.

### 지리 탐험대

**다른 나라와 우리나라의 시차는?**

다음 나라와 우리나라의 시각은 얼마나 차이 나는지 알아보세요.

- 영국
- 미국
- 스위스
- 말레이시아
- 아프리카

 땅이 넓은 나라에서는 같은 나라 안에서도 시간대가 달라요. 미국 본토는 지역에 따라 4개의 표준시를 사용하고, 캐나다는 6개의 표준시를 사용해요.

# 우리나라가 나이 들어가고 있어요

- **고령화** 전체 인구에서 노인이 차지하는 비율이 높아지는 현상.
- **저출산** 태어나는 아이의 수가 줄어드는 현상.

**교과서** 4학년 2학기 3단원 사회 변화와 문화의 다양성  **핵심 용어** 고령화, 저출산

## 평균 연령이 높아지고 있어요

생활 수준이 높아지고 의료 기술이 발달하면서 평균 수명이 늘어나고 있어요. 하지만 새로 태어나는 아기의 수는 줄고 있기 때문에, 전체 인구에서 노인이 차지하는 비중이 높아지고 있어요. 이를 두고 **고령화 현상**이라고 해요. 우리나라 인구의 평균 연령이 올라가고 있다는 뜻이지요. 이대로 2050년이 되면 유소년층의 비율보다 노년층의 비율이 더 높아질 것이라는 통계도 있어요.

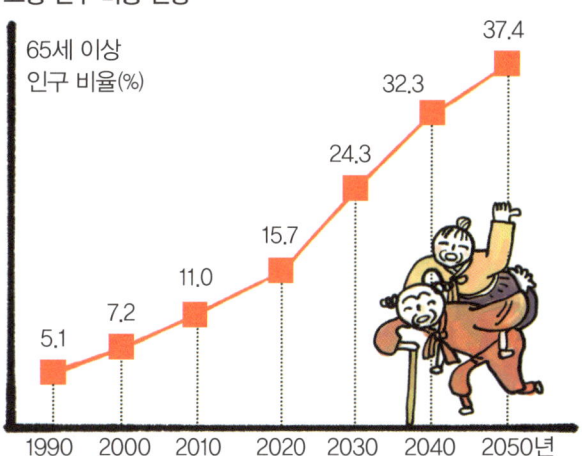

고령 인구 비중 전망

## 고령화 현상이 지속되면?

가장 중요한 문제는 일을 할 청장년층이 줄어든다는 점이에요. 나라의 경제를 책임질 인구가 줄어드는 것이지요. 하지만 노년층의 복지 비용은 증가하기 때문에 청장년층의 부담이 늘어나겠지요. 고령화 사회를 준비하지 않으면 노년층의 질병이나 빈곤 문제 등을 현명하게 대처하지 못해, 사회에서 고립되고 소외되는 국민이 늘어나요.

우리나라는 일을 할 수 있는 평균 정년 나이를 60세 안팎으로 두고 있습니다. 하지만 노인 인구가 많아지고, 의료 기술이 발달하면서 정년 나이를 높이는 방안을 고려하고 있어요.

### 지리 탐험대

**고령화 사회에 대비하는 방법은?**

노인이 경제 활동을 오래할 수 있도록 제도를 마련해야 합니다. 근본적으로는 저출산 문제를 해결해야 해요. 늘어나는 노인 인구만큼 많은 아기들이 태어나 자랄 수 있는 환경을 만들어야겠지요. 어린이집 같은 보육 시설을 늘리고, 출산 지원 정책을 마련해야 합니다.

저출산 현상이 지속되면 인구가 줄어듭니다. 인구가 줄어들면 지역 자체가 소멸 위험에 처할 수 있어요. 실제로 2018년 한국고용정보원 연구에 따르면 전국 228개 시·군·구 중 소멸 위험 지역은 89곳입니다.

# 한국, 중국, 일본은 왜 문화가 비슷할까요?

• **문화** 사람들이 공통적으로 가진 생활 방식. 한국, 일본, 중국은 위치가 가까워 문화가 비슷하다. 특히 유교와 불교의 영향을 많이 받았다.

교과서 4학년 2학기 3단원 사회 변화와 문화의 다양성  핵심 용어 문화

## 문화가 비슷한 세 나라

한국, 중국, 일본 사람들은 문화가 비슷해요. 세 나라는 음식을 먹을 때 젓가락을 쓰고, 밥을 주식으로 먹어요. 한자를 사용하기도 하고, 어른을 만나면 허리를 굽혀 공손하게 인사를 하지요. 세 나라가 지리적으로 가까워 옛날부터 자연스럽게 문화를 주고받았기 때문이에요. 특히 유교와 불교의 영향을 받은 점은 세 나라가 철학이나 이념을 공유하는 데 큰 역할을 하였지요.

## 철학과 사상을 공유하는 삼국의 문화

유교는 중국 학자 공자의 학문 유학에서 유래했어요. 일찍이 삼국 시대부터 중국을 통해 우리나라에 전해졌습니다. 특히 백제의 해상 교통로가 발전하면서 중국에서 받아들인 문물을 일본에 전했습니다. 유교의 경전도 전파했죠. 백제의 왕인 박사는 일본에 유교와 도가의 경전을 전달한 사신으로 알려졌어요.

이렇듯 삼국은 우리나라를 중심으로 불교뿐 아니라 유교 사상과 철학을 공유했어요. 따라서 인(仁)을 중심으로 나라에 충성하고, 부모에 효도하는 일을 중히 여겨요. 이러한 문화가 서로 닮았답니다.

**지리 탐험대**

### 생활 속에 깃든 인의예지 사상을 알아봐요

버스나 지하철에서 어르신에게 자리를 양보하는 모습은 인의예지 사상의 영향이라고 볼 수 있어요. 부모님께 효도하라는 가르침도 마찬가지이지요. 또 어떤 생활상이 있을까요?

 조선에 이르러서는 불교보다 유교를 더 중요하게 여겨 왕도 정치, 덕치, 민본주의 등을 유교의 가르침대로 실천하였습니다.

# 너무 덥고 습하면 불쾌해진대요!

교과서 5학년 1학기 1단원 살기 좋은 우리 국토  핵심 용어 불쾌지수

- **불쾌지수** 온도와 습도를 조합해 더운 날씨에 개인이 느끼는 불쾌감의 정도를 수치로 나타낸 것.

## 온도와 습도로 불쾌감을 측정해요

날씨는 우리 생활에 큰 영향을 끼쳐요. 너무 덥지도 않고 춥지도 않은 화창한 날씨에 사람들은 상쾌한 기분을 느낍니다. 나들이와 운동 등 야외 활동을 계획하기도 하지요. 반대로 흐리고 추운 날씨에는 마음이 가라앉고 차분해져요.

온도와 습도를 조합하면 더운 날씨에 개인이 느끼는 불쾌감의 정도를 측정할 수 있어요. 이를 수치로 나타낸 것이 **불쾌지수**입니다. 불쾌지수의 산출법을 처음 생각해 낸 사람은 미국의 톰이라는 사람이에요. 미국 기상국에서는 1959년부터 불쾌지수를 발표했습니다. 불쾌지수는 개인마다 차이가 있으나, 대개 80 이상이면 모든 사람이 불쾌감을 느껴요. 불쾌지수가 높은 날은 범죄율이 높아지기도 한대요.

## 불쾌지수가 가장 높은 장마철

같은 온도라도 습도가 높으면 땀이 잘 마르지 않아서 더 덥게 느껴지고 기분이 좋지 않아요. 반면에 습도가 너무 낮아서 건조하면 감기에 걸리기 쉽고, 불이 나기도 쉽답니다. 한국에서는 7~8월에 불쾌지수가 80 정도로 높아지곤 해요. 특히 장마철에는 83~84 정도나 돼요. 기상청에서는 6월부터 9월까지 매일 3시간 간격으로 불쾌지수를 계산하여 알려 주고 있어요.

### 지리 탐험대

**생활 지수를 찾아 이용해요**

불쾌지수처럼 날씨를 표현하는 온도, 습도, 바람 등을 이용해 생활에 미치는 영향을 숫자로 표현한 것을 **생활 지수**라고 해요. 그중 자외선(UV) 지수는 자외선 위험 정보를 제공해 주기 위해 만들었대요. 환절기에는 일교차를 이용해 알려 주는 감기 가능 지수로 감기를 예방할 수 있어요. 기상청 누리집에서 다양한 생활 지수를 찾아 활용해 보세요.

 태양 빛이 따가운 여름, 자외선으로부터 피부를 보호해 주는 선크림에는 보통 'SPF○○'라고 숫자가 적혀 있어요. SPF란 자외선 차단 지수로 선크림에 매기는 등급을 말해요. 숫자가 클수록 자외선을 더 많이 차단할 수 있대요.

# 콜록콜록 황사는 어디에서 와요?

교과서 5학년 1학기 2단원 환경과 조화를 이루는 국토  핵심 용어 황사, 미세먼지, 사막화

- **황사** 중국 대륙의 사막과 황토 지대의 노란 흙먼지가 강한 바람으로 날아올랐다가 점차 가라앉는 현상. 주로 봄에 우리나라까지 날아온다.

## 황사는 오늘내일 문제가 아니에요

노란 흙먼지 황사는 매년 봄가을마다 찾아오는 불청객이지요. 귀찮지만 마스크를 써야 하고, 환기하기도 어려워요. 황사 하면 마치 최근에 시작된 환경 오염 같지만, 꼭 그렇지만은 않아요. 《삼국사기》에 중국에서 날아들어 오는 황사를 기록해 놓았거든요. 우리나라뿐 아니라 중국과 일본에서도 그 기록이 전해 내려와요.

황사는 아주 먼 고비 사막이나 타클라마칸 사막에서 불어오는 작은 먼지예요. 한랭 전선을 동반한 저기압이 발생할 때 강한 바람을 타고 우리나라까지 날아옵니다.

## 매년 황사가 심해지고 있어요

예전에는 몽골 초원 지대에서 황사를 어느 정도 걸러 주었어요. 하지만 사막화가 급속도로 진행되면서 옛날보다 황사가 심해지고 있습니다. 중국 내륙에서 사막화로 발생한 황사도 우리나라까지 날아들어요. 중국에서도 피해가 이만저만이 아닙니다. 중부 대도시에서는 벌써 청정한 산소를 휴대용으로 팔 정도로 황사 문제가 심각하답니다.

황사는 건강을 위협할 뿐 아니라, 산업에도 막대한 손실을 미쳐요. 정밀한 작업을 하는 산업체들은 미세한 황사를 완벽하게 거를 수 없어 불량률이 늘었어요. 항공기 안전에도 피해를 준답니다.

### 지리 탐험대

**황사를 막을 수 있을까요?**

황사를 막으려면 땅이 사막으로 변하는 사막화를 막기 위해 지구촌의 모든 사람들이 함께 노력을 해야 한답니다. 나무나 풀을 심고, 환경 오염을 줄여야겠죠? 대중교통을 이용하는 것도 환경 오염을 줄이는 데 도움이 됩니다.

황사와 미세먼지는 조금 달라요. '황사'는 기후 영향으로 저기압이 중국과 몽골을 지나며 누런 모래먼지가 많이 떠다니다가 가라앉는 것을 말하지요. 반면 '미세먼지'는 더 큰 개념이에요. 대기 중에 떠다니는 물질 중에서 입자가 매우 작은 것을 말해요. 꼭 황사가 아니라도 자동차 배출가스, 석탄이나 석유를 태우며 발생한 유해한 물질도 포함한답니다.

# 신재생 에너지가 무엇인가요?

- **신에너지** 기존의 석유, 원자력, 석탄 등이 아닌 새로운 에너지.
- **재생 에너지** 햇빛, 바람처럼 계속해서 재생해 쓸 수 있는 에너지.

교과서 5학년 1학기 2단원 환경과 조화를 이루는 국토  핵심 용어 신에너지, 재생 에너지

## 친환경 무한리필 신재생 에너지

흔히 신에너지와 재생 에너지를 합쳐 신재생 에너지라 불러요. 신에너지는 기존에 쓰던 석유, 원자력, 석탄 등이 아닌 새로운 에너지를 뜻합니다.

재생 에너지는 햇빛, 바람처럼 고갈되지 않고 지속적으로 재생하여 사용할 수 있는 에너지입니다. 태양광, 태양열, 지열, 생물 연료, 폐기물, 해양, 수력, 풍력을 이용해 에너지를 만들어요. 신재생 에너지는 고갈되어 가는 화석 연료를 대체할 자원으로 주목받고 있지요.

## 끊임없이 재생 가능하지만 투자 비용이 많이 들어요

신재생 에너지의 가장 큰 장점은 오염 물질 배출이 적다는 것이에요. 또 사용 후 폐기되는 것이 아니라 끊임없이 재생 가능한 자원이라는 것도 큰 장점이지요.

단점은 신재생 에너지를 개발하는 데 막대한 투자 비용이 든다는 거예요. 그리고 개발에 드는 비용에 비해 생산되는 에너지 양이 많지 않기 때문에 아직은 경제성이 낮아요. 무엇보다 자연환경의 영향을 크게 받는다는 단점이 있어요.

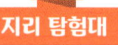
### 지리 탐험대
**신재생 에너지를 직접 만들어 봐요**

부안 신재생 에너지 테마파크나 그 밖의 지역별 신재생 에너지 체험관에 가 보세요. 에너지를 생산하는 과정을 알아보고, 직접 자전거를 타면서 바퀴를 굴리는 힘으로 에너지를 만들어 볼 수 있어요.

가정 또는 공장에서 발생하는 폐기물로도 에너지를 만들 수 있습니다. 폐기물을 태울 때 발생하는 열을 이용하여 에너지를 생산할 수 있어요.

# 우리나라인데 갈 수 없는 곳은?

교과서 5학년 1학기 4단원 우리 사회의 과제와 문화의 발전    핵심 용어 비무장지대

- **비무장지대(DMZ)** 남한과 북한의 경계에 있으며 무기나 군대를 설치할 수 없는 곳. 북한과 평화를 유지하는 데 중요하다.

## 불필요한 충돌을 없애는 비무장지대

우리나라는 1950년 6월 25일에 한국 전쟁이 일어났어요. 전쟁 후 휴전 협정 당시에 남한과 북한은 휴전선을 그었습니다. 휴전선에서 각각 2km 거리 이내로는 군대나 군사 시설, 무기 등을 배치하지 않기로 약속했어요. 이곳을 **비무장지대**(DMZ)라고 해요.

만약 비무장지대가 없이 남과 북의 군인들이 서로 맞닿아 있으면 군사적으로 충돌할 가능성이 있어요. 자칫하다가는 전쟁으로도 이어질 수 있죠. 이 때문에 비무장지대의 역할이 매우 중요해요.

비무장지대에는 일반인이 출입할 수 없습니다. 혹시 낯설고 수상한 움직임이 있는지 중립국의 감시단이 매일 지켜보고 있답니다.

## 비무장지대는 천연기념물의 낙원

휴전 협정을 맺을 때부터 지금까지 비무장지대는 사람들이 갈 수 없었던 덕분에 환경이 많이 파괴되지 않았어요. 이곳에는 우리나라에서 멸종 위기에 처한 동식물도 많답니다. 최근까지도 황새, 검독수리, 흰꼬리수리, 독수리 등이 살고 있는 것을 확인했지요. 멧토끼, 산양처럼 우리나라에만 있는 고유종도 서식하고 있어요.

### 지리 탐험대

**비무장지대의 역사와 자연환경을 알아봐요**

DMZ 박물관에는 비무장지대의 자연환경과 문화를 보여 주는 자료가 보관되어 있어요. DMZ와 가까운 평화누리길에는 땅굴과 철책 등이 있어서 한국 전쟁의 흔적을 찾아볼 수 있습니다. 이곳에서는 멸종 위기의 동식물도 발견할 수 있어요.

비무장지대 인근에는 제3 땅굴, 도라산 전망대, 오두산성, 평화누리길 등 관광 명소가 많아요.

# 태풍이 좋은 일도 한다고요?

교과서 5학년 1학기 1단원 살기 좋은 우리 국토   핵심 용어 태풍, 사이클론

• 태풍은 발생 지역에 따라 허리케인, 사이클론 등으로 달리 불린다. 적도 지방에서 발생한 열대 저기압으로 풍속이 초속 17m 이상이다.

## 열에너지를 순환시켜 주는 태풍

우리나라는 여름에 태풍과 장마로 큰 물난리를 겪어요. 사람들은 태풍을 무서워하지요. 그런데 태풍이 나쁜 점만 있는 것은 아니랍니다.

태양열을 많이 받는 적도의 바다는 지나치게 많은 열이 모이고, 극지방은 언제나 열이 부족한 상태이지요. 이러한 열의 불균형을 해소하기 위해 극지방과 적도 지방 사이를 오가는 해류와 바람이 평상시에 열을 순환시키는 역할을 해요. 그런데도 적도 지역은 지나치게 뜨겁지요. 태풍은 이렇게 적도 부근의 열을 고위도 지역의 차가운 곳으로 분산시키는 역할을 해요.

## 지구를 깨끗하게 하는 태풍

또 태풍은 바닷물과 공기를 깨끗하게 만듭니다. 열대성 저기압인 태풍이 불면 공기 중에 있던 나쁜 물질이 흩어져요. 그래서 공기 속 오염 물질이 비와 바람 덕에 깨끗해진답니다. 바닷물을 뒤섞어 순환시키기 때문에 적조와 해양 오염을 줄여 주지요. 태풍으로 바닷물이 순환되면 공기 중에 있던 산소가 바다에 많이 녹아들어 물고기들이 잘 살 수 있어요. 그리고 물고기의 먹이인 바닷속 플랑크톤을 분해하여 위로 끌어 올리기 때문에 태풍이 지나간 뒤에는 물고기가 잘 잡힌다고 해요.

### 지리 탐험대

**태풍은 이름이 많대요!**

우리가 태풍이라고 부르는 열대 저기압은 발생하는 지역에 따라 다른 이름으로 불려요. 동남아시아에서는 타이푼이라고 하고, 인도 벵골만에서는 사이클론, 미국 남부의 멕시코만 연안에서는 허리케인이라고 부릅니다. 호주 북부에서는 윌리윌리라고 불렀으나 지금은 사이클론이라고 해요.

**열대 저기압의 지역별 이름**

 열대 저기압만큼 강력한 회오리바람에는 토네이도가 있지요. 소설 《오즈의 마법사》에서 도로시네 집을 들어 올린 강력한 바람이랍니다. 토네이도는 거대한 진공청소기처럼 먼지, 쓰레기는 물론 집, 차, 기차처럼 큰 물체를 들어 올리기도 한대요.

# 인구수에도 절벽이 있어요?

교과서 4학년 2학기 3단원 사회 변화와 문화의 다양성　핵심 용어 인구 절벽, 인구 피라미드

- **인구 절벽** 일할 수 있는 사람이 급속도로 줄어드는 현상.
- **인구 피라미드** 인구의 성별, 연령별 분포를 나타낸 도표.

## 아기 울음소리가 줄어들고 있어요

출산율이 떨어졌다는 이야기를 들어 본 적 있나요? 초등학교에 입학하는 어린이도 매년 수만 명씩 줄어들고 있대요. 2000년만 해도 전국 초등학생 수가 약 400만 명이었는데, 2017년에는 약 260만 명이라 하니 17년 만에 출산율이 얼마나 떨어졌는지 알 수 있죠?

출산율이 떨어지는 것은 비단 우리나라만 겪는 현상은 아니지만, 우리나라의 출산율은 다른 나라와 비교해 급격히 추락하고 있어요. 1970년대에 비해 태어나는 아이의 숫자가 절반으로 줄어들었거든요. 이렇게 출산율이 빨리 떨어지고, 젊은 사람들이 줄어들면 어떤 일이 일어날까요?

## 일할 사람이 갑자기 줄어들어요

여러분도 성인이 되면 경제 활동을 시작할 거예요. 경제 활동을 할 수 있는 나이는 이르게는 15세부터 64세까지라고 해요. 이것을 '생산 가능 인구'라고 하는데, 일할 수 있는 사람이 급속도로 줄어드는 현상이 바로 **인구 절벽**이에요.

열심히 돈을 벌고 소비도 해야 하는 생산 가능 인구가 줄어들면 경제 활동이 활발히 이루어지지 않을 거예요. 결국 출산율이 떨어져 인구 절벽 현상이 일어나면 우리나라 경제를 열심히 책임질 사람이 줄어드는 셈이지요.

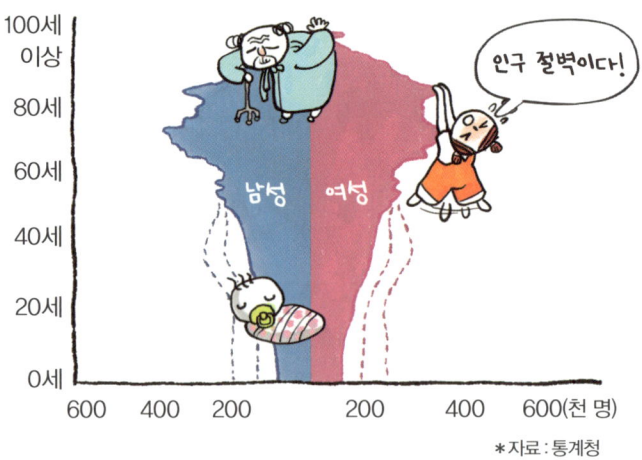

2065년 예상 인구 피라미드

*자료: 통계청

### 지리 탐험대

**인구 절벽을 해결하려면?**

출산율을 높이려면 아이를 낳고 키우기 좋은 환경을 만들어야겠죠? 어떤 방법이 있는지 알아보세요.

 인구 문제는 전 세대가 함께 고민해야 할 일이에요. 우선 육아를 도와주는 제도가 필요합니다. 엄마의 경력이 단절되지 않도록, 아빠가 함께 육아를 할 수 있도록 사회 분위기와 법이 뒷받침되어야겠지요. 늘어나는 노령 인구를 다 함께 부양하기 위해서라도 인구 절벽 문제를 해결해야 해요.

# 날씨 정보로 어떤 물건이 잘 팔릴지 알 수 있대요!

- **날씨** 일정한 장소에서 짧은 시간 동안 나타나는 대기의 상태.
- **날씨 마케팅** 날씨 정보를 사업에 활용하는 전략.

**교과서** 5학년 1학기 1단원 살기 좋은 우리 국토  **핵심 용어** 날씨, 날씨 마케팅

## 날씨 정보의 경제 가치가 연간 3조 5,000억 원!

날씨를 미리 알면 재해를 예방할 수 있어요. 만일 어떤 지역에 폭우가 예상된다면 침수 대비 시설을 점검하고, 사람들을 미리 대피시켜서 인명과 재산을 보호할 수 있겠지요.

날씨를 미리 알면 경제 활동을 하는 데에도 많은 도움이 돼요. 날씨를 미리 내다보고 어떤 물건이 잘 팔릴지, 얼마나 팔릴지, 광고에서 무엇을 강조해야 할지를 결정할 수 있어요. 이렇게 날씨 정보를 사업에 적극적으로 활용하려는 전략을 '날씨 마케팅'이라는 용어로 부르기도 해요.

## 날씨에 따라 잘 팔리는 물건이 달라요

날씨가 갑자기 추워지면 감기 걸리는 사람이 많아져 병원이 북적이고, 여름 더위가 더 빨리 시작되면 에어컨, 선풍기 등 가전제품이 잘 팔립니다. 겨울에는 따뜻한 군고구마가 잘 팔리고, 여름엔 시원한 아이스크림이 잘 팔리고요. 여름 더위가 평년에 비해 빨리 오고, 길고 긴 무더위가 계속된다고 하면 에어컨 회사에서는 여름이 오기 전 에어컨과 선풍기를 많이 생산해서 판매할 준비를 하지요. 패션 디자이너도 날씨 정보를 이용해요. 한두 계절 앞을 내다보며 날씨를 디자인에 반영하고, 신제품을 내놓을 시기를 결정한답니다.

벌써 겨울옷을 준비해요?

이번 겨울은 일찍 시작된대.

### 지리 탐험대

**날씨가 사람들에게 끼치는 영향은?**

적도 부근의 사람들은 점심 식사 후에 시에스타라고 하여 낮잠 자는 시간을 가져요. 일조 시간이 짧고 추운 북유럽에 사는 사람들은 흐린 날씨가 가져오는 우울한 기분을 막기 위해 세로토닌이라는 약을 먹기도 한답니다. 독일에 유명한 철학자와 작가가 많은 이유 중 하나로 날씨의 영향도 빼놓을 수 없다고 말하기도 해요. 날씨가 춥고 겨울이 긴 지역의 사람들은 실내 생활을 주로 하며, 깊은 생각에 잠기게 되거든요.

너무 더워! 한잠 자고 일해야지.

 기상 이변이 많은 오늘날에는 날씨 정보의 중요성이 점점 더 커지고 있어요. 과거에는 의류나 교통, 냉난방기 등의 분야에서 주로 활용되었습니다. 하지만 오늘날에는 여가 활동과 음식, 유통과 보험 등 활용 분야가 더 넓어지고 있어요.

# 김정호는 대동여지도를 어떻게 만들었을까요?

- **대동여지도** 1861년 조선 후기 실학자 김정호가 만든 지도.
- **축척** 지도상에 실제 거리를 줄여서 비율로 나타내는 것.

교과서 3학년 1학기 1단원 우리 고장의 모습  핵심 용어 축척

## 우리 땅을 그대로 옮긴 '대동여지도'

대동여지도는 우리나라의 옛 지도 중에서 가장 뛰어난 지도로 꼽혀요. 1861년 조선 후기 실학자 김정호가 만들었습니다. 울퉁불퉁한 우리나라의 지형과 산맥, 섬, 도시, 고개 등 1만 2,000여 개나 되는 지명을 그려 넣었습니다. 실제로는 엄청난 거리를 16만 분의 1로 줄여서 표현했어요. 10리(약 4.2km)마다 눈금을 찍어 거리도 정확히 나타냈죠.

또 갖고 다니기 쉽도록 우리나라를 22층으로 나누어 병풍처럼 접을 수 있게 만들었어요. 전부 펼쳐 이으면 가로 약 4m, 세로 약 7m예요. 접어서 차곡차곡 쌓으면 책이 됩니다.

## 장비 없이 어떻게 만들었을까요?

조선 후기에는 지금과 달리 땅을 측정하거나 위성을 이용하는 등 지도를 만들 만한 장비가 별로 없었어요. 그렇다면 김정호는 어떻게 정교한 지도를 만들 수 있었을까요? 지도를 만들기 위해 전국을 돌아다녔다는 얘기가 알려져 있지만 실제로 그랬다는 기록은 없어요. 일부 지역을 돌아다니면서 조사했지만 대부분은 기존에 있던 지도와 지리서를 연구해 대동여지도를 만든 것이지요. 우리가 생각하는 것과 달리 조선은 이미 지도 만드는 기술이 뛰어났어요. 김정호는 어렵게 다른 자료를 모아 30년에 걸쳐 대동여지도를 완성했답니다.

### 지리 탐험대

**머릿속에 떠오르는 우리 고장의 모습을 그려 봐요**

집에서 학교 가는 길 또는 슈퍼나 시장에 가는 길을 떠올려 보세요. 그 길을 중심으로 우리 고장의 모습을 그림으로 나타내 볼까요?

우리나라에 남아 있는 지도 중 가장 오래된 지도는 1402년에 만들어진 혼일강리역대국도지도예요. 지도를 보면 중국이 가운데에, 한반도는 중국 오른쪽에 일본보다 크게 그려져 있음을 알 수 있어요. 이 지도는 세계 지도로 아프리카와 유럽도 나와 있답니다. 당시의 세계 인식을 알 수 있는 중요한 지도예요.

# 지층으로 지구의 역사를 알 수 있대요!

교과서 5학년 1학기 1단원 살기 좋은 우리 국토   핵심 용어 지층

- **지층** 자갈, 모래, 진흙 등이 쌓여 이루어진 층. 지층의 무늬와 물질을 살펴보면 지층이 만들어질 당시 환경을 알 수 있다.

## 차곡차곡 시간이 쌓여 만든 지층

산과 바다, 강가에 가면 여러 층을 이루는 산의 단면이나 절벽을 볼 수 있어요. 이것은 하천이나 다른 외부 힘으로 먼지, 모래, 자갈 등이 쌓여 굳어진 거죠. 이렇게 굳어진 암석을 '퇴적암'이라고 해요. 겹겹이 퇴적암을 이루는 여러 층을 **지층**이라고 하죠. 지층은 지역별로 형성된 시기가 다른데, 공룡이 살았을 때 차곡차곡 쌓인 곳도 있어요.

지층의 모양은 다양해요. 수평인 지층, 좌우나 밑에서 미는 힘으로 모양이 휜 지층, 외부에서 잡아당기는 힘에 끊긴 지층인 단층 등이 있답니다.

제주도 용머리해안   *자료 : 김성수, 한국관광공사

## 지층으로 알 수 있는 것

지층은 층마다 모양과 색깔이 달라요. 어떤 층에는 큰 돌이, 어떤 층에는 모래가 쌓여 있죠. 지층을 관찰하면 지층이 만들어진 당시 환경과 생태계를 알 수 있어요.

지층 모양이 물결무늬라면 당시 환경이 강가나 바닷가였음을 말해 주죠. 또 지층에 단층이 있다면 지진과 같은 지각 변동이 있었음을 알 수 있어요. 당시 기후도 알 수 있답니다. 빨간색을 띠는 퇴적암인 적색층이 쌓인 층은 당시 열대 기후였다는 거예요. 또 염화나트륨으로 이루어진 퇴적암이 쌓인 층이 있다면 당시 기후가 건조했다는 사실을 알 수 있죠.

### 지리 탐험대

**지층의 생성 순서는 어떻게 되나요?**

큰 지각 변동이 없는 경우 대부분 맨 아래에 있는 게 가장 먼저 생성된 지층이에요. 이런 지층은 공룡 발자국 화석이 많은 고성, 의성 등 경상도의 넓은 지역에서 볼 수 있어요.

 지층은 어떤 암석들로 이루어졌을까요? 알갱이의 크기와 종류에 따라 지층을 이루는 퇴적암이 달라요. 자갈, 모래 등이 쌓여 굳어진 것은 역암, 모래가 쌓여 굳어진 것은 사암, 아주 작은 입자가 쌓여 굳어진 것은 이암이라고 해요. 이 외에도 조개나 산호가 변화되어 만들어진 석회암, 화산재가 함께 쌓여 굳어진 응회암 등이 있답니다.

# 미래를 이끌어 갈 산업은 무엇일까요?

- **생명공학** 사람, 동식물에 있는 특별한 기능을 산업에 이용하는 기술.
- **4차 산업** 인공 지능, 사물 인터넷 등 첨단 기술을 이용한 산업.

교과서 5학년 1학기 2단원 환경과 조화를 이루는 국토  핵심 용어 4차 산업, 생명공학

## 사람의 생명을 지키는 산업

사람들은 건강과 수명에 관심이 많아요. 과거에는 당장 먹고사는 문제가 중요해 생명 연장에 큰 관심이 없었어요. 먹을 것이 풍부하고 기술이 발달한 오늘날에는 사람의 건강과 수명 연장에 관련된 산업이 발달하고 있어요. 동물이나 식물에 있는 특별한 기능을 연구에 활용하기도 하고 필요한 물질을 대량으로 생산하기도 해요. 이를 '생명공학'이라고 합니다. 유전자, 세포 등을 연구해 불치병 치료에 도움을 줄 수 있어요.

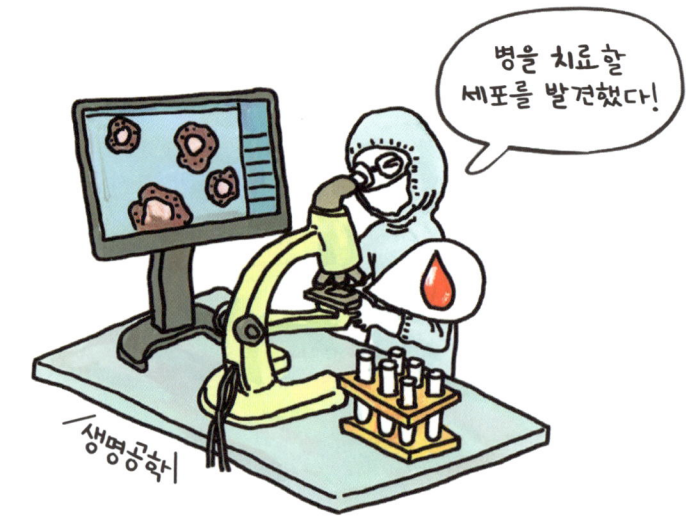

병을 치료할 세포를 발견했다!

/생명공학자

## 환경 오염을 줄이고 에너지를 얻어요

미세먼지, 지구 온난화 등 갈수록 환경 오염 문제가 심각해지고 있어요. 빙하가 녹아서 태평양에 있는 섬들은 점점 물에 잠기고, 기상 이변으로 세계 곳곳의 많은 사람들이 피해를 입고 있어요. 이에 사람들은 환경 오염을 해결하기 위해 노력해요. 선진국에서는 환경 오염의 주범인 석유 같은 화석 에너지 등의 사용량을 줄이고 태양열, 지열, 풍력 등 친환경 무공해 에너지 사용을 늘리고 있답니다.

버려진 쓰레기에서 금속을 빼내어 재활용하고 있습니다. 이 밖에도 환경에 해로운 물질을 만들어 내지 않는 전기차 배터리를 만드는 산업도 발전하고 있어요.

### 지리 탐험대

**또 어떤 산업이 미래를 이끌까요?**

앞으로 광물 자원을 얻고자 우주에 기지를 건설하거나 로켓을 만드는 등 우주 산업이 발달할 거예요. 또 어떤 산업이 있는지 찾아보세요.

또 무엇이 있을까?

4차 산업은 인공 지능, 빅데이터, 사물 인터넷 등 첨단 기술을 이용한 산업을 말해요.

# 우리나라에서 비가 가장 많이 오는 곳은?

- **강수량** 일정 기간 비나 눈처럼 구름에서 땅으로 떨어져 내린 물의 양.
- 평균 강수량을 넘으면 다우지, 넘지 못하면 소우지라 한다.

교과서 5학년 1학기 1단원 살기 좋은 우리 국토  핵심 용어 강수량, 다우지, 소우지

## 비가 가장 많이 내리는 거제도

우리나라는 연평균 강수량의 50~60%가 여름(7~8월)에 집중해 내려요. 우리나라의 연평균 강수량은 1,000~1,200mm입니다. 1,000mm는 1m이므로 1년 동안 우리나라 육지에 내린 비와 눈을 모으면 우리나라 육지는 1~1.2m 깊이의 수영장이 됩니다. 이 평균 강수량을 넘으면 **다우지**, 평균 강수량에 미치지 못하면 **소우지**라고 하지요.

한국 기후도(1981~2010년)에 따르면 우리나라에서 연평균 강수량이 제일 많은 곳은 경상남도 거제로, 2007.3mm까지 내립니다. 그다음으로는 남해안의 지리산 자락인 섬진강 유역에 비가 많이 내려요. 연평균 강수량이 가장 적은 곳은 경기도 인천의 백령도로, 825.6mm입니다. 다음으로 강수량이 적은 곳은 대구예요.

## 강수량을 볼 땐 기준 시간을 확인해요

일기예보에서 강수량이 몇 mm라고 발표할 때에는 수치뿐만 아니라 기준 시간도 함께 봐야 해요. 강수량이 100mm라고 할 때, 기준 시간이 한 시간인지 하루인지 확인해야 어느 정도 비가 오는지 짐작할 수 있어요. 보통 시간당 강수량이 약 5mm이면 거의 비가 내리지 않는 정도이고, 10mm 이상은 우산을 준비할 정도, 30mm가 넘어가면 상당한 폭우가 쏟아진다고 생각하면 된답니다.

### 지리 탐험대

#### 언제부터 강수량을 측정했을까요?

강수량을 재는 측우기는 조선 시대에도 사용됐어요. 당시에는 농사를 주로 지었기 때문에 비의 양을 정확하게 측정하여 농사지을 시기를 예측하는 일이 아주 중요했어요. 세종 때 처음 만든 측우기는 유럽 최초 카스텔리의 우량계보다 무려 약 200년이나 앞섰어요. 헌종 때 만든 금영 측우기가 유일하게 남아 있습니다.

**금영 측우기**
*자료 : 문화재청

 북한은 대체로 연평균 강수량이 적습니다. 중강진 지역은 소우지예요. 북한에서 비가 많이 내리는 곳은 청천강 상류 지역이라고 해요. 한라산, 소백산맥(지리산), 광주산맥(한강 중상류), 묘향산맥(청천강 중상류)처럼 비가 많이 내리는 곳은 모두 비구름이 산지에 부딪힌다는 공통점이 있어요.

# 38선과 휴전선은 어떻게 달라요?

- **38선** 1945년 미국, 소련이 한국을 통치하려 나눈 북위 38°의 경계선.
- **휴전선** 1950년 한국 전쟁의 휴전에 따라 한반도 가운데를 나눈 경계선.

교과서 5학년 1학기 4단원 우리 사회의 과제와 문화의 발전  핵심 용어 38선, 휴전선, 비무장지대

### 대한민국과 조선민주주의인민공화국

우리나라는 1945년 8월 15일에 광복을 맞이했어요. 새로운 정부를 세우려 했지만, 미국과 소련에서 각각 우리나라의 남쪽과 북쪽에 군대를 보냈습니다. 당시 세계 최강국이었던 두 나라는 서로 우리나라를 양보하지 않으려 했어요. 미국과 소련은 38선을 긋고 남쪽은 미국이, 북쪽은 소련이 들어와 영향력을 행사했지요. 이렇게 우리나라는 분단되고 말았어요. 1948년 남한에서 선거로 대통령을 뽑으면서 정부를 세워 미국을 비롯한 여러 나라의 인정을 받았어요. 같은 해 북한도 정부를 세우고 소련을 비롯한 공산주의 국가들의 승인을 받았습니다.

### 우리나라를 둘로 나눈 경계선은?

1945년에 미국과 소련이 우리나라를 임의로 나누어 통치하기 위해 북위 38°를 기준으로 경계선을 만들었어요. 이것이 **38선**입니다. 그 후 남한과 북한에 각각 정부가 들어서고, 1950년 6월 25일에 전쟁이 일어났습니다. 새벽에 북한군이 남쪽으로 내려오며 빠르게 점령했지요. 남한은 유엔에 도움을 요청했고, 여러 나라 군대로 조직된 유엔군의 도움으로 다시 북쪽으로 밀고 올라갔어요. 그 후 쉽게 끝나지 않던 전쟁은 1953년 휴전 협정으로 **휴전선**을 정하고 잠시 멈추었습니다. 아직까지 우리나라는 전쟁이 끝나지 않은 '휴전국'이지요.

#### 지리 탐험대

**남한과 북한 사이에는 무엇이 있나요?**

바로 DMZ예요. 풀어서 말하자면 비무장지대이지요. 국제 조약으로 DMZ에는 군대, 무기, 군사 시설을 설치할 수 없어요. 비무장지대는 60년간 출입이 통제되어 자연환경이 잘 보존되어 있답니다.

 휴전선은 약 250km나 돼요. 서쪽으로 예성강과 교동도에서 개성의 판문점을 지나 중부의 철원, 금화를 거쳐 동해안 고성의 명호리까지 이른답니다.

# 2장

## 와글와글 수도를 중심으로 사람들이 모여요

### 서울특별시, 경기도

예부터 한강 유역은 먹는 물을 쉽게 얻을 수 있고, 한반도의 중심에 있어 여러 나라가 차지하려고 애썼습니다. 조선 시대의 수도인 한양도 한강 근처에 있었고, 오늘날 수도 서울은 한강을 중심으로 형성되어 있지요. 수도에는 각 지방의 물자가 모이고, 편의 시설이 많아 사람들도 많이 모여듭니다. 인구가 많은 수도권에는 어떤 일이 일어날까요? 수도권을 이루는 서울과 경기도로 떠나 보세요.

# 서울 사대문의 원래 이름을 알고 있나요?

• **사대문** 조선 시대 한양 동서남북에 지은 문. 동쪽의 흥인지문, 서쪽의 돈의문, 남쪽의 숭례문, 북쪽의 숙정문을 일컫는다.

교과서 3학년 1학기 2단원 우리가 알아보는 고장 이야기  핵심 용어 사대문

## 서울에도 담과 대문이 있답니다

조선 시대에는 수도인 한양을 지키기 위해 성곽 동서남북에 대문을 세웠어요. '사대문'이라고 하지요. 사대문은 동쪽의 흥인문, 서쪽의 돈의문, 남쪽의 숭례문, 북쪽의 숙정문을 뜻해요. 처음 들어 본다고요? 우리는 사대문을 동대문, 서대문, 남대문, 북대문으로도 부른답니다.

## 서울 사대문에는 각각 의미가 있어요

사대문은 유교의 인의예지 뜻을 담아 지었어요. 동대문이라 불리는 흥인문은 인(仁)을 뜻합니다. 지을 때 지대가 낮아 땅의 기운이 부족하다고 했대요. 그래서 이름에 지(之)라는 글자를 넣어 흥인지문으로 바꾸어 불렀어요. 우리나라 보물 1호입니다.

서쪽의 돈의문은 의(義)를 뜻해요. 경희궁 서쪽에 건축되었지만 지금은 볼 수 없어요. 일제 강점기에 철거되었거든요. 돈의문은 황해도와 평안도를 거쳐 중국으로 가는 관문에 있었어요.

예(禮)를 뜻하는 남쪽의 숭례문이 지금 모습을 갖춘 것은 1448년이에요. 원래보다 지대를 높여 경복궁을 아늑하게 껴안고 바라보는 모습으로 재건축을 했어요. 덕분에 사대문 중 가장 상징적이고 웅장하여 우리나라 국보 1호로 지정되었습니다.

오늘날 종로구 삼청동에 있는 북쪽의 숙정문은, 조선 중기 전에는 숙청문이라고 불리었어요. 이름에는 들어 있지 않지만 지(智)의 정신, 즉 지혜를 나타내요. 높은 산 중턱에 있어서 주로 문이 굳게 닫혀 있었답니다.

### 지리 탐험대

#### 서울 사대문을 찾아가요!

서울의 동서남북을 지키고 있는 사대문이 어디에 있는지 찾아 방문해 보세요. 사대문 밖에는 예부터 큰 장이 섰답니다. 사대문과 시장을 구경하고, 옛날 사람들이 어떤 모습으로 살았는지 상상해 보세요.

 수원 화성에도 사대문이 있습니다. 남쪽의 팔달문, 북쪽의 장안문, 동쪽의 창룡문과 서쪽의 화서문이랍니다. 그중 장안문은 한양을 바라보고 있어 임금을 맞이하는 역할을 했어요.

# 경기도는 어떤 음식과 특산물이 유명해요?

• **특산물** 한 지역에서 특별하게 생산되는 물건이나 음식. 지역마다 기후, 지형과 같은 특성에 따라 영향 받는다.

교과서 3학년 1학기 2단원 우리가 알아보는 고장 이야기　핵심 용어 특산물, 이천 도자기 축제

## 곡물과 채소가 풍부한 경기도

경기도는 논농사와 밭농사가 고루 발달하여 곡물과 채소가 풍부합니다. 서해안에서는 생선과 새우, 굴, 조개 등이 많이 잡혀요. 한강, 임진강에서는 민물고기와 참게가 많이 나고, 산간에서는 산나물과 버섯이 고루 나요. 경기미가 품질이 좋기로 유명한데 여주, 이천, 김포에서 생산하는 쌀이 인기가 높아요.

　음식은 대체로 소박하면서도 다양합니다. 음식의 간은 서울과 비슷하여 짜지도 싱겁지도 않으며, 양념도 많이 쓰는 편이 아니에요. 경기도에서는 특히 떡을 잘 만드는데 시루떡, 인절미, 절편, 쑥 개떡 등이 있어요.

## 경기도 지역별로 유명한 특산물은?

김포평야에서 생산하는 김포 쌀은 임금님께 진상을 하던 쌀이에요. 포천 막걸리는 어른들이 좋아하는 우리나라 전통 술이고요. 가평은 우리나라 최고의 잣 생산지예요. 솔 향이 나면서 고소한 맛이 일품이랍니다. 구리에서 나는 시원하고 단 배는 옛날 과거 시험에 떨어진 선비들이 재배한다고 해서 먹골 배라 불렸어요. 이천은 광주, 여주와 함께 세계 도자기 엑스포를 치른 유명한 도자기 마을이에요. 이 밖에 안성 유기(놋그릇)가 유명합니다.

### 지리 탐험대

**이천 도자기 축제에 참여해 봐요**

이천에서는 해마다 도자기 축제가 열려요. 도자기 체험을 해 볼 수 있고, 옛날 방식대로 도자기를 만드는 과정을 볼 수 있어요. 또한 장인들이 만든 도자기를 전시해서 도자기의 멋을 즐길 수 있답니다.

 경기도는 우리나라의 9개 도 중에서 인구가 가장 많아요. 서울의 위성 도시가 많이 생겨났기 때문에 주택과 교육, 문화 등이 발달했어요. 그리고 서울과 가깝다는 이점 때문에 일찍부터 다양한 산업이 발달했지요.

# 왜 서울만 특별시라고 부르나요?

• **지방 자치** 지역에 관한 일을 지역 주민이 뽑은 대표들이 스스로 결정하고 처리하는 일. 지방 자치를 이루려면 지방 자치 단체가 필요하다.

교과서 5학년 1학기 4단원 우리 사회의 과제와 문화의 발전  핵심 용어 지방 자치, 지방 자치 단체

## 지방 자치 단체라는 말이 어려워요

우리나라를 한 기관이 담당하여 관리하기에는 지역마다 환경이나 주민의 의견이 다릅니다. 이 때문에 **지방 자치**를 실시한답니다. 다양한 의견을 존중하고자 만든 민주주의 제도예요. 살기 좋은 지역을 만들기 위해 한 지역의 문제를 지역 주민이 뽑은 대표들이 스스로 처리한답니다.

**지방 자치 단체**에는 광역 자치 단체와 기초 자치 단체가 있습니다. 광역 자치 단체에는 특별시, 광역시, 도가 포함되고 기초 자치 단체에는 시·군·구가 포함돼요.

## 특별시는 하나인가요?

광역 자치 단체 중 딱 한 곳에만 특별시라는 명칭이 붙어 있어요. 어디인지 눈치챘나요? 바로 서울입니다. 서울은 광복 후 1946년 경기도에서 분리되어 서울특별자유시가 되었어요. 이후 1949년에 서울특별시로 이름이 바뀌었습니다. 이렇게 서울에 특별시라는 이름을 붙인 것은 다른 광역 자치구와 차별성을 두어 수도의 특성을 강화하기 위해서예요. 1991년 5월 31일 제정·공포된 '서울특별시 행정특례에 관한 법률'에 "서울특별시는 정부의 직할 아래에 두되 이 법이 정하는 범위 안에서 수도로서의 특수한 지위를 가진다."(2조)라고 되어 있답니다.

### 지리 탐험대

**지역 문제는 어떻게 해결할까요?**

지방 자치 단체는 각 지역의 문제를 해결하는 데 앞장섭니다. 주차 공간 부족, 쓰레기 무단 투기, 층간 소음 그리고 마구잡이로 도시와 자연을 개발하는 문제가 있을 수 있어요. 지역 신문을 찾아 지역 문제를 해결하는 데 지방 자치 단체가 어떤 노력을 기울이는지 알아보세요.

 광역 자치 단체이지만 시, 군, 구가 없는 곳도 있어요. 바로 세종특별자치시입니다.

# 독립운동가를 가둔 서대문 형무소

• **서대문 형무소** 1908년 일제 강점기에 전국에서 활동한 독립운동가를 가둘 감옥이 필요해 서울에 지은 교도소.

교과서 4학년 1학기 2단원 우리가 알아보는 지역의 역사  핵심 용어 서대문 형무소

## 독립 정신을 한눈에 볼 수 있어요

서울특별시 서대문구에는 독립문이 우뚝 서 있어요. 이 독립문과 독립운동가들을 가두었던 서대문 형무소를 중심으로 서대문 독립 공원을 만들었습니다. 이곳은 순국선열의 숭고한 독립 정신을 되새길 수 있는 산 교육장이 되었어요. 공원으로 들어가면 높고 붉은 돌담이 시야를 탁 가로막는답니다. 바로 서대문 형무소 역사관이에요. 가벼운 마음으로 소풍을 갔다가도 마음이 숙연해지는 곳이지요.

서대문 형무소는 일제 강점기 직전 1908년에 만들어졌어요. 당시 이름은 '경성 감옥'이었지요. 전국에서 활동한 독립운동가를 가둘 감옥이 필요해 큰 교도소를 지은 것이랍니다. 1945년 광복 후에도 독재 정권에 맞서 싸웠던 민주화 운동가들이 이곳에 갇혀 고초를 당하기도 했어요. 지금은 역사 현장을 알리기 위해 서대문 형무소 역사관으로 바꾸었습니다.

## 역사뿐 아니라 건축사적 의의가 커요

서대문 형무소 역사관에는 우리가 익히 아는 유관순 열사, 윤봉길 의사, 강우규 의사 등 여러 독립운동가들이 투옥당하여 고초를 겪은 감옥이 옛 모습 그대로 복원되어 있어요. 붉은 돌담, 망루와 출입구, 감방, 사형장 등의 모습을 생생하게 볼 수 있답니다. 근대 시설을 갖춘 우리나라 최초의 감옥으로 원형이 잘 남아 있어, 건축사적 의의도 큽니다.

서대문 형무소 역사관  *자료 : 문화재청

### 지리 탐험대

**독립운동가의 입장이 되어 보세요**

전시관에 들어서면 형무소역사실, 민족저항실, 지하고문실, 영상실이 있어요. 당시에 투옥당한 독립운동가들의 고초를 보고 느낄 수 있지요. 또한 중앙사와 제11옥사, 제12옥사에서는 감옥을 체험해 볼 수 있습니다.

 서대문 형무소에서는 수많은 독립운동가들이 곧은 의지만 남기고 목숨을 잃은 사형장과 유관순 열사가 직접 옥중 생활을 한 유관순 지하 감옥도 체험할 수 있답니다.

# 지하철역 이름에 숨은 비밀은?

> • **지명** 땅에 붙인 이름. 지역의 역사와 생활 모습 등이 담겨 있다. 한 예로, 서울의 '와우산'은 소가 일을 마치고 누워 쉬는 모양에서 유래했다.

교과서 3학년 1학기 2단원 우리가 알아보는 고장 이야기  핵심 용어 지명

## 지역 이름은 어떻게 지을까요?

지역에 이름을 붙일 때는 이름만 듣고도 '아하, 거기!'라고 알 수 있도록 짓겠지요? 지명에는 다양한 이야기가 숨어 있어요. 진도의 명량은 이순신이 왜적을 물리친 역사적 사건 때문에 붙은 지명이에요. 이렇게 역사나 인물에 얽힌 이야기 또는 설화나 전설에서 유래한 지명이 있어요. 또는 교훈적인 이야기를 후세에 남기기 위해 효자리, 열녀각 등의 이름을 붙이기도 한답니다. 자연환경을 묘사하는 지명이 가장 흔해요. 서울의 와우산은 소가 일을 마치고 누워 쉬는 모양이라 붙은 이름이래요.

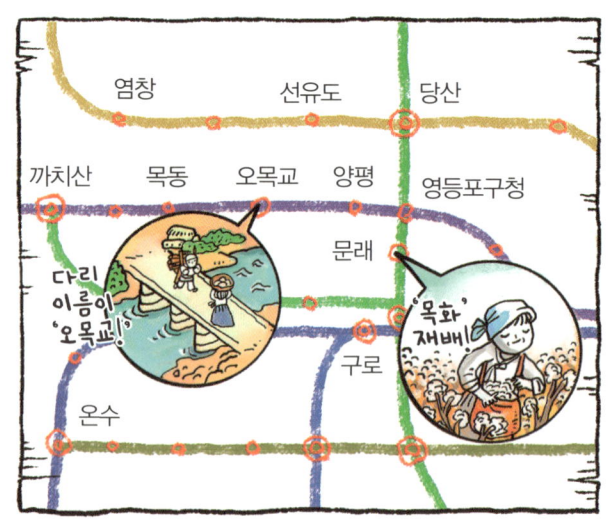

## 지하철역 이름의 유래는?

지명처럼 지하철역 이름에도 유래가 있어요. 조선 시대 제례에서 비롯된 역 이름에는 제기동역과 동묘앞역이 있습니다.

조선 시대 한강에는 배가 많이 드나들어 포구도 많았어요. 소금 창고가 있던 염창역, 큰 창고가 있던 광흥창역, 잠실나루역, 노량진역, 광나루역 등을 보면 알 수 있지요.

조선의 역참 제도와 관련된 역 이름에는 구파발역, 역촌역, 역삼역 등이 있어요. 국방과 관련한 역 이름에는 낙성대역(강감찬 장군), 충무로역(이순신 장군), 을지로입구역(을지문덕), 화랑대역(육군사관학교)이 있어요.

### 지리 탐험대

#### 지하철역 이름은 어떻게 붙일까요?

지하철역 이름을 붙일 때에는 그 지역의 역사, 문화 등을 반영한 이름을 공모하곤 해요. 하지만 역사만큼 현재 이용객들이 역 근처 위치를 잘 알 수 있는 것도 중요하죠. 그래서 지하철역 이름 옆에 근처에 있는 큰 기관의 이름을 같이 쓰기도 해요. '녹사평(용산구청)' 이렇게 말이죠. 우리 지역의 지하철역 이름에는 어떤 연유가 있을까요?

 지하철역 이름을 지을 때에는 그 지역민들이 자부심을 가질 수 있도록 배려해야 해요. 그래서 지하철 개통에 맞추어 주민들의 공모로 이름을 짓기도 한답니다. 인천에 있는 백운역도 공모를 통해 붙여진 이름이에요.

# 바다가 아닌데 섬이 있다고요?

교과서 5학년 1학기 1단원 살기 좋은 우리 국토　핵심 용어 물돌이 마을

• **물돌이 마을** 땅의 바깥쪽을 강이나 시내가 감아 도는 마을. 강이 마을을 휘어 돌아 나가 붙은 이름이다. 하회 마을이 대표적이다.

## 육지에도 섬이 있어요

바다로 나가지 않고도 육지에서 만날 수 있는 섬이 있어요. 대체로 강의 가운데에 있지요. 서울 한강만 보아도 밤처럼 생긴 작은 섬인 밤섬이 있어요. 밤섬은 지금 아무도 살지 않는 무인도예요. 사람의 발길이 닿지 않기 때문에 철새들이 마음 놓고 찾아올 수 있는 철새 도래지로 유명하지요.

원래는 섬이 아니었지만, 댐을 건설하면서 섬이 된 곳도 있어요. 바로 북한강에 있는 남이섬이에요. 많은 내륙 섬이 육지와 연결되는 교통 편의를 위해 다리를 건설하기도 하지만, 남이섬은 꼭 배를 타고 들어가야만 하죠. 그리고 주인이 있는 섬이라는 것도 특징이에요. 남이섬은 우리나라 사람에게도 유명한 관광지이지만, 한국 드라마를 좋아하는 외국인들이 가장 많이 찾는 섬이기도 해요. 배를 타고 들어갈 때, 여권 모양의 표를 끊어서 방문하는 재미가 있답니다.

## 언뜻 섬처럼 보이지만 섬이 아닌 곳은?

강이나 시내가 땅 바깥쪽을 감싸고 동그랗게 돌아 나가는 지형이 있어요. 물이 동그랗게 돌아 나간다 해서 '물돌이 마을'이라는 별명으로도 불린답니다. 이렇게 생긴 지형에는 영주의 무섬 마을, 예천의 회룡포 마을, 안동의 하회 마을 등이 있어요.

### 지리 탐험대

**내륙에 있는 섬과 물돌이 마을을 찾아요**

내륙에 있는 섬과 물돌이 마을을 찾아 지형의 특징을 확인해 보세요. 특히 물돌이 마을이 생기는 지형은 물이 S자형으로 마을을 감아 돈답니다.

**남이섬**　＊자료 : 김학리, 라이브스튜디오, 한국관광공사

 남이섬에는 조선 시대 남이 장군의 묘가 있다고 하여 남이섬이라고 불려 왔어요. 이 섬을 관광지로 바꿀 때 돌무더기에 흙을 덮어 추모비를 세우고 장군의 묘를 만들었어요. 그러나 다른 곳에도 장군의 묘가 있대요. 경기도 화성시 비봉면입니다. 이곳의 남이 장군묘는 경기도 기념물 제13호로 지정되어 있어요.

# 도시에 주택이 부족해요

교과서 4학년 1학기 3단원 지역의 공공 기관과 주민 참여  핵심 용어 지역 문제, 빗장 도시

• **지역 문제** 지역 주민의 삶을 불편하게 하거나 지역 주민 사이에 갈등을 일으키는 문제. 환경 오염·쓰레기·소음·주택 문제 등이 있다.

## 사람들이 도시로 모여들어요

도시에는 다양한 산업이 발달해 일자리가 많아요. 또한 교통이 편리하고, 편의 시설도 많습니다. 하지만 비좁은 공간에 많은 사람들이 모여 살면서, 주택 수가 부족해졌습니다. 도시에 살려는 사람들은 많은데 주택 수는 그대로이니, 가격이 올라갈 수밖에 없지요. 반면 도시 외곽이나 촌락으로 갈수록, 인구가 줄어들고 빈집이 늘어나요.

## 도시에 주택이 부족해지면 어떤 문제점이 생길까요?

도시에 살려는 사람은 많고, 주택은 부족해요. 그래서 주택 가격이 높아져요. 소득이 낮은 도시인 중에는 옥탑방이나 반지하, 고시원 등에 방을 얻어 살아가는 사람도 있어요.

반대로 집을 산 가격보다 더 높은 가격에 되팔아 이익을 남기는 사람도 있습니다. 그렇다 보니 여러 채의 주택을 가지고 있는 사람도 있지만 집값이 너무 높아서 주택을 가질 수 없는 사람도 생깁니다.

대도시의 주택 부족 문제를 해결하기 위해 나라에서는 대도시 주변에 주거와 교육 등의 도시 기능을 나눌 수 있도록 신도시나 위성 도시를 개발합니다. 또 소득이 낮은 사람들을 위해 집을 저렴하게 공급하는 정책을 펴요.

### 지리 탐험대

**도시의 다른 문제는?**

도시에는 많은 사람들이 모여 살기 때문에 인구, 환경, 교통, 범죄 등 다양한 문제가 생겨요. 도시 문제의 다양한 예를 찾아보세요.

 서울의 강남처럼 집값이 높고 학부모들의 교육 수준이 높아 다른 지역에서 쉽게 들어가기 어려운 도시 내 특정 지구를 '빗장 도시'라고 불러요. 문을 쉽게 열기 어렵다는 뜻이지요.

# 조선 시대 나라의 중요한 통신 수단은?

• **봉수대** 조선 시대 통신 수단으로 높은 산봉우리에서 밤에는 횃불(불꽃)을, 낮에는 연기를 피워 위급한 정보를 멀리 전달했다.

교과서 3학년 1학기 3단원 교통과 통신 수단의 변화  핵심 용어 봉수대, 통신 수단

## 옛날 통신 수단 봉수대

봉수대는 나라에서 운영한 옛날 통신 수단이에요. 높은 산봉우리에서 봉화나 연기를 이용해 먼 거리에서 일어나는 위급한 소식을 전달하던 시설물이지요. 밤에는 횃불인 봉화를, 낮에는 연기를 피워 전국 각지에서 일어나는 상황을 한양으로 신속하게 전달했어요. 봉수대는 삼국 시대부터 사용한 것으로 추정되며, 조선 시대에 중요한 통신 수단으로 이용되었어요. 세종 때에 이르러 봉수제의 틀이 정비되면서 발전된 제도로 자리 잡았답니다.

## 봉수대는 어떻게 이루어졌어요?

조선 시대 태조가 설치한 목멱산(남산) 봉수대는 동쪽의 제1봉부터, 서쪽의 제5봉까지 봉수대 5개로 구성되어 있어요. 현재의 남산 봉수대는 1개소를 복원한 것입니다.

　제1봉 봉수대는 함경도, 강원도, 서울의 아차산으로 연결된 신호를 받았습니다. 제2봉 봉수대는 경상도와 충청도, 경기도 광주로 이어진 봉화를 받았어요. 제3봉 봉수대는 평안도, 황해도, 경기도 내륙을 거쳐 한성의 무악산 동봉에 전해진 신호를 받았고요. 제4봉의 봉수대는 평안도와 황해도의 바닷길을 따라 경기도의 육로, 한성의 무악산 서봉에 연결된 봉화를 받았어요. 제5봉의 봉수대는 전라도 해안과 충청도 내륙, 경기도 해안을 거쳐 양천의 개화산으로 전달된 봉수를 받았답니다.

### 지리 탐험대

**봉화로 신호를 어떻게 보내요?**

신호는 횃불이나 연기의 수에 따라 위급함의 정도를 나타냈어요. 아무 일도 없는 날에는 봉화 1개를, 적이 나타났을 때는 봉화 2개를, 적이 국경 가까이 왔을 때는 봉화 3개를, 적이 국경을 넘었을 때는 봉화 4개를, 적과 싸우고 있을 때는 봉화 5개를 올렸답니다.

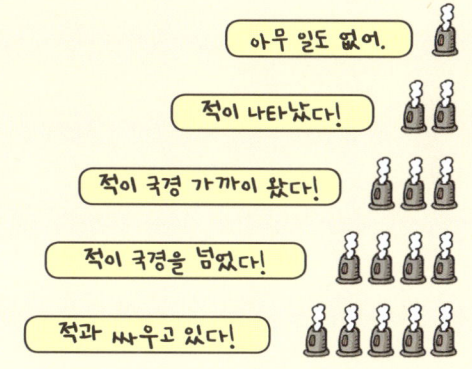

 목멱산은 남산의 옛 이름이에요. 한양이 조선의 도읍으로 정해지면서 도성의 남쪽에 있는 산이라는 데서 남산이라 불렀습니다.

# 최초의 여성 서양화가 이름을 딴 거리

• **나혜석 거리** 우리나라 최초의 여성 서양화가인 나혜석을 기리기 위해 그의 고향인 수원에서 만든 거리.

교과서 4학년 1학기 2단원 우리가 알아보는 지역의 역사  핵심 용어 나혜석 거리

## 한국 최초의 여성 서양화가는 누구?

1900년대에는 지금과 달리 여성들의 사회적 지위가 낮았어요. 지금은 남녀 구분 없이 교육 기회를 누리고, 원하는 직업을 가질 수 있지요. 하지만 옛날에는 여성에게 교육받을 기회를 주지 않았답니다. 그런데 1896년에 태어난 나혜석은 고등학교를 최고 성적으로 졸업한 뒤, 일본 유학까지 다녀와 우리나라 최초의 여성 서양화가가 되었어요. 이뿐만 아니라 소설과 시도 쓰며 문필 활동까지 펼쳤답니다. 나혜석의 작품에는 여성도 남성과 똑같은 사람이라는 주장이 담겨 있어요. 독립운동에도 참여하고 여성 인권을 높이기 위해 여러 활동을 한 대표적인 신여성이라고 할 수 있습니다.

## 경기도 수원에 가면 나혜석 거리가 있어요

나혜석은 수원에서 태어났어요. 수원시는 나혜석의 정신과 업적을 본받아, 시민들이 문화와 예술에 더 관심을 갖도록 '나혜석 거리'를 지정했어요. 수원 시청 부근에 있는 나혜석 거리는 문화예술회관, 효원공원, 음악당 등을 연결하는 문화 공간이랍니다. 나혜석 동상이 있고 동상 뒤 벽에 시도 새겨져 있어서, 나혜석이 어떤 사람인지 생각하며 걷기 좋은 거리예요.

### 지리 탐험대

**나혜석 거리를 찾아가 볼까요?**

서울, 경기에서 나혜석 거리를 찾아가는 길은 어렵지 않아요. 지하철 노선도를 펼쳐 보세요. 노란색으로 표시된 분당선에 수원시청역이 보일 거예요. 수원시청역에서 나오면 금방 나혜석 거리를 찾을 수 있답니다. 여러분이 사는 곳을 빛낸 인물에는 누가 있는지 알아보세요.

 나혜석 거리처럼 사람 이름을 딴 거리는 곳곳에 있어요. 제주도에는 서귀포에서 활동했던 서양화가 이중섭을 기리기 위해 만든 이중섭 거리가 있습니다.

# 쓰레기 매립지의 대변신!

• **생태 공원** 자연 그대로의 모습을 살릴 수 있도록 개발을 최소화하고 주변 환경을 최대한 활용해 만든 공원.

교과서 5학년 1학기 2단원 환경과 조화를 이루는 국토  핵심 용어 범람원, 생태 공원

## 아름다운 것을 비유하는 난지도

'난지도'는 서울특별시 마포구 상암동 일대에 발달한 한강 하류의 범람원이에요. 예전에는 난꽃과 영지가 자라던 섬으로, 오리가 물에 떠 있는 모습과 섬의 모양이 비슷하다 하여 '오리섬', '압도'라고도 했어요. 난지는 난초와 지초를 아우르는 말로, 지극히 아름다운 것을 비유할 때 쓰인답니다. 지금은 난지도가 육지와 연결되어 섬이 아니에요.

상암동은 마을 이름 수상리의 '상' 자와 휴암리의 '암' 자를 따서 붙인 이름이에요. 마포구에서 면적이 가장 넓습니다. 상암동에서는 난지도가 넓은 면적을 차지해요.

난지도 개발 전

난지도 개발 후

## 생태 공원으로 다시 살아나요

난지도는 원래 서울의 쓰레기 매립장이었습니다. 1978년 쓰레기 매립장으로 지정된 후, 15년간 쓰레기가 쌓여 높이 100m에 가까운 거대한 산처럼 변했어요. 메탄가스와 침출수 등으로 환경이 오염되면서 생물이 살 수 없는 곳으로 바뀌었지요. 그러나 쓰레기 반입을 중단하고 몇 년이 지나자 점차 생태계가 살아났어요. 난지도 매립지 폐쇄 후 서울특별시는 난지도와 주변 지역을 생태 공원으로 만들었습니다. 월드컵 공원으로 불리는 생태 공원은 난지한강공원, 노을공원, 하늘공원 등의 테마 공원으로 조성했어요. 이 중 난지도 매립지에 해당하는 부분은 노을공원과 하늘공원이에요.

### 지리 탐험대

**우리 고장은 옛날에 어떤 모습이었을까요?**

서울 송파구에 잠실이 있어요. 1988년 올림픽 대회가 열렸고, 오늘날은 대도시로 발전했습니다. 하지만 옛날에는 강변에다 뽕나무를 심고, 나라에서 누에를 친 곳이었어요. 조선 초기 이곳에 양잠을 장려하기 위해 뽕나무를 심고 잠실(누에를 치는 방)을 두었던 데서 '잠실'이라는 마을 이름이 유래했습니다. 우리 고장은 옛날 어떤 모습이었는지 자료를 찾거나 마을의 어른을 찾아 이야기를 들어 보세요.

 **범람원**은 하천의 중하류 지역에서 물이 범람해 하천 양쪽에 물질이 퇴적되어 형성된 평탄한 지형을 말해요.

# 궁중 음식이 발달한 지역은?

• **전통 시장** 다양한 물건을 파는 여러 가게가 있어 상인과 소비자가 직접 만나 거래하는 장소. 최근에는 대형 마트에 밀려 수가 많이 줄었다.

교과서 4학년 1학기 2단원 우리가 알아보는 지역의 역사  핵심 용어 전통 시장

## 음식이 다양하고 화려해요

서울에는 궁중 음식이 많이 발달했고, 사대부가에서 궁중 음식을 본받아 발전시키거나 명가에 이어져 오는 전통 음식 요리법이 많아요. 외국의 사신이나 귀빈, 내빈을 자주 맞이했기 때문에 음식이 다양하고 화려해요. 음식의 간은 짜지도 싱겁지도 않고, 지나치게 맵게 하지 않아 전국의 다른 지역과 비교해 보면 간이 중간 정도랍니다. 음식 재료에는 고기, 생선, 채소 등이 고루 쓰이며, 갖은 양념을 해요. 말린 자반 생선이나 장아찌 등 밑반찬 종류도 많아요. 특히 서울은 설렁탕이나 곰탕 같은 장국밥이 유명합니다.

## 전통 시장이 발달했어요

서울에는 전통 특산물이 별로 없어요. 대신 시장이 발달했습니다. 남대문 시장은 우리나라를 대표하는 시장으로 오랜 역사와 전통이 있어요. 우리나라를 찾는 관광객은 남대문 시장을 많이 찾는답니다. 동대문 시장은 우리나라 최대 의류 시장이에요. 아시아의 패션을 이끄는 국제적인 시장으로 성장했지요. 또 경동 약령 시장은 국내 최대 전통 한약 시장이고요. 노량진에는 우리나라 최대 수산 시장이 있어요. 청계천 8가에 있는 황학동 시장은 "새것 빼고 다 있다."라고 할 만큼 없는 게 없는 중고 시장이랍니다.

### 지리 탐험대

**서울에 가면 꼭 가 봐야 할 곳은?**

종로는 옛날부터 사람들이 구름처럼 몰려들고 구름처럼 흩어지는 거리라고 하여 '운종가'로 불렸어요. 인사동에 가면 전통 음식이며 전통 차, 전통 예술을 한눈에 볼 수 있어요. 예술과 낭만의 거리 대학로에는 극장이 많아 연극과 공연이 활발해요. 서울에서 가 볼 만한 곳은 또 어디가 있는지 알아볼까요?

오늘날 '서울'이라 하면 우리나라의 수도를 뜻하지요. 그런데 원래 서울은 한 나라의 수도를 뜻하다가, 17세기 조선 시대를 거치며 우리나라의 수도를 가리키게 되었습니다. 조선 시대에는 '한양'으로, 일제 강점기에는 '경성부'로 불렸어요. 1945년 광복하면서 '서울'로 이름이 바뀌었고, 1948년 대한민국 정부가 수립되면서 수도로 결정했답니다.

# 도로, 철도, 항구, 공항만 다른 지도가 있다고요?

• **교통도** 도로, 철도, 항구, 공항 등을 나타낸 지도. 우리나라에서 많이 이용하는 교통수단을 알 수 있다.

교과서 5학년 1학기 1단원 살기 좋은 우리 국토  핵심 용어 교통도, 고속 국도

## 1980년도에는 철도가 더 발달했어요

칙칙폭폭 기차 여행은 생각만 해도 설레죠? 할아버지 세대, 부모님 세대는 젊을 때 주로 철도를 이용하여 도시 사이를 이동했대요. 그도 그럴 것이 고속 도로나 국도보다 철도가 먼저 발달했거든요. 장항선, 호남선, 경부선, 태백선, 경춘선과 같은 기차를 타고 전국 각지를 누비며 다닐 수 있었어요. 사람뿐 아니라 물자를 싣고 나르는 데에도 철도가 큰 역할을 했어요.

## 지금은 다양한 교통수단이 발달했어요

산업이 발달하면서 철도뿐만 아니라 도로도 많이 건설했어요. 특히 자동차가 빠른 속도로 달릴 수 있는 전용 고속 국도가 생겼답니다. 이뿐만 아니라 전국 어디나 통할 수 있도록 항구, 공항 등 다양한 교통수단이 고루 발달했어요.

이렇게 다양한 교통수단을 표시한 지도를 **교통도**라고 해요. 교통도를 보면 우리나라에서 어떤 교통수단을 많이 이용하는지 한눈에 확인할 수 있답니다.

우리가 평소에 보는 지도와 교통도는 조금 달라요. 교통도에는 도로, 철도, 항로 등이 자세히 표시되어 있지요. 도로도 고속 국도와 다른 도로를 구분하여 나타냅니다. 도로 노선 번호 체계를 보면 남북 방향으로 된 노선은 홀수 번호, 동서 방향으로 된 노선은 짝수 번호로 되어 있어요.

### 지리 탐험대

**실시간 교통 정보도 교통도의 일부래요!**

인터넷이 발달하면서 실시간 도로·교통 정보를 제공하는 지도도 '교통도'라고 할 수 있지요. 도서관과 인터넷을 활용해 우리 지역의 교통도는 어떤지 한번 찾아볼까요?

 주요 도시를 잇는 자동차 전용의 고속 교통용 국도를 '고속 국도'라고 해요. 흔히 고속 도로라고 부르지요. 우리나라 주요 고속 국도에는 경부 고속 국도, 영동 고속 국도, 호남 고속 국도 등이 있습니다.

# 지구처럼 도시에도 위성이 있대요!

• **위성 도시** 대도시 주변에 자리 잡고 있는 중소 도시. 대도시의 인구, 산업, 행정 등이 분산되어 있지만 대도시의 영향을 많이 받는다.

교과서 4학년 2학기 1단원 촌락과 도시의 생활 모습  핵심 용어 위성 도시, 신도시

## 위성 도시는 달처럼 빙빙 도나요?

지구 주변을 도는 달을 지구의 위성이라 하는 것을 들어 보았나요? 이처럼 중심 대도시 주변에 생기는 중소 도시를 **위성 도시**라고 한답니다. 도시가 발달하면서 사람들은 일자리나 교육, 문화 혜택 등을 누리기 위해 대도시로 주거지를 옮겼어요. 하지만 사람들이 많이 모여들자 교통과 주거, 물가 상승 등 여러 문제가 발생했죠. 그래서 대도시에 집중된 문제를 해결하고자 위성 도시를 만들었어요. 대도시 주변에 위성 도시가 자연스레 생겨나기도 합니다. 위성 도시는 대도시 때문에 생겨났지만, 행정은 독립되어 있어요.

## 위성 도시는 서울 주변에만 있나요?

서울 주변에는 위성 도시가 많아요. 대표적으로 주택 문제를 분담하기 위해 만든 고양시, 성남시가 있어요. 과천시에는 수도인 서울에 몰린 행정 기능을 나누어 주었습니다. 그 외에도 부천시, 안양시, 군포시, 하남시, 구리시 등도 서울의 위성 도시라고 볼 수 있어요.

다른 지역의 위성 도시를 알아볼까요? 서울 못지않게 큰 도시인 부산광역시 주변에는 김해시, 양산시 등이 있어요. 대구광역시 주변에는 경산시, 구미시가, 광주광역시 주변에는 나주시가 위성 도시로서 중심 대도시와 긴밀한 관계를 맺고 있어요.

### 지리 탐험대

**위성 도시와 신도시는 달라요**

예전에는 도시가 아니었는데 개발이 되어 새로운 도시로 태어난 곳을 **신도시**라고 해요. 대도시의 기능을 나누어 주되 그 도시가 자족할 수 있도록 만든 계획 도시입니다. 위성 도시이면서 신도시인 곳도 있지만, 위성 도시는 중심 대도시 기능에 조금 더 의존한다는 점이 달라요. 현재는 신도시를 많이 추진하지요.

 위성 도시를 만드는 첫 번째 목적은 바로 인구 분산이에요. 산업화가 빨리 이루어지면서, 수도권과 대도시에 인구가 급격히 늘었거든요. 인구 팽창은 여러 문제를 일으킵니다. 이에 따라 인구를 분산하려고 위성 도시를 만들었답니다.

# 우리나라 수도는 언제부터 서울이었어요?

- **수도** 한 나라의 중앙 정부가 있는 도시. 우리나라의 수도는 서울이다.
- **수도권** 서울특별시, 인천광역시, 경기도를 일컫는다.

교과서 5학년 1학기 1단원 살기 좋은 우리 국토   핵심 용어 수도

## 조선 시대 수도였던 한양

조선을 건국한 이성계는 1394년 수도를 개성에서 한양으로 옮겼어요. 왜 한양이냐고요? 한양은 인왕산, 낙산, 남산, 북한산 등 여러 산이 둘러싸고 있어요. 전쟁이 일어났을 때 수도 방어에 유리하지요. 또 땅이 비옥하고 한강과 다양한 하천을 끼고 있어 농사를 짓기 쉽습니다. 각 지방에서 세금을 걷어 올릴 때에도 편리하게 강을 따라 운반할 수 있고요. 지리상 인천이 가까워 항구를 이용해 외교나 무역을 하기에도 좋았답니다.

1945년에 광복을 하면서 한양은 '서울'이라는 이름으로 바뀌었어요. 그때부터 지금까지 쭉 수도의 자리를 지키고 있답니다.

## 조선 시대의 한양과 대한민국의 서울

한양과 서울은 같은 수도이지만, 조선 시대 한양은 지금 서울보다 훨씬 작았어요. 사대문 성안과 성 밖 10리까지만 포함되었거든요. 인구도 훨씬 적어서 초기에는 약 10만 명이, 나중에는 약 20만 명이 살았답니다. 하지만 서울의 면적은 꾸준히 커져서 오늘날 약 605km²나 돼요. 어마어마하죠? 인구도 한양일 때보다 약 100배나 늘어 980만 명을 넘어요.(2017년 기준) 인구가 폭발적으로 늘고, 수도인 만큼 역할이 많아져 주변 행정 구역이 서울에 포함되었답니다. 원래 강남도 서울이 아닌 경기도에 속했지만, 1963년에 서울로 합쳐졌어요.

오늘날 서울에서 본 '한양'

### 지리 탐험대

**우리나라의 옛 수도는?**

서울은 백제의 도읍이기도 했어요. 지금 송파구는 2,000년 전 백제 땅으로 서울의 역사가 시작된 곳이에요. 백제의 시조 온조왕부터 21대 개로왕까지 약 500년간 백제의 수도로 찬란한 문화를 꽃피웠답니다. 또 어느 지역이 수도였는지 알아보세요.

 신라의 수도는 경주였어요. 개국 이래 약 1,000년 동안 수도를 한 번도 옮기지 않았습니다. 그 덕분에 경주에는 신라의 역사와 문화를 고스란히 느낄 수 있는 유적이 많답니다. 많은 유적이 세계문화유산으로 지정되었어요.

# 아직도 조선의 임금님께 제사를 지낸다고요?

- **종묘** 서울시 종로구에 있는 조선 시대 왕과 왕비의 신위를 모신 곳.
- **종묘대제** 역대 임금에게 제사를 지내는 의식.

교과서 3학년 1학기 2단원 우리가 알아보는 고장 이야기　핵심 용어 종묘대제, 종묘제례, 종묘

## 역대 임금에게 지내는 제사

설날과 추석에는 조상님께 제사를 지내지요. 정성껏 차린 음식을 바치며 명복을 빌거나 기원을 합니다. 옛날 왕실에서도 제사를 드렸어요. 역대 임금에게 제사를 지내는 의식으로 **종묘대제**는 나라의 으뜸가는 행사였습니다. 삼국 시대부터 조선 시대까지 이어져 왔지요. 조선 시대에 종묘를 지어 역대 왕과 왕비의 신위를 모시고, 사계절의 첫 달과 12월에 제사를 올렸습니다. 이 의식은 일제 강점기에 중단되었다가, 1971년 복원되었어요. 2001년에는 종묘제례와 종묘제례악이 세계무형유산으로 지정되었답니다.

종묘제례악(일무)　＊자료: 문화재청

## 종묘대제는 이렇게 지내요

제사 예절을 뜻하는 '제례'는 다른 제사와 마찬가지로 유교식 절차에 따라 지내요. 신을 맞이하는 '영신례'로 시작하여, 신에게 제물을 바치는 '천조례', 잔을 올리는 '초헌례, 아헌례, 종헌례'에 이어 '음복례'를 행하고, 신을 보내 드리는 '송신례'를 갖춘 후에 축문과 폐백을 태우는 것으로 끝이 나요. 각 제사 의례에 맞추어 경건한 분위기를 내기 위해 음악과 무용으로 구성된 종묘제례악이 따릅니다.

### 지리 탐험대

**종묘를 더 알아볼까요?**

종묘는 서울시 종로구에 있어요. 누리집에서 미리 예약하면 문화해설사와 함께 관람할 수 있답니다. 매년 5월 첫째 주 일요일에는 종묘대제가 거행되니 찾아가 보세요.

종묘는 조선 시대 역대 왕과 왕비의 신위를 모신 사당이란다.

종묘대제 때는 악기를 연주하는 '기악', 노래를 부르는 '악장', 의식 무용인 '일무', 이렇게 세 가지 구성으로 종묘제례악을 연주한답니다.

# 도넛처럼 보이는 도시의 비밀은?

교과서 4학년 2학기 1단원 촌락과 도시의 생활 모습  핵심 용어 인구 공동화(도넛 현상)

• **인구 공동화** 낮에는 도심에 모였던 사람들이 밤에 각자 집으로 돌아가면서 도심이 텅 비는 현상. '도넛 현상'이라고도 한다.

## 밤에는 도심이 도넛처럼 보여요

도시가 발달하면 도심 가운데에 학교나 회사, 각종 공공 기관, 은행, 상가 등이 생겨요. 교통이 편리하고 사람들이 모이기 때문이죠. 이런 지역을 도시의 중심이라고 해서 '도심'(都心) 지역이라고 해요. 낮에는 도심이 북적북적하지요. 하지만 도심은 땅값이 점점 올라가면서 살 수 있는 주택이 줄어들고, 교통난이 심해져요.

도심 주택이 줄어들면 주거지는 어디로 이동할까요? 바로 도시 외곽 지역이에요. 집값이 더 저렴하고 한적하면서도 도심으로 이동하기 쉬운 지역에 주거 지역이 생기겠지요? 낮에 도심에 모였던 사람들이 밤에는 각자 집으로 돌아가면서, 도심이 텅 비어요. 사람들이 모인 모습을 상상해 보면 꼭 도넛처럼 보여서 **도넛 현상**이라고도 해요. 또는 **인구 공동화 현상**이라고도 하지요. 아침에 출근하기 위해 도시 외곽에서 도심으로 이동할 때 교통난이 발생해요.

## 인구 공동화 현상에는 불편함이 따라요

도심 지역과 주거지가 분리되면 자연스럽게 교통난이 발생해요. 이를 해결하려면 부도심을 만들어 도심에 집중된 기능을 나누려는 노력이 필요해요. 그리고 도심과 외곽 지역 사이에 대중교통을 마련해야 합니다.

### 지리 탐험대

**인구 공동화 현상을 조사해 봐요**

도시 중심가는 낮에는 일하는 사람이 많지만, 거주하는 사람은 많지 않아요. 학교에는 학생 수가 줄었고, 관공서는 통폐합되기도 하지요. 아침과 저녁 시간 대중교통에 사람이 너무 많아 불편함이 생기고요. 또 우리가 느낄 수 있는 문제는 무엇이 있을까요?

 도심은 자동차 배기가스, 전기 에너지의 과도한 사용, 사업장의 매연 등으로 주변에 비해 기온이 높아져요. 이를 두고 **열섬 현상**이라고 한답니다. 열섬 현상은 도시에 열대야를 일으키고, 환경 오염을 악화시켜요.

# 조선 시대에도 계획도시가 있었다고요?

- **계획도시** 도시 계획에 따라 만든 도시.
- **수원 화성** 조선 시대 정조가 아버지 묘를 옮기면서 만든 계획도시.

교과서 3학년 1학기 2단원 우리가 알아보는 고장 이야기  핵심 용어 계획도시, 수원 화성

## 도시는 자연스레 생기지 않나요?

사람들이 모여 사는 곳에는 자연스럽게 도시가 생겨나기 마련이에요. 하지만 정치나 경제, 산업 등의 목적으로 새로운 도시를 계획하기도 한답니다. '계획도시' 하면 현대 사회에나 있을 법하지만 조선 시대에도 계획도시가 있었어요. 바로 오늘날 서울이 된 한양과 경기도 수원에 있는 화성입니다.

화성은 조선 시대에 정조가 아버지의 묘를 옮기면서 거주와 방어, 왕권 강화를 목적으로 성곽 도시를 계획해 조성했어요. 화성은 지금도 예전 모습이 잘 남아 있어 세계문화유산으로 등재되었답니다.

## 정조가 계획한 도시 화성

정조는 아버지에 대한 효심이 지극했어요. 그래서 아버지의 묘를 풍수지리가 좋다는 화산으로 모시고, 조정을 수원 팔달산 부근으로 옮겼답니다. 당시는 당파 사이에 분쟁이 끊이지 않을 때였어요. 하지만 정조가 조정을 옮기면서 다툼을 줄이고, 왕권을 강화할 수 있었답니다.

그뿐 아니라 처음부터 거주할 수 있는 읍성과 방어할 수 있는 산성을 계획해 도시를 빙 둘러 성곽을 둘렀다는 점이 특별해요. 화성은 전통 건축 방식과 서양의 신지식을 결합한 첨단 도시였답니다.

### 지리 탐험대

**화성은 어떻게 지었을까요?**

화성을 어떻게 건축했는지 알고 싶으면 1801년에 발간한 《화성성역의궤》를 보면 돼요. 계획이나 인력, 예산, 일지 등을 상세히 기록했거든요. 이후 전쟁으로 파손된 화성도 《화성성역의궤》를 통해 최대한 원래 모습으로 복원할 수 있었어요.

화성전도 일부, 《화성성역의궤》
*자료: 국립중앙박물관

 화성 건축을 감독한 사람은 실학자 정약용이에요. 정약용은 동서양의 최첨단 장비와 기술을 도입하여 과학적으로 공사를 진두지휘했습니다. 다들 10년이 넘는 시간이 걸릴 것이라고 생각했지만, 약 2년 반 만에 완공할 수 있었지요. 화성과 《화성성역의궤》를 살펴보면 당대의 첨단 기술이 무엇이었는지도 알아볼 수 있답니다.

# 우리나라에도 사막이 있을까요?

- **서해 5도** 백령도, 대청도, 소청도, 연평도, 우도를 부르는 이름.
- **해안 사구** 바람에 날아온 모래가 쌓여 만든 사막.

교과서 5학년 1학기 1단원 살기 좋은 우리 국토  핵심 용어 서해 5도, 해안 사구

## 사막 하면 어디가 생각나요?

사막은 건조한 기후로 식물이 살기 힘든 지역을 말해요. 지구의 $\frac{1}{10}$이나 사막으로 덮여 있답니다. 덥고 건조한 '열대 사막' 외에도 대륙 내에 위치한 '중위도 사막', 춥고 건조한 '한랭 사막' 등이 있어요. 사막 하면 아프리카 사하라 사막이 떠오르지요? 하지만 가까운 우리나라에도 사막이 있답니다. 바람이 해수욕장의 모래를 운반하여 퇴적시킨 언덕이 해안 사구예요. 황해에 있는 대청도는 사구의 규모가 커서 사막이라고 부를 정도랍니다.

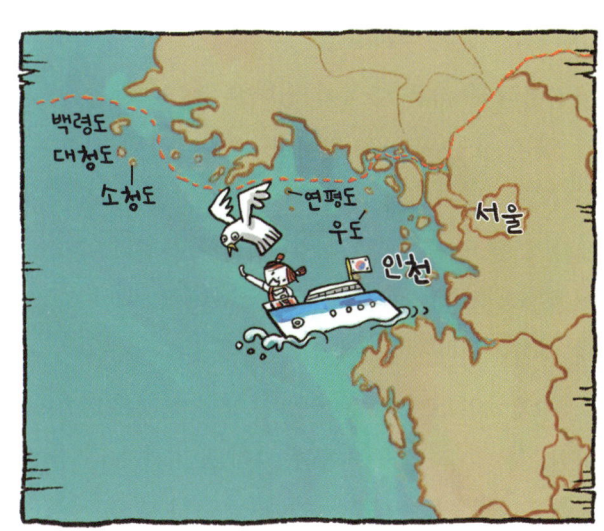

## 모래 서 말은 먹어야 시집을 간다

대청도는 백령도, 소청도, 연평도, 우도와 함께 '서해 5도'라고 불리는 섬이에요. 북한과 가까워서 군사적으로 매우 중요하지요. 대청도의 북동쪽에는 우리나라에서 가장 크게 발달한 해안 사구가 있습니다. 환경부에서 사막이라고 공식 인정하는 대청도 '모래사막'이에요. 모래가 바람을 타고 물결무늬를 만들어 놓은 모습을 볼 수 있답니다.

원래는 지금보다 다섯 배나 큰 사막이었는데, 지금은 규모가 작아졌어요. 왜냐고요? 대청도에 "모래 서 말은 먹어야 시집을 간다."라는 말이 있을 정도로 시시때때로 모래바람이 많이 불거든요. 모래바람을 막기 위해 해안가에 소나무를 심어서 점점 사막에 쌓이는 모래가 줄어들었어요. 그 때문에 지금은 사막 규모가 작아졌답니다.

### 지리 탐험대

#### 대청도로 체험 학습을 떠나요!

대청도는 인천항에서 약 4시간을 가야 있는 섬이에요. '선진포 선착장 – 모래사막 – 옥죽동 해변 – 동백나무 자생지 – 매바위 전망대 – 모래울 해변 – 서풍받이' 같은 코스를 돌다 보면 1박 2일로는 시간이 부족할지도 몰라요.

 대청도에는 해안 사구 외에도 각종 화석, 규암, 암석 지대가 있어요. 자연 학습을 하기에 좋은 섬이랍니다.

# 비행기를 타지 않고 중국에 갈 수 있어요!

• **개항** 나라에서 항구를 열어 외국 사람과 배 등을 들여오며 무역을 시작하는 것.

교과서 3학년 1학기 2단원 우리가 알아보는 고장 이야기  핵심 용어 차이나타운, 개항

## 우리나라 안에 작은 중국

우리나라에 작은 중국이 있어요. 바로 인천 중구에 있는 차이나타운이랍니다. 우리나라에 있는 차이나타운은 조선 시대 말에 제물포항을 중국 상인에게 열어 주면서 생겼어요. 청나라 상인들은 조선 상인들과 무역을 시작하면서 오늘날의 차이나타운에 생활 터전을 마련했지요. 지금까지 120년이 넘도록 중국인 고유의 문화와 풍습을 간직하고 있답니다. 차이나타운 주변에는 아직도 조선 시대 말에 세운 건물들이 보전되어 있어요. 당시 외국에서 유행하던 건축 양식에 따라 지어져 근대 문화를 엿볼 수 있지요.

## 왜 우리나라 항구를 중국 상인에게 열었나요?

시작은 1882년 임오군란이었어요. 정부에서 새로운 군대인 별기군을 뽑아 많은 급료와 신식 무기, 좋은 옷들을 지급하자 이전에 있던 구식 군대의 군졸들은 화가 났어요. 구식 군대는 13개월 동안 급료가 밀려 있었거든요. 겨우 한 달치 급료를 받았지만 형편없는 수준이었어요. 화가 난 구식 군대는 임오군란을 일으켰지요. 상황이 걷잡을 수 없어지자, 줄곧 문호를 개방하여 선진 문물을 받아들이자고 주장하던 개화파들의 요청으로 청나라에서 군대가 들어오게 되었어요. 이후 청나라는 조선에 큰 힘을 행사하게 되었답니다.

### 지리 탐험대

**차이나타운에 가 볼까요?**

차이나타운은 부산에도 있어요. 1884년 동구 초량동에 생겼답니다. 현재 중국 문화를 체험할 수 있는 축제도 열고 있습니다. 중국의 예술 공연, 음식, 무예 등 다양한 볼거리와 체험거리가 있어요. 차이나타운에 가서 중국 문화를 느껴 봐요.

 차이나타운에 가면 우리나라 최초의 자장면을 먹어 볼 수 있어요. 요즘 먹는 자장면과는 사뭇 다르답니다.

# 우리나라에 있는 가장 오래된 사찰은?

• **전등사** 고구려 소수림왕이 처음으로 불교를 받아들이며 세운 절로, 인천 강화군에 있다. 고려 시대에는 진종사라 불렸다.

교과서 3학년 1학기 2단원 우리가 알아보는 고장 이야기  핵심 용어 전등사, 소수림왕

## 고려 시대에 진종사라 불렸던 전등사

전등사는 인천광역시 강화군 정족산성에 있는 사찰이에요. 381년 고구려 소수림왕 때 처음으로 불교를 받아들이면서 세워졌어요. 우리나라에서 가장 오래된 사찰이랍니다. 고려 시대에는 진종사라 불렸어요.

몽골의 침략을 피해 강화도로 도읍을 옮긴 조정에서는 임금의 안전을 위해 진종사 안에 임시 궁궐을 지었습니다. 이때 이 절이 크게 부흥했어요. 지금의 전등사란 이름은 고려 충렬왕 8년에 왕비가 이 절에 경전과 옥등을 시주한 것이 계기가 되어 불리기 시작했다고 해요.

강화 전등사 대웅전 귀공포
*자료 : 문화재청

## 전등사의 재미있는 조각상

전등사 대웅전에는 처마 네 귀퉁이를 손으로 떠받들고 있는 벌거벗은 조각상이 있어요. 대웅전을 지은 목수가 자신을 배신한 여인을 벌하고, 그 죄를 씻어 주고자 조각상을 만들어 처마 네 귀퉁이를 떠받들게 했다는 전설이 전해 온답니다. 특이한 점은 처마 네 곳 중 두 곳의 조각상은 두 손이 아닌 한 손으로 떠받들고 있다는 것이에요. 꾀를 부리는 듯한 모습으로 선조들의 재치와 익살이 돋보이는 부분이에요. 대웅전 내부 수미단에서도 불법을 수호하는 도깨비 조각의 재치 있는 표정이 절로 웃음을 자아내게 한답니다.

### 지리 탐험대

#### 소수림왕의 업적은?

백제의 침입으로 고국원왕이 죽자 뒤를 이어 소수림왕이 왕위에 올랐어요. 아버지의 복수를 위해 군대를 양성하는 대신, 체제 정비를 위해 율령을 반포합니다. 또 불교를 수용하여 왕권을 강화하고 민심을 단결했어요. 인재를 기르기 위해 국립 학교인 태학도 세웠습니다. 이렇게 소수림왕이 탄탄하게 내부 기반을 닦아 놓았기 때문에, 그 뒤에 광개토대왕과 장수왕의 전성기가 올 수 있었습니다.

 대웅전은 불교 선종 계통의 절에서 본존 불상을 모신 법당을 말해요. 불상을 모셔 놓은 단을 '불단' 또는 '수미단'이라 한답니다.

# 열섬은 어디에 있는 섬이에요?

교과서 5학년 1학기 1단원 살기 좋은 우리 국토  핵심 용어 열섬 현상, 열대야

• **열섬 현상**(heat island) 인간 활동에 의해 주변 농촌보다 도시 중심부의 기온이 높아지는 현상.

## 도시의 상공에 떠 있는 더운 기류

**열섬**(heat island)은 '주변보다 기온이 높은 도시 중심'을 말해요. 열섬 현상은 특히 여름보다 겨울에, 낮보다 밤에 더 잘 나타나요. 그래서 도시 중심부는 봄에 주변보다 꽃이 먼저 핍니다. 도시의 매연 같은 오염 물질로 인해 도시 기온이 주변 지역보다 높아지기 때문에 나타납니다. 여름철 빌딩과 아파트로 둘러싸인 도시에서는 낮에 뜨겁게 달궈진 땅이 밤에도 식지 않아 기온이 쉽게 떨어지지 않아요. 밤이 되어도 바람 한 점 불지 않는 무더운 밤을 '열대야'라고 하지요. 이렇게 잠들 수 없을 정도로 무더운 여름밤, 즉 '열대야'가 나타나는 이유 중 하나가 열섬 현상입니다.

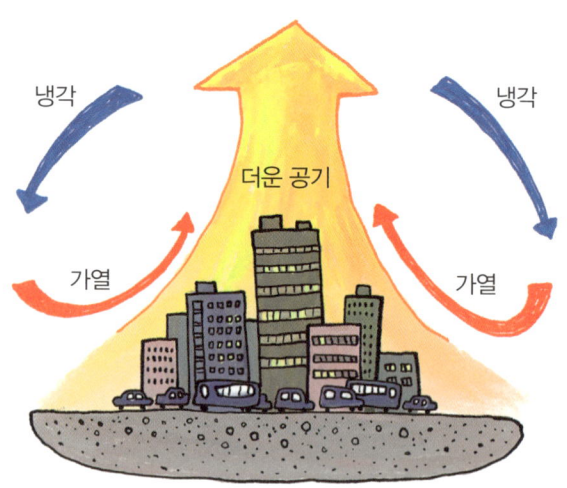

## 열섬 현상의 원인은?

열섬 현상은 주로 고층 건물이 밀집한 도시 지역에서 나타나요. 도시는 콘크리트와 아스팔트 등의 구조물로 뒤덮여 있기 때문에 나무가 많은 교외에 비해 태양열로 쉽게 달궈져요. 또 도시 안에서는 공장, 주택, 자동차 등에서 고온인 공기가 많이 배출됩니다. 고층 건물로 막혀 있어 공기 순환이 잘되지 않아 열이 빠져나가지 못해요. 또 열섬 현상에 영향을 미치는 것에는 온실가스도 있어요. 온실가스 배출량이 지금 추세대로 계속된다면 2100년 서울의 여름 온도는 베트남의 하이퐁처럼 아주 더워질 거라고 해요.

### 지리 탐험대

### 열섬 현상을 예방하려면?

도시 생활로 발생하는 이산화탄소가 지구 온난화를 일으키는데요. 도시에 나무를 심어 공원을 만들면 지구 온난화와 도시 홍수를 예방할 수 있어요. 공원의 나무가 대기 오염과 열섬 현상을 줄이고 빗물을 저장하는 역할을 하기 때문이지요.

 유엔의 '녹색 기후 기금'이란 저개발 국가의 온실가스를 줄이고, 기후 변화의 피해를 줄이며, 변화된 기후에 적응할 수 있도록 지원하기 위해 선진국들이 마련한 기금을 말합니다.

# 할아버지가 가장 좋아하는 포천 막걸리

- **특산물** 한 지역에서 특별하게 생산되는 물건이나 음식.
- **막걸리** 쌀로 빚는 우리나라 전통술로, 옛날에는 집집마다 빚어 냈다.

교과서 3학년 1학기 2단원 우리가 알아보는 고장 이야기  핵심 용어 특산물, 포천 막걸리

## 우리나라에서 역사가 가장 오래된 술

명절 때나 마을 축제에 놀러 갔을 때 어른들이 마시는 뽀얀 술을 본 적 있나요? 우유처럼 보이는 막걸리는 우리 조상들의 삶과 애환을 함께해 온 술이라고 할 수 있어요. 고려 시대부터 막걸리를 마셨다는 기록이 있대요. 막걸리는 쌀과 누룩으로 빚은 후 막 걸러 내어 만들었다고 해서 '막걸리'라고 불렸지요. 농부들이 일을 하다가 어울려 마시고, 손님이 오면 대접을 하곤 했어요. 옛날에는 농가에서 집집마다 막걸리를 빚었기 때문에 맛이 제각각 달랐다고 해요. 값이 저렴하면서 배고픔도 채울 수 있었기 때문에 오랫동안 사랑을 받은 우리나라의 전통술이랍니다.

## 포천의 지명에 숨은 뜻은?

막걸리 맛을 좋게 하는 데 가장 중요한 것은 물이에요. 경기도 포천(抱川)의 지명에는 물을 품고 있다는 뜻이 담겨 있을 정도로 물맛이 좋기로 유명하지요. 포천 막걸리는 화강암 지하에서 끌어 올린 광천수로 빚어 맛이 좋답니다. 또 질그릇 항아리를 이용하고 전통 제조법을 그대로 유지하고 있어요. 포천 막걸리는 1960년대 군부대를 통해 입소문이 나며 더욱 유명해졌습니다. 최근에는 해외에서도 인기를 얻고 있어요.

### 지리 탐험대

**지역마다 어떤 특산품이 있을까요?**

경기도에 있는 막걸리 공장의 절반가량이 포천에 모여 있을 정도로 포천은 막걸리로 유명해요. 다양한 쌀과 지역 특산물을 활용해 여러 가지 맛의 막걸리를 개발하고 있습니다. 다른 지역에 여행 갈 기회가 생기면 그 지역에는 어떤 상품이 있는지 알아보세요.

막걸리에는 다양한 이름이 있어요. 막 걸렀다고 해서 막걸리, 색이 탁하다고 해서 탁주, 농부들이 먹는 술이라 해서 농주, 집집마다 직접 빚는 술이라고 해서 가주라고도 불렀어요.

# 우리나라 대표 공항은 어디일까요?

• **허브 공항** 승객이나 화물이 집중되었다가 바큇살이 중심축에서 퍼져 나가듯 여러 지역으로 퍼져 나가는 중심 공항.

교과서 3학년 1학기 3단원 교통과 통신 수단의 변화  핵심 용어 허브 공항, 교통수단

## 많은 사람들이 이용하는 인천 공항

파란 하늘을 날아가는 비행기를 보면 비행기를 타고 낯선 미지의 세계로 날아가고픈 마음이 들지 않나요? 우리가 외국 여행을 할 때 이용하는 인천 국제공항은 인천광역시 영종도에 있는 우리나라 대표 공항이에요. 연간 6,000만 명이나 되는 많은 사람이 이용한답니다. 이 정도 규모의 공항은 전 세계에 7개 정도 있다고 하니, 인천 공항의 규모가 얼마나 대단한지 짐작할 수 있겠지요?

## 지하철 환승역 같은 허브 공항

인천 공항은 동북아시아의 허브 공항을 목표로 하고 있어요. '허브 공항'이 뭐냐고요? 허브란 바퀴의 중심축을 말해요. 허브 공항이란 승객이나 화물이 집중되었다가 바큇살이 중심축에서 퍼져 나가는 것처럼 여러 지역으로 퍼져 나가는 중심 지점을 뜻해요. 지하철의 환승역과 비슷합니다. 지하철 환승역은 여러 노선이 지나가기 때문에 다른 노선으로 갈아타려는 사람들로 붐비지요. 마찬가지로 허브 공항은 항공 교통의 환승역이라 할 수 있어요.

허브 공항이 되면 승객과 화물이 많이 모이기 때문에 항공기 운항 편수가 늘어나고, 항공기 운항 편수가 늘어날수록 공항 운영에 드는 비용을 낮출 수 있어서 큰 이익이 된다고 해요.

### 지리 탐험대

**환승 공항이 되기 위한 조건은 무엇일까요?**

허브 공항이 되기 위해서는 무엇보다 위치가 환승하기에 편리해야 해요. 다른 나라의 공항, 다른 교통수단과 연결이 잘되어야 허브 공항으로 이용될 수 있겠지요. 그다음 이용하는 사람들이 많아야 해요. 이용이 불편하지 않도록 편리한 시설도 뒤따라야 합니다.

아시아에서 허브 공항으로 손꼽히는 곳에는 홍콩의 첵랍콕 공항과 싱가포르의 창이 공항이 있어요. 인천 국제공항도 이들 공항과 나란히 동북아시아의 허브 공항으로 발돋움하고 있어요.

# 옛날에는 한강에서 배를 타고 교역했대요!

• **뗏목** 나무를 엮어 물에 띄워 사람이 이동하거나 물건을 옮기는 것. 옛날 교통수단 중 하나이다.

**교과서** 3학년 1학기 3단원 교통과 통신 수단의 변화  **핵심 용어** 교통로, 나루, 교통수단

## 서울의 경제를 책임졌던 한강

옛날부터 한강은 서울의 중요한 교역로였습니다. 지금처럼 자동차나 기차가 없을 때는 전국 각지에서 배를 타고 물자를 실어 날랐어요. 한강은 조선 시대에 한양이 경제적으로 풍요로워지는 데 꼭 필요한 물길이었지요.

조선 시대 사람들은 다른 지방에서 생산한 쌀, 물고기, 소금, 땔나무 등을 한강을 이용해 서울로 들여왔습니다. 이와 마찬가지로 서울에서 만든 생필품, 옷감, 그릇 등을 전국 각지에 팔려고 한강을 이용했습니다. 그래서 한강을 따라 배를 댈 수 있는 많은 나루와 시장이 만들어져 북적북적했답니다. 그중 용산과 마포는 많은 물자들이 모였다가 흩어지는 중요한 포구였어요.

## "어어디 어디 아차차 뱃사람아 배를 대라"

강화도에서 마포를 다니던 뱃사람들이 부르던 노래가 지금도 전해 내려와요. "어서 빨리 노를 저어 마포에다 배를 대고… 염창목 오른다, 어서 빨리 싹싹 저어 선유봉을 지나쳐서 밤섬 건너 마포에다 갖다 대자."

'한강 시선 뱃노래'라는 민요는 곡물이나 땔감, 생선, 젓갈 등을 실어 나르던 뱃사람들이 노를 저으며 부르던 노래예요. 노랫말 안에 염창목, 선유봉, 밤섬, 마포까지 한강 주변 풍경들이 보이나요?

### 지리 탐험대

**옛날 마포나루의 모습을 보러 가 볼까요?**

마포구에서는 매년 10월에 마포나루를 재현한 '마포나루 새우젓 축제'를 열어요. 새우젓을 실은 황포돛대가 항구에 도착하고, 물건을 내리는 모습을 재현한답니다. 이뿐만 아니라 마포나루를 통해 교역하던 질 좋은 새우젓을 살 수도 있어요.

 조선 후기에 한양과 한강을 중심으로 활동하던 상인을 '경강상인'이라고 불렀어요. 경강상인은 한양으로 들어오던 쌀을 독점할 정도로 규모가 컸고 그만큼 큰 영향력을 행사했답니다.

# 처음 발견한 우리나라의 공룡알 화석지는?

- **화석** 옛날에 살았던 생물의 몸체와 생물이 생활한 흔적이 남아 있는 것.
- 경기도 화성에는 국내 최초로 발견한 뿔공룡 화석이 있다.

교과서 5학년 1학기 2단원 환경과 조화를 이루는 국토　핵심 용어 화석

## 시화호 간척 중에 발견했어요

1994년 경기도 화성시 송산면 고정리에서는 물을 막아 육지로 간척하기 위해 시화호를 만들었습니다. 그 과정에서 물이 서서히 빠지면서 원래 주변이 바다였던 고정리 일대의 섬들이 육지가 되었어요. 그러자 그동안 바닷물에 가려 보이지 않았던 것이 나타났어요. 바로 공룡알과 둥지의 화석입니다.

경기도 화성 고정리 일대는 중생대 백악기 공룡들의 집단 서식지였던 걸로 짐작해요. 공룡알 화석을 200여 개나 발견했거든요. 또 알둥지도 30여 개 찾았어요. 이는 공룡 연구 학자에게 우리나라를 알리는 계기가 되었어요. 공룡알 화석 산출지는 공룡들이 살았던 시대의 환경과 생태계 연구에 아주 중요한 자료이거든요.

## 우리나라에서 처음 발견된 뿔공룡

화성에서는 뿔공룡의 화석도 처음 발견했어요. 코리아케라톱스 화성엔시스는 2008년 우리나라에서 처음으로 발견된 백악기 뿔공룡이에요. 그래서 이름에 뿔공룡이라는 뜻과 함께 코리아라는 말이 들어갔어요. 이 공룡은 뿔이 달려 있는 공룡이라서 각룡류에 속해요.

초식공룡인 코리아케라톱스는 납작한 꼬리로 헤엄을 잘 칠 수 있었던 걸로 여겨져요. 또 두 다리로 걷는 이족보행을 했을 것이고, 육식공룡의 공격을 받으면 물속으로 도망갔을 것으로 추측한답니다. 우리나라에서 각룡류 공룡뼈를 찾은 것은 한반도에 다양한 공룡이 살았음을 알려 줍니다.

### 지리 탐험대

**국내 최초의 뿔공룡 화석을 관찰해요!**

경기도 화성 고정리 공룡알 화석산지에 가면 화성시에서 운영하는 방문자 센터를 이용해 보세요. 미리 예약하면 해설사의 설명을 들으며 화석 산지를 둘러볼 수 있고, 센터에서 코리아케라톱스의 복원 모형도 볼 수 있답니다.

 화성 고정리 공룡알 화석 산지는 천연기념물 제414호로 지정해 소중히 관리하고 있답니다. 화석 산지가 있는 시화호 일대는 약 1억 년 전 중생대 백악기 공룡들의 집단 산란지였을 것으로 추정하고 있어요.

# 우리나라 최북단에 병풍처럼 서 있는 두무진

• **두무진** 백령도에 있는 해안 절벽. 절벽이 장군들이 머리를 맞대고 회의하는 모습처럼 보인다 하여 붙은 이름. 각종 기암괴석이 솟아 있다.

교과서 5학년 1학기 1단원 살기 좋은 우리 국토  핵심 용어 두무진

## 북한과 가까운 섬 백령도

하늘에서 내려다 보면 따오기가 흰 날개를 펼치고 공중을 나는 모습처럼 생긴 섬이 있어요. 바로 백령도이죠. 백령도는 우리나라 가장 북쪽에 있는 섬답게 뱃길이 험난해요. 그래서 옛날부터 해적도 많이 출몰했다고 해요.

북한과 가까워 군사적으로도 매우 중요한 섬이지요. 백령도 전망대에 오르면 북한을 맨눈으로 볼 수 있을 정도예요. 북한과 우리나라가 긴장 상태에 놓일 때마다 백령도와 그 주변 섬 주민들은 걱정이 앞선답니다. 그래서 백령도에는 많은 군인들이 주둔해 있어요.

백령도 두무진
*자료 : 이범수, 한국관광공사

## 애국가에 나오는 절경 두무진

백령도는 바닷길이 험난한 만큼, 거센 파도와 바람이 만들어 놓은 절경을 품고 있어요. 애국가에 나오는 비경은 바로 백령도의 두무진이랍니다. 두무진은 장군들이 머리를 맞대고 회의를 하는 모습처럼 보인다고 해서 붙은 이름이에요. 사람이 아무리 노력해도 만들 수 있는 작품이 아니라서 신의 마지막 작품이라는 별명도 있답니다. 일부러 깎은 듯한 해안 절벽이 병풍처럼 50~100m 높이로 서 있고, 각종 기암괴석이 솟아 있어요. 해안 절벽의 규암은 약 10억 년 전부터 형성된 사암이 변해 만들어졌다고 해요.

### 지리 탐험대

**백령도의 유명한 관광지를 가 볼까요?**

백령도에는 두무진뿐 아니라 다른 볼거리가 많아요. 바둑알처럼 매끈매끈한 자갈로 이루어진 콩돌 해변이 있고요. 전 세계에서 보기 드물게 단단한 모래로 이루어져 비행기 이착륙이 가능한 사곶 해변이 있어요.

 백령도는 천연기념물 제331호인 점박이 물범의 서식지이기도 한답니다. 매년 봄부터 여름철이면 물범 약 250여 마리가 두무진 바위에 자리를 잡고 먹이 활동을 하면서 어린 새끼를 키운대요.

# 도시에 사람들이 너무 몰리면?

• **도시 문제** 도시에 여러 시설과 사람이 집중되면서 발생하는 지역 문제. 환경 오염·범죄·교통 문제 등이 있다.

교과서 4학년 2학기 1단원 촌락과 도시의 생활 모습  핵심 용어 도시 문제, 인구 집중, 공공 임대 아파트

## 좁은 지역에 사람들이 많이 모여 살아요

작은 방에 사람들이 꽉 들어차면 어떻게 될까요? 공기가 답답할 뿐만 아니라 서로 자기 자리를 차지하려고 싸우고, 움직이기 어려워지겠죠? 도시에도 똑같은 문제가 생겼어요. 산업화가 이루어지면서 도시에 좋은 일자리와 편의 시설, 질 좋은 교육의 기회가 몰렸습니다. 자연스럽게 사람들은 너 나 할 것 없이 도시로 몰려와 살았지요. 하지만 도시 공간은 한정되어 있기 때문에 다양한 문제가 나타났어요.

## 도시에 어떤 문제가 생겼나요?

사람들이 많아지면서 쓰레기가 많이 생겼어요. 집값이 너무 높아지는 주택 문제와 빈부 격차가 심해져 생기는 갈등도 일어나요. 도시 사람들의 생활 수준이 나아지면서 자동차를 구입해 이용하는 사람들도 늘었습니다. 도로에서 수용할 수 있는 자동차 수는 제한되어 있는데, 자동차가 많아지면서 교통 혼잡과 주차 문제 등으로 갈등이 생겼어요.

지하철이나 버스에도 사람이 꽉 차서 출퇴근길에 어려움을 겪기도 해요. 게다가 자동차, 버스 등에서 뿜어내는 매연 때문에 대기가 오염되고 있습니다.

### 지리 탐험대

### 도시 문제를 해결하려면?

정부는 주택 문제를 해결하기 위해 오래된 집을 재건축해요. 더 많은 사람들이 값싸게 살 수 있는 공공 임대 아파트를 짓기도 합니다. 또 환경 문제와 교통 문제를 해결하고자 버스 전용 차선제나 차량 10부제 등을 시행한답니다. 인구가 도시에 집중되지 않도록 도시 주변 지역을 함께 개발하려는 노력도 해요.

 공공 임대 아파트는 주민들이 높은 집값 때문에 터전을 떠나지 않도록 도와주는 임대 주택이에요. 공공 기관과 민간 업체가 함께 지어 저렴하게 제공한답니다.

# 여름에 시원한 한옥의 비밀은?

• **온돌** 방바닥 아래 불길을 만들고 그 위에 구들장(넓은 돌)을 여러 개 놓아 열기가 지나가며 돌을 따뜻하게 데우는 난방 방식.

교과서 3학년 2학기 2단원 시대마다 다른 삶의 모습  핵심 용어 한옥, 온돌

## 한옥에 담긴 놀라운 과학 원리

한옥은 돌, 흙, 나무라는 자연 소재로 지은 친환경 전통 주택이에요. 한옥은 집터가 자연환경과 어울리는지 잘 고려하여 짓곤 했답니다.

또한 한옥에는 사람들이 편리하게 살 수 있도록 도움을 주는 여러 가지 과학 원리가 담겨 있어요. 창문과 문에 바른 한지는 공기가 통하여 환기가 잘 되고 습기 조절도 잘되어요. 한옥의 처마는 비가 집 안으로 들이치지 않게 해 주고, 겨울에는 햇빛이 많이 들게, 여름엔 햇빛을 차단해 주지요. 한옥의 댓돌은 집터를 높여 땅강아지와 지네 등 땅에 사는 벌레들이 집으로 들어오지 않도록 예방해 줍니다. 한옥의 마루는 바람이 잘 통해 습기를 없애는 역할을 해요.

## 온돌로 겨울을 따뜻하게 나요

우리 조상들은 추운 겨울을 대비한 난방 방식으로 온돌을 발명해 냈어요. 온돌은 방바닥에 불기운이 지나가도록 불길을 만들고, 그 위에 넓적한 구들장을 얹었어요. 그리고 연기가 방 안으로 새어 들지 않게 진흙으로 방을 꼼꼼히 발라요.

아궁이에서 불을 때면 뜨거운 열기가 방바닥 아래 불길을 따라 지나가며 방바닥 전체를 데우고 굴뚝으로 연기가 빠져나갑니다. 이렇게 데워진 방바닥은 열기를 오래 간직하고 천천히 식기 때문에 차가운 겨울바람을 이기고 따뜻한 겨울을 보낼 수 있습니다.

한옥  *자료: 김지호, 한국관광공사

- 햇빛을 조절하는 처마
- 바람이 잘 통하는 마루
- 벌레를 막아 주는 댓돌
- 한지가 발린 문(전통 창호)

### 지리 탐험대

**북촌 한옥 마을에 찾아가 보세요**

서울 북촌 한옥 마을에 가면 우리나라 전통 가옥인 한옥의 아름다움을 직접 느껴 볼 수 있답니다. 그 밖에도 서울 남산골과 전주의 한옥 마을, 경주 양동 마을, 고성 왕곡 마을 등 여러 곳에서 한옥을 보존하고 있어요. 방학 때 가까운 한옥 마을을 한번 방문해 보세요.

 서울 북촌 한옥 마을의 '북촌'이란 이름은 청계천과 종로의 북쪽 윗동네라는 뜻이에요. 경복궁과 창덕궁 사이에 있습니다. 예부터 높은 벼슬을 했던 관리나 왕족이 많이 살았대요.

# 고인돌과 화문석이 유명한 곳은?

- **가내 수공업** 생활에 필요한 물건을 집에서 직접 만들어 사용했던 방식. 생산 규모가 작고 특산물 형태로 남은 전통 공업으로 발전했다.

교과서 3학년 1학기 2단원 우리가 알아보는 고장 이야기  핵심 용어 가내 수공업, 전통 공업, 고인돌, 화문석

## 유네스코 세계문화유산 고인돌

강화도는 인천광역시에 속한 섬으로 역사 문화 유적이 아주 많답니다. 유네스코 세계문화유산으로 지정된 고인돌을 비롯하여 단군에게 제사를 지내던 마니산의 참성단이 있어요. **고인돌**은 청동기 시대를 대표하는 무덤으로 '지석묘'라고도 합니다. 그리고 초지진과 광성보는 미국과 일본에 맞서 격전을 벌였던 군사 유적지이지요. 이 밖에도 삼랑성, 전등사, 보문사 등의 유적이 유명하답니다.

강화도의 해안에는 넓은 갯벌이 발달하였는데, 오래전부터 간척 사업을 실시하여 농경지로 조성되었어요. 수산물로는 조기, 병어, 민어 등이 주로 잡힌답니다. 강화도는 순무, 인삼, 화문석이 유명해요.

강화도의 유적지

## 강화도는 왜 화문석이 유명할까요?

옛날에는 생활에 필요한 물건을 집에서 직접 만들어 사용했어요. 이를 **가내 수공업**이라고 해요. 가내 수공업은 이후 전통 공업으로 발전했어요. 전통 공업은 자연환경의 영향을 많이 받아, 물건을 만들 때 필요한 재료를 쉽게 구할 수 있는 곳에서 주로 발달했습니다. 대량으로 생산하는 지금과 달리 전통 공업은 생산 규모가 작아요. 전통 공업은 현재 각 지방의 특산물 형태로 남아 있답니다. 한산의 모시, 안동의 안동포, 담양의 죽세공품이 전통 공업이 지방의 특산물로 이어진 예랍니다.

### 지리 탐험대

**우리나라의 세계문화유산은?**

세계문화유산으로 지정된 우리나라 문화재에는 창덕궁, 수원 화성, 해인사 장경판전, 종묘, 경주 역사 유적 지구, 안동 하회 마을, 경주 양동 마을 등이 있어요. 그 외에 어떤 것들이 더 있는지 한번 조사해 보세요. 방학을 맞아 유네스코가 정한 세계문화유산으로 현장 학습을 떠나 보는 건 어떨까요?

 유네스코(UNESCO)는 전 세계가 함께 보호해야 할 가치가 있는 유산을 세계문화유산으로 지정하고 있어요.

# 서울시는 어떤 산업이 발달했을까요?

• **산업** 사람의 삶이 경제적으로 풍요로워지도록 재화나 서비스를 생산하는 활동. 1차 산업, 2차 산업, 3차 산업으로 나뉜다.

교과서 4학년 2학기 2단원 필요한 것의 생산과 교환   핵심 용어 산업, 1차 산업, 2차 산업, 3차 산업

## 우리나라 최대의 상업 중심지 '서울'

사람의 삶이 경제적으로 풍요로워지도록 재화나 서비스를 생산하는 활동을 **산업**이라고 해요. 산업은 1차, 2차, 3차 산업으로 분류합니다. 농업, 목축업, 어업 등 자연에서 물품을 직접 얻어 생산하는 산업을 **1차 산업**이라고 해요. **2차 산업**은 자연에서 얻은 재료나 원료를 가공하는 산업입니다. **3차 산업**은 1차, 2차 산업에서 생산된 제품을 소비자에게 팔거나 각종 서비스를 제공하는 산업을 말해요. 운송업, 통신업, 금융업, 부동산업, 음식점업, 관광업 등 다양합니다. 서울은 인구가 많고 교통이 편리해 3차 산업이 발달했어요. 우리나라 전체 산업의 약 24%가 서울에 몰려 있답니다.

## 금융 산업 중심지 여의도

서울은 우리나라에서 가장 큰 상업 중심지에요. 동대문, 남대문과 같은 의류 상가, 종로 귀금속 상가, 구로 기계 공구 상가 등 다양한 전문 시장이 있어 전국은 물론 해외 관광객도 즐겨 찾고 있습니다.

은행, 증권 거래소 같은 금융 기관 역시 서울에 집중되어 있어요. 남대문로 주변에는 다양한 금융 기관의 본점이 들어서 있고 증권사, 보험 회사가 몰려 있어요. 여의도에는 1979년 증권거래소가 생긴 후로 대형 증권사들이 많이 생겼지요. 이 때문에 증권가가 형성됐고 금융 산업의 중심지가 됐답니다.

### 지리 탐험대

**서울시의 산업 단지는 또 어디에 있나요?**

'구로 디지털 밸리'라고도 불리는 서울 디지털 산업 단지는 서울시 구로동과 가산동에 걸쳐 있어요. 이곳은 1960년대 국가 산업 단지로 지정돼 섬유 산업 등이 발달했어요. 2000년부터는 산업 구조가 바뀌어 IT 벤처타운으로 급속히 성장했습니다.

 서울시 중구에는 여러 기업의 본사가 많이 있어요. 또 전통적 도심 산업인 인쇄, 출판 관련 업체도 많아요.

# 조선 시대에 첫 번째로 지은 궁궐은?

교과서 3학년 1학기 2단원 우리가 알아보는 고장 이야기   핵심 용어 경복궁, 잡상, 근정전

• **경복궁** 조선 시대 임금이 정사를 돌보며 생활하는 궁궐로 가장 처음 지은 곳.

## 큰 복을 기원한 경복궁

서울특별시 종로구 세종로에 있는 경복궁은 조선의 법궁이에요. 조선을 세운 태조 이성계는 고려의 도읍지였던 개성에서 한양으로 도읍지를 옮겼어요. 북악산, 인왕산, 낙산, 남산에 둘러싸여 있고 청계천이 흐르는 평지에 자리 잡은 경복궁은 태조 4년(1395년)에 나라의 기틀을 새롭게 다지기 위해 가장 먼저 건립한 궁궐이에요. 경복궁이란 이름은 '큰 복을 누리며 번성하라.'는 뜻으로, 조선 개국 일등 공신인 정도전이 태조에게 지어 올린 것이랍니다.

## 궁궐에는 무엇이 있어요?

궁궐은 왕과 신하가 나랏일을 하는 궁과 그 궁을 지키는 궁성, 성루, 성문을 가리키는 궐이 합쳐진 말이에요. 조선 시대 궁궐은 왕이 나랏일을 보던 대전과 편전, 왕비가 생활하던 중궁전으로 이루어진 내전이 있어요. 그리고 근정전으로 이루어진 외전, 세자가 생활하던 동궁, 관리들의 활동 공간인 궐내각사, 왕실의 공원인 후원 등으로 나누어져요.

경복궁은 조선의 통치 이념이 백성에게 잘 전달되기를 바라는 마음으로 정문인 광화문부터 근정전, 왕의 침실인 강녕전, 왕비의 침실인 교태전까지 남북을 축으로 일직선상에 놓이도록 했어요.

경복궁 근정전

### 지리 탐험대

**경복궁 궁궐 지붕에 동물이 있다고요?**

궁궐 기와지붕의 추녀마루 위에는 흙으로 만든 동물 조각이 있습니다. 봉황, 용, 사자, 기린, 해마, 원숭이 등이지요. '잡상'이라고 부르는 이 조각들이 화재를 막고 나쁜 재앙으로부터 사람을 보호해 준다고 믿었답니다.

경복궁 잡상   *자료: 김지호, 한국관광공사

 법궁은 임금이 주로 정사를 돌보며 생활하는 궁궐이라는 뜻이에요. 경복궁의 근정전에는 '부지런하게 정치하라'는 뜻이 있어요. 왕의 즉위식, 과거 시험, 사신 접대 등 수많은 의식과 행사가 열렸던 곳입니다. 근정전에서 내려다보면 한 가운데 길이 있는데 이것은 임금님만이 다닐 수 있는 길인 '어도'라고 합니다.

# 우리나라 도심 속 자연공원은?

• **북한산** 서울 도봉구, 강북구 등과 경기 고양시, 의정부시 등에 걸쳐 있는 산. 북한산 국립 공원은 세계적으로 드문 도심 속 자연공원이다.

교과서 5학년 1학기 1단원 살기 좋은 우리 국토   핵심 용어 북한산

## 도심 속 자연공원인 북한산 국립 공원

북한산 국립 공원은 서울특별시 도봉구, 강북구, 종로구, 은평구와 경기도 고양시, 양주시, 의정부시 지역에 걸쳐 있는 국립 공원이에요. 북한산은 예부터 한산, 삼각산 등으로 불려 왔어요. 북한산이라는 명칭은 북한산성을 만든 뒤부터 사용한 것으로 추정돼요.

도시 전체를 둘러싼 북한산은 녹색 공간으로서 수도권 주민의 휴식처로 널리 이용되고 있지요. '단위 면적당 가장 많은 탐방객이 찾는 국립 공원'으로 기네스북에 기록되어 있답니다.

## 북한산 국립 공원의 아름다운 장관

북한산 국립 공원은 세계적으로 드문 도심 속 자연 공원이에요. 우리나라에서 15번째 국립 공원으로 지정되었습니다. 우이령을 중심으로 남쪽 북한산 지역과 북쪽 도봉산 지역으로 구분돼요.

북한산은 우뚝 솟은 세 봉우리인 백운대, 인수봉, 만경대가 경관의 으뜸으로 꼽혀요. 이렇게 세 봉우리가 세 뿔처럼 생겼다 하여 '삼각산'으로도 불립니다. 높이 솟아 웅장함을 자랑하지요. 도봉산의 최고봉인 자운봉을 시작으로 북쪽 사패산에서 남쪽 우이암에 이르는 구간에 수려한 암봉과 다양한 기암괴석이 있답니다.

### 지리 탐험대

**북한산의 옛 이름을 알아볼까요?**

동국여지승람에 따르면 신라 시대에는 북한산이 '부아악'으로 불렸다고 하는데, 인수봉 뒤쪽 사면의 바위 모습이 마치 아이를 업은 형상과 같다는 데에서 유래했다는 설과 산봉우리가 뿔처럼 뾰족하게 생긴 데에서 유래했다는 설이 있어요.

 자연공원은 국립 공원이나 도립 공원으로 지정받은 공원을 말해요. 자연 생태계나 한국 풍경을 대표할 만한 지역으로 지정한답니다.

# 재개발을 하면 무엇이 달라질까요?

• **젠트리피케이션(gentrification)** 낙후 지역에 새 상업·주거 지역이 형성되어 기존에 살던 사람이 밀려나는 현상.

교과서 4학년 1학기 3단원 지역의 공공 기관과 주민 참여   핵심 용어 재개발, 공청회

## 왜 재개발을 할까요?

사람들이 도시에 많이 모여 살면서, 한정된 공간에 주택이나 상가가 많이 밀집되었어요. 도로가 점점 복잡해지고, 어떤 지역은 건물이 낡거나 상하수도 시설 상태가 나빠졌습니다. **재개발**은 이렇게 노후된 지역의 주택을 새로 짓고, 기반 시설을 다시 정비하는 사업을 말해요. 차량이 많이 다니는 길을 넓히고, 구불구불한 길을 반듯하게 정리하지요. 그러면 토지를 더 효율적으로 이용할 수 있어요. 많은 사람들이 안락한 환경에서 살 수 있도록 도시 계획으로 낡은 주택을 허물고 아파트를 짓기도 합니다.

## 살던 곳을 떠나는 사람도 생겨요

도시 안팎의 오래된 지역은 집값이 싸서 보통 도시의 저소득층이 모여 살았습니다. 이런 지역은 재개발을 하기도 합니다. 그런데 낙후 지역에 새로운 주거 지역과 상업가가 들어서기도 합니다. 이를 두고 '젠트리피케이션'이라고 해요.

재개발된 지역은 자연히 상업도 활발해지고, 더 부유한 사람들이 들어와서 살게 돼요. 그러면 원래 살았던 무주택자나 가게를 빌렸던 거주민은 어디로 가야 할까요? 집값이 올라가는 탓에 오랫동안 살았던 고향을 떠나야 하는 슬픈 일이 벌어지기도 한답니다.

### 지리 탐험대

**도시 개발의 부작용을 줄이려면?**

정부나 지자체가 일방적으로 재개발 과정을 결정해서는 안 되겠지요? 그 지역에 사는 주민, 상인 등과 충분한 이야기를 나누어 모두가 행복한 재개발 방법을 찾아야 한답니다.

 '젠트리피케이션'이라는 단어는 1964년 영국 학자 루스 글래스가 처음 사용했어요. 땅을 소유했던 지주(젠트리, gentry)가 농민을 울타리 밖으로 쫓아냈던 데서 유래했습니다.

# 왜 새해가 되면 보신각종을 치나요?

• **옛 보신각 동종** 한양 도성 사대문에서 문을 여닫는 시각을 알리던 종. 보물 제2호로 지정되어 국립 중앙 박물관에 보관하고 있다.

교과서 3학년 1학기 2단원 우리가 알아보는 고장 이야기  핵심 용어 보신각종, 운종가, 파루, 인정

## 보신각종을 보호하던 누각

오늘날 종로 네거리를 중심으로 하는 거리를 조선 시대에는 '운종가'라고 불렀어요. 옛 한양 운종가의 동쪽에는 보신각종을 보호했던 누각인 '보신각'이 있었습니다. 조선 태조 4년에 만들어진 건물은 임진왜란과 한국 전쟁으로 사라졌지요. 그 후 다시 지어 옛 모습은 남아 있지 않아요. 도성 사대문에서 문을 여닫는 시각을 알리던 보신각종(1468년)은 제작 시기를 명확히 알 수 있는 귀중한 범종이에요. 보물 제2호로 지정되어 국립 중앙 박물관에 보관하고 있어요. 보물 정식 명칭은 '옛 보신각 동종'입니다. 지금 보신각에 있는 종은 1986년 제작된 서울대종으로 매년 새해 첫날이면 한 해의 시작을 알린답니다.

## 새해에 33번 울리는 보신각 종소리

제야의 종을 치는 행사는 원래 절에서 한 해 동안 지은 죄를 참회하고 번뇌를 없앤 깨끗한 마음으로 새해를 맞이하고자 종을 108번 울린 데서 유래했대요. 지금은 보신각 제야의 종을 33번 울립니다.

오늘날 제야의 종을 치는 행사는 1929년 경성 방송국의 생방송에서 시작됐고, 한국 전쟁으로 멈췄다가 1953년에 재개됐어요. 한 해의 마지막을 종소리로 보내는 나라는 흔치 않아요. 사람들은 종소리에 근심과 걱정을 모두 실어 보낸답니다.

### 지리 탐험대

**누구든지 보신각 타종 체험을 할 수 있어요**

종로를 찾는 사람들을 위해 월요일을 제외하고 매일 한 시간 동안 '천년의 소리 보신각 타종 행사'가 열린답니다. 행사에 참여하면 직접 종을 쳐 보고, 종의 울림도 느껴볼 수 있어요. 서울문화포털 누리집에서 신청만 미리 하면 누구든지 보신각 타종 체험을 할 수 있어요. 정오 12시에 보신각종을 12번 칠 수 있습니다.

 조선 시대에 종은 언제 쳤을까요? 파루는 오전 4시에 조선 시대 도성 내의 통행금지 해제를 알리기 위하여 종각의 종을 33번 치던 제도를 말해요. 인정은 오후 10시에 종을 28번 쳐서 야간 통행을 금지한 제도입니다.

# 어복쟁반과 호박김치가 유명한 지방은?

• 북한 행정 구역에는 황해남도, 황해북도, 강원도, 평안남도, 평안북도, 함경남도, 함경북도, 량강도, 자강도가 있다.

교과서 3학년 1학기 2단원 우리가 알아보는 고장 이야기   핵심 용어 자강도, 개마고원, 특산물

## 황해도 김치에는 향신 채소가 들어가요

황해도는 북부 지방의 곡창 지대로 쌀 생산량이 풍부해요. 해안에는 간석지가 발달해 소금 생산량도 많아요. 이러한 이유로 황해도 음식은 양이 많고 기교를 부리지 않아 구수하며, 소박해요. 다른 지방과 달리 김치를 담글 때 고수와 분디라는 향신 채소를 쓰는 것이 독특합니다. 대표적인 음식으로는 호박김치, 김치순두부, 청포묵 등이 있답니다.

## 북한은 어떤 음식을 먹을까요?

오늘날 지도에 '자강도'로 표시된 곳은 본래 평안북도에 속했어요. 자강도에 속하는 옛 평안북도의 동쪽과 평안남도의 동쪽은 산세가 험하지만, 서쪽은 평야가 넓어 곡식이 많이 나요. 서해안과 닿아서 해산물도 풍부해요. 겨울에는 추워서 기름진 고기 음식을 즐겨 먹고요. 밭에서 많이 나는 콩과 녹두로 만드는 음식도 많이 즐겨요. 겨울에는 냉면, 여름에는 어복쟁반이라는 쟁반국수를 즐겨 먹어요.

함경도는 원래 함경남도와 함경북도를 합쳐 부르는 말인데, 지금은 '양강도'까지 포함하는 지역이에요. 백두산과 개마고원이 있는 험악한 산간 지대여서 밭농사를 많이 해요. 감자나 고구마 전분을 이용한 음식이 많습니다. 근처 동해안에서는 청어, 대구 등 여러 가지 생선이 잘 잡혀요.

### 지리 탐험대

**함경도 개마고원은 어떤 지형일까요?**

**고원**은 높은 곳에 있는 넓은 벌판을 말해요. 개마고원은 평균 높이가 1,340m로, 용암이 분출해 만들어진 용암 대지예요. 우리나라에서 가장 높고 넓은 고원이랍니다. 한편 높은 곳인 만큼 춥고, 토양이 척박해서 사람들이 살기 힘들어요. 논농사를 짓기 어려워 밭농사를 짓곤 합니다. 이렇게 자연환경은 생활 방식에 많은 영향을 끼쳐요.

평안도 지방에서는 평양 음식이 가장 널리 알려져 있는데 그중 평양냉면, 어복쟁반, 순대, 온반 등이 유명해요. 특산물로 쌀, 옥수수, 콩, 팥, 메밀, 꽃게 등이 있답니다.

## 3장

# 굽이굽이 태백산맥을 따라가요

## 강원도, 경상도

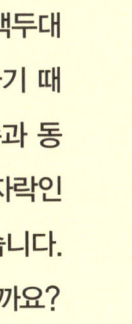

우리나라를 지도에서 찾아보면, 백두산부터 지리산까지 이르는 백두대간이 호랑이 등줄기처럼 보이지요. 커다란 산줄기가 국토를 지나기 때문에 곳곳에 고개를 뜻하는 '령'이 많아요. 강원도 대관령의 서쪽과 동쪽은 각각 '영서 지방'과 '영동 지방'이라고 불려요. 또 소백산맥 자락인 조령의 남쪽은 '영남 지방'으로 불리지요. 바로 경상도를 일컫습니다. 산맥을 끼고 있는 강원도와 경상도에는 어떤 이야기가 숨어 있을까요?

# 우리나라 지도에 호랑이가 있어요!

교과서 5학년 1학기 1단원 살기 좋은 우리 국토  핵심 용어 백두대간

• **백두대간** 북쪽 백두산에서 시작해 남쪽 지리산까지 이어진 한반도 산줄기. 백두대간에는 함경산맥, 태백산맥 등이 있다.

## 호랑이는 우리의 친구

할머니한테 옛날 이야기를 해 달라고 하면 호랑이 얘기를 많이 해 주실 거예요. 우리나라는 호랑이에 얽힌 전설과 이야기가 많아요. 호랑이는 우리 생활, 문화와 가깝기 때문에 옛이야기에 자주 등장한답니다. "호랑이 굴에 들어가도 정신만 바짝 차리면 된다."라는 속담이나 〈호랑이와 곶감〉 같은 전래 동화를 봐도 호랑이가 자주 등장하죠. 우리 조상들은 호랑이를 좋아하며 신성시했고 호랑이의 용맹함을 높이 샀어요. 우리 민족이 호랑이의 기를 이어받았다고 여겼습니다. 1988년 서울 올림픽 마스코트 호돌이, 2018년 평창 동계 올림픽의 마스코트 중 하나인 수호랑도 모두 호랑이예요.

## 호랑이 모양을 닮은 한반도

한반도의 산줄기는 북쪽 백두산에서 시작해 남쪽 지리산까지 이어져 있어요. 이처럼 국토의 큰 줄기를 이루는 산맥을 백두대간이라고 해요. 우리나라는 백두대간으로 민족정기가 이어졌다고 믿습니다. 민족정기는 곧 용맹함과 이어져요. 한반도의 모양이 마치 맹호가 발을 들고 아시아 대륙을 향해 나는 듯 뛰는 듯 생기 있게 달려드는 모습을 보여 줍니다. 호랑이의 기상을 이어받은 우리 민족은 외세의 침략과 억압도 잘 이겨 내어 세계에서 손꼽히는 선진국이 되었답니다.

"한반도는 나를 닮았어!" "어흥!"

### 지리 탐험대

### 백두대간은 어떤 산맥일까요?

예전에는 백두대간에서 마천령산맥, 함경산맥, 태백산맥, 소백산맥이 서로 끊어진 것으로 알려져 있었어요. 그런데 2005년 국토연구원의 조사에 따르면 백두대간은 백두산에서 금강산, 설악산, 속리산을 거쳐 지리산에 이르기까지 끊어지지 않고 연결되어 있는 것으로 밝혀졌습니다.

― 1차 산맥
― 2차 산맥

*2005년 국토연구원 자료 기준

 일제 강점기에 일본은 우리 민족의 독립 의지를 꺾기 위해 한반도를 토끼에 비유했어요. 백두대간의 정기를 끊는다고 산에다 쇠말뚝을 박기도 했습니다.

# 대구의 별명은 대프리카?

- **분지** 주위가 산으로 둘러싸여 있는 낮고 평평한 땅.
- **내륙 분지**는 해안에서 멀리 떨어져 대륙 안쪽에 있는 분지를 말한다.

교과서 5학년 1학기 1단원 살기 좋은 우리 국토  **핵심 용어** 분지, 일교차, 연교차

## 대구가 더운 이유

우리나라 동남쪽에 위치한 대구는 아주 더운 여름 날씨로 유명하지요. '대프리카'라는 신조어는 '아프리카만큼 더운 대구' 또는 '아프리카보다 더운 대구'라는 뜻에서 사람들이 만들어 낸 말입니다.

대구는 바다의 영향을 적게 받는 내륙 **분지**예요. 남부와 북부 산지가 병풍처럼 분지를 둘러싸고, 금호강이 흐르는 동서부는 남북부에 비해 고도가 낮고 평평해요. 분지여서 여름에 바다에서 불어오는 시원한 바람을 받을 수 없고, 바람이 산을 넘어 분지로 내려올 때 기온이 올라 여름에 매우 더워요.

## 대프리카를 해결하려면?

대구시를 가로질러 흐르는 신천을 따라 도시 바람 길 숲을 만들면 뜨거운 여름 기온을 낮출 수 있어요. 바람 길의 기온이 낮아지면서 주변에 영향을 주지요. 외국에는 법에 따라 바람 길을 도시 계획에 포함하는 나라가 있어요. 바람 길은 대기 오염 물질을 흩어지게 하는 효과도 커요.

도시를 푸르게 만들면 여름에 시원해져요. 대구시는 1996년 1,000만 그루의 나무 심기를 달성했고, 2018년 현재 3,300만 그루를 심었어요. 그리고 옥상에 텃밭을 만들거나 나무와 풀을 심고 있어요. 또한 기온을 낮추기 위해 지하철의 지하수를 이용해 도로에 물을 뿌리고, 도로 바닥에 열을 막는 페인트를 칠하기도 해요.

### 지리 탐험대

**분지로 유명한 곳은?**

강원도 양구의 해안면도 분지로 유명해요. 주위는 해발 고도 1,000m 이상인 높은 산으로 둘러싸여 있고 안쪽은 오목하게 생긴 거대한 화채 그릇 모양을 닮았다고 해서 '펀치볼'로도 불리지요. 우리나라에서 분지 지형인 지역에는 어떤 곳이 있는지 더 조사해 보세요.

 **일교차**란 하루 중 가장 높을 때의 기온과 가장 낮을 때의 기온 차이를 말해요. **연교차**는 1년 중 가장 더운 달의 평균 기온과 가장 추운 달의 평균 기온 차이를 뜻합니다.

# 메밀 하면 봉평이라고 말하는 이유가 뭐죠?

• **효석문화제** 이효석의 생가가 있는 강원도 평창군 봉평에서 작가 이효석의 문학 정신을 계승 발전시키기 위해 여는 축제.

**교과서** 3학년 1학기 2단원 우리가 알아보는 고장 이야기   **핵심 용어** 효석문화제, 구황 작물

## '메밀' 하면 봉평 메밀이죠?

봉평은 강원도 평창군에 있는 면 단위의 조그만 산골 마을이에요. 메밀이라고 하면 으레 봉평을 머릿속에 떠올려요. 그건 한국 문학의 걸작으로 꼽히는 소설《메밀꽃 필 무렵》이 봉평을 배경으로 쓰였기 때문이에요.

메밀은 한해살이 식량 작물로 씨앗을 뿌린 후, 그 결실을 거두는 기간이 70일 전후로 다른 작물에 비해 짧아요. 거친 땅에서도 잘 자라며, 병과 벌레가 잘 생기지 않는답니다. 이런 장점 덕에 메밀은 농사 가능 기간이 짧고 메마른 북부 지방과 중부 지방의 산지에서 많이 재배되었어요. 가뭄이나 홍수 등으로 흉년이 들었을 때 재배하고 수확할 수 있는 구황 작물로도 이용되어 우리 선조의 삶에 큰 도움을 주었어요.

**봉평 메밀꽃밭**    *자료: 강원도청, 스마트강원관광DB서비스

## 봉평에서 해마다 열리는 효석문화제

"산허리는 온통 메밀밭이어서 피기 시작한 꽃이 소금을 뿌린 듯이 흐붓한 달빛에 숨이 막힐 지경이다." 이는 이효석의 단편소설《메밀꽃 필 무렵》의 시작 부분이에요. 이 소설의 무대이자 이효석의 생가가 있는 봉평에서는 매년 효석문화제가 열리고 있어요. 대표적인 한국 작가인 이효석의 문학 정신을 계승 발전하기 위해 축제가 열린답니다. 주요 행사로 효석 백일장, 문학 강좌 등 다양한 문화 행사가 열려요.

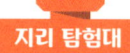 **지리 탐험대**

### 메밀로 만드는 대표 음식은?

메밀로 만든 대표 음식으로는 메밀전병, 메밀묵, 메밀국수가 있어요. 특히 여름철 별미로 먹는 메밀국수는 찬 성질이 있답니다. 더운 여름철에 사람의 몸속에 쌓였던 열기와 습기가 잘 빠져나가게 해서, 몸이 가벼워지고 기운이 난대요. 예부터 여름철에 메밀로 만든 국수나 냉면을 먹는 것도 이 때문이라 할 수 있답니다. 냉장고가 없던 옛날에는 냉면을 겨울에 먹었다고 해요.

 봉평에서는《메밀꽃 필 무렵》의 배경이 되는 봉평장이 여전히 열리고 있어요. 봉평장에 가면 메밀로 만든 다양한 음식을 맛볼 수 있고 소설 속 분위기도 느낄 수 있어 일석이조랍니다.

# 두 지폐 속 위인이 함께 살았던 집은?

> **오죽헌** 강원도 강릉시에 있는 신사임당과 율곡 이이의 생가. 뒤뜰에 검은 대나무 숲이 있어 오죽헌이란 이름이 붙었다.

**교과서** 4학년 1학기 2단원 우리가 알아보는 지역의 역사  **핵심 용어** 오죽헌, 신사임당, 율곡 이이

## 5천 원과 5만 원 지폐 속 위인은?

강원도 강릉시에 있는 오죽헌은 양반가 저택에 딸린 작고 소박한 별당이에요. 작은 별당이 명승지로 알려진 이유는 무엇일까요? 그것은 신사임당이 어린 시절부터 살아온 곳이자, 율곡 이이 선생을 낳아 기른 곳이기 때문이에요. 신사임당의 초상은 우리나라 5만 원 지폐에 그려져 있고, 이이는 5천 원 지폐에 그려져 있어요.

보물 제165호인 오죽헌은 조선 중종 때 건축되었어요. 한국 주택 건축물 중에서 가장 오래된 건물에 속해요. 이이가 쓴 〈자경문〉을 볼 수 있고, 오죽헌 주위에 자라는 대나무 숲과 나이가 600살이 넘은 배롱나무도 볼 수 있어요.

## 예술가이자 어머니였던 신사임당

신사임당은 어려서부터 글재주가 뛰어나고 그림과 글씨에 뛰어난 재능을 보였어요. 많은 문필가들이 신사임당을 두고 조선에서 제일가는 여성 화가라고 인정할 정도였어요. 신사임당은 결혼하자마자 돌아가신 아버지를 위해 강릉 오죽헌에 머물며 삼년상을 치렀어요. 시가로 돌아간 후에도 강릉을 오가며 홀로 계신 어머니를 보살폈지요. 조선의 대학자인 율곡 이이는 신사임당의 셋째 아들이에요. 신사임당의 뛰어난 인품은 율곡 이이가 훌륭한 학자로 성장하는 밑거름이 되었답니다.

### 지리 탐험대

**강릉 오죽헌을 찾아가 볼까요?**

강릉에서는 오죽헌과 박물관을 합쳐 신사임당과 율곡의 유품 그리고 역사 유물을 전시하고 있습니다. 강릉은 경포대 해수욕장으로도 유명하니 한번 방문해 보세요.

 별당은 본채의 곁이나 뒤에 따로 지은 건물이에요. 할머니나 결혼할 나이가 된 딸, 혹은 결혼한 딸이 별당에 머물렀어요.

# 대관령이 여름에도 시원한 이유는?

• **고위평탄면** 오랫동안 땅이 풍화와 침식 작용을 받아 낮고 평평해진 후, 지각 변동으로 높이 솟아올라 만들어진 지형.

교과서 5학년 1학기 1단원 살기 좋은 우리 국토  핵심 용어 고위평탄면, 고랭지 배추

### 태백산맥의 관문 대관령

드넓은 초원에 양들이 한가로이 풀을 뜯고 있는 곳은 우리나라 어디에 있을까요? 물론 한반도의 여러 곳에서 찾아볼 수 있어요. 하지만 가장 유명한 곳은 대관령입니다. 대관령은 태백산맥의 관문으로 큰 고개를 뜻합니다. 평창군 대관령면에는 삼양목장, 하늘목장, 양떼목장 등 여러 목장들이 있어요. 이곳은 소와 양 등 가축을 키우기 적합한 환경을 갖추었답니다. 여름에는 시원해서 많은 관광객이 찾고 있습니다.

### 대관령은 고위평탄면이에요

태백산맥에 있는 대관령은 아주 오랜 옛날 산이 만들어질 때 생겼어요. 대관령은 꼭대기가 넓고 평탄하게 펼쳐져 있습니다. 이것을 **고위평탄면**이라고 해요. 오랜 기간 동안 풍화와 침식 작용을 받아 낮고 평평해진 땅이 지각의 변동으로 높이 솟아오르면 고위평탄면이 돼요.

고위평탄면은 높은 곳에 있지만 밭이나 목장으로 활용하기 좋아요. 습도가 높아서 목초도 잘 자라지요. 가축에게 먹이를 주기 좋은 환경입니다. 해발 고도가 높은 대관령은 여름에도 서늘해서 수분 증발량이 적어요. 게다가 내리는 비의 양도 풍부하죠. 눈이 많이 내리는 겨울에는 땅에 수분이 많이 공급되어 이듬해 봄철 목초가 잘 자랍니다.

> **지리 탐험대**
>
> **고위평탄면을 배추밭으로도 이용해요**
>
> 높은 곳에 있는 고위평탄면은 모기와 진드기 같은 해충이 살기 어려워요. 그래서 목축업뿐 아니라 배추 같은 채소와 감자를 재배하기에 알맞답니다. 고위평탄면에서 자란 배추는 병충해가 적고 속이 꽉 차 있어 김장 배추로 쓰기 좋아요.
>
>

 대관령 일대와 진안고원이 대표적인 고위평탄면이에요. 이 지역들은 고랭지 농업과 목축업이 발달했을 뿐 아니라 대도시로 가는 접근성이 좋아 겨울철 스키장으로도 이용된답니다.

# 대게가 유명한 곳은?

• **경상도의 특산물** 바다와 맞닿아 해산물이 유명하다. 포항은 과메기, 영덕은 대게, 영천은 돔배기, 부산은 기장 미역으로 많이 알려졌다.

교과서 3학년 1학기 2단원 우리가 알아보는 고장 이야기  핵심 용어 특산물, 영덕 대게, 영천 돔배기

### 농산물과 해산물이 풍부한 경상도

경상도는 남해와 동해에 좋은 어장이 있어 해산물이 풍부해요. 크게 굽어 흐르는 낙동강의 풍부한 물이 주위에 기름진 농토를 만들어 농산물도 넉넉해요. 음식이 대체로 맵고 간이 센 편으로 투박하지만 칼칼하고 감칠맛이 있어요. 전통 음식으로는 마산의 미더덕찜과 아귀찜이 유명해요. 안동에서는 찹쌀에 무, 생강, 고춧가루를 넣어 식혜를 만들어요. 안동식혜는 시큼하면서 달고 톡 쏘는 듯한 매운맛이 아주 독특하답니다. 안동과 진주, 경주에서 이름이 난 헛제삿밥은 제사상에 올렸던 음식을 비빔밥처럼 간장에 비벼 먹는 거예요.

### 경상도의 지역별 특산물을 알아봐요

영천에는 상어 고기를 소금에 절인 다음 냉장, 숙성해 만든 절임 식품이 유명해요. '돔배기'라고 하지요. 바다와 가까운 포항은 청정 해역에서 잡은 신선한 꽁치를 냉동과 해동을 거듭해 만드는 '과메기'로 유명하고요. 통영은 전복과 소라 껍데기로 만든 '자개'가 특산물이랍니다. 옛날 가구와 공예품에 쓰였지요.

부산 기장군에서는 미역이 많이 나요. '기장 미역'으로 소문이 났지요. '울진 대게' '영덕 대게'도 들어 보았나요? 이름처럼 울진과 영덕 앞바다에서 대게가 많이 잡혀 알려졌습니다.

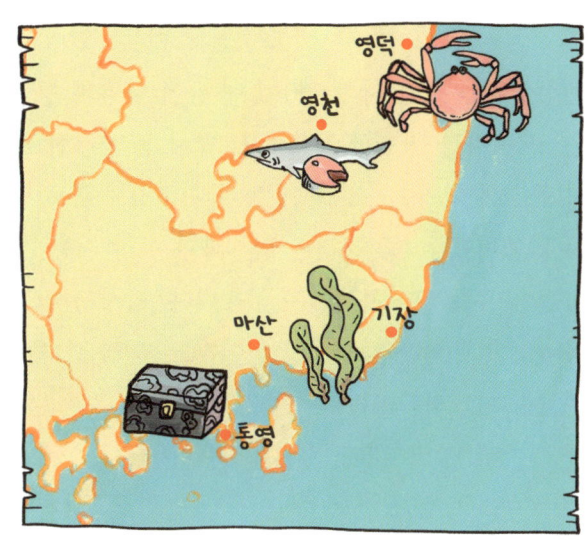

**지리 탐험대**

### 대게는 게가 커서 붙은 이름이 아니에요

대게는 한국에서 나는 게 중 가장 크며, 다리가 길고 일반적으로 수컷이 암컷보다 훨씬 커요. 대게라는 이름은 발의 모양이 대나무의 마디와 같이 이어져 있는 데에서 연유했답니다. 껍질이 얇고 살이 많으며 맛이 담백하여 게찜, 게탕, 게구이 등 다양하게 먹을 수 있어요. 경상북도 영덕군과 울진군에 많이 나서 흔히 영덕 게, 울진 게로 알려져 있어요.

마디 모양이 비슷하지?

 경상도는 일반적으로 영남 지방으로 불리며, 경상이라는 지명은 경주와 상주 두 머리글자를 합하여 만든 지명이에요. 주요 도시로는 부산과 대구, 울산 등 대도시가 있어요. 영남 지방의 어업 생산량은 우리나라 연근해 어업 생산량의 약 60%를 차지합니다. 또한 경상도는 남동 임해 공업 지역과 영남 내륙 공업 지역 등 공업 지역이 발달했어요.

# 조선 시대 3대 고갯길은?

- **영남의 3대 관문** 죽령, 문경새재, 추풍령을 일컫는다.
- **죽령** 충청도와 경상도, 강원도를 잇는 주요 교통로.

교과서 3학년 1학기 2단원 우리가 알아보는 고장 이야기  핵심 용어 죽령, 문경새재, 추풍령

## 청운의 뜻을 품고 걸었던 소원의 길

문경새재는 조선 시대 500여 년 동안 한양과 영남을 잇는 가장 번듯한 길이에요. 당시 동래(부산)에서 한양까지 가는 고개는 추풍령과 문경새재, 죽령이 있었어요. 그중 문경새재는 과거 시험 치는 선비들이 유독 고집하는 길이었습니다. 당시 선비들 사이에 추풍령은 낙엽처럼 떨어지고, 죽령은 대나무처럼 미끄러진다는 우스갯소리가 있어 문경새재를 택했다는 이야기가 전해 내려옵니다.

## 영남대로의 3대 관문

'죽령'은 충청북도 단양과 경상북도 영주 사이에 있는 고개예요. 문경의 '새재', 영동의 '추풍령'과 함께 영남의 3대 관문이랍니다. 옛날 어느 도승이 이 고개가 너무 힘들어서 짚고 가던 대나무 지팡이를 꽂아 둔 것이 살아났다 하여 죽령이라고 불렀다는 전설이 있어요. 죽령은 예부터 충청도와 경상도는 물론 강원도를 이어 주는 주요 교통로였을 뿐만 아니라 삼국(고구려, 신라, 백제)의 각축지였어요.

추풍령은 소백산맥과 노령산맥의 분기점으로, 금강과 낙동강의 분수령이에요. 영남 지방과 중부 지방을 잇는 중요한 교통로였어요. 지금도 경부선 철도에 추풍령역이 있고, 4번 국도가 지나갑니다. 경부 고속 도로의 중간점으로 추풍령휴게소도 있어요. 추풍령휴게소는 1971년에 개장한 우리나라 최초의 고속 도로 휴게소랍니다.

### 지리 탐험대

**문경새재 이름의 유래를 알아볼까요?**

문경새재는 하도 험하고 높아서 대낮이라도 혼자서는 넘지 못하고 반드시 사람이 모이길 기다렸다가 넘었으며, 날이 저물었을 때에는 밑에서 하룻밤을 묵은 후에야 다음 날 낮에 넘을 수 있다고 하였어요. 길이 험해 '나는 새도 쉬어 간다'는 뜻에서 이름이 '새재'가 되었다고도 하고, '새로 난 고개'의 뜻으로 '새재'로 부른다고도 해요.

 조선 시대에는 죽령에서 단양, 영춘, 풍기, 청풍, 제천의 군수가 함께 모여 제사를 지낸 죽령 사당을 '국사당'이라고도 불렀어요.

# 동해안은 밀물과 썰물이 없나요?

**교과서** 5학년 1학기 1단원 살기 좋은 우리 국토  **핵심 용어** 밀물, 썰물, 조수 간만의 차, 조력 발전

• **조수 간만의 차** 바닷물이 들어와 높이가 높아지는 밀물과 바닷물이 빠져나가 높이가 낮아지는 썰물 때 바닷물 높이의 차.

## 동해안 조수 간만의 차는 평균 약 30cm

밀물과 썰물은 서해안과 남해안에만 있는 줄 알기 쉽지만 동해안에도 밀물과 썰물이 있답니다. 단, 동해안 지형의 특성상 우리 눈에 뚜렷하게 드러나지 않을 뿐이랍니다.

동해안은 바다의 지형이 위로 솟아올라 생긴 융기 해안으로 수심이 깊어요. 그래서 썰물 때 바닷물이 빠져나가도 바다 밑 지형이 잘 드러나지 않지요. 동해안은 밀물과 썰물의 차가 클 때조차 30cm가 안 될 정도로 조수 간만의 차가 얼마 되지 않아요.

## 조수 간만의 차가 큰 지역의 특징

해안선의 모양도 밀물과 썰물에 영향을 줘요. 동해안의 해안선은 매끈합니다. 반면 서해안과 남해안의 해안선은 들쑥날쑥 아주 복잡하지요. 해안의 움푹 들어간 만으로 밀물이 들어오면 바닷물이 갈 곳이 없어서 바닷물의 수위가 높아져요. 황해는 바다 전체가 우리나라와 중국으로 둘러싸인 만이어서 밀물 때 수위가 세계에서도 높은 편이랍니다.

바다의 수심이 낮은 지역도 조수 간만의 차가 크게 나타난답니다. 해안으로 밀려오던 바닷물이 얕은 육지 바닥에 부딪혀 속도가 늦어지면서 뒤에서 밀려오는 바닷물과 합쳐져 수면이 높아집니다.

### 지리 탐험대

**조수 간만의 차로 에너지를 만든다고요?**

밀물과 썰물의 차가 큰 만 하구에 댐을 건설해, 들어오는 물을 가두었다가 썰물일 때 내보내며 전력을 생산하는 것을 **조력 발전**이라고 해요. 물이 들어오고 빠지는 힘으로 에너지를 만들 수 있지요. 이처럼 자연을 이용해 에너지를 만드는 방법에는 또 무엇이 있는지 조사해 보세요.

우리나라에는 세계 최대 규모의 시화호 조력 발전소가 있어요. 시화호 조력 발전소는 방조제 밖의 바닷물을 시화호로 떨어뜨려 전기를 생산합니다. 최대 7.5m의 낙차가 발생하는 밀물 때에만 가동하지요.

# 대구와 오징어가 모두 잡히는 바다의 비밀은?

- **해류** 바닷물이 일정한 방향으로 계속해서 움직이는 흐름.
- **조경수역** 따뜻한 난류와 차가운 한류가 만나는 곳.

**교과서** 5학년 1학기 1단원 살기 좋은 우리 국토 **핵심 용어** 난류성 어종, 한류성 어종, 해류, 조경수역

## 바다에 따라 사는 물고기가 달라요

식물 중에는 햇볕에서 잘 자라는 종류가 있고, 그늘에서 잘 자라는 종류가 있지요. 물고기 같은 바닷속 생물도 마찬가지랍니다. 예를 들어 오징어는 따뜻한 곳에서 잘 살고, 대구는 추운 곳에서 잘 살거든요. 이를 각각 **난류성 어종**과 **한류성 어종**이라고 해요. 그러니 같은 바다에서 두 종류의 어종을 잡기란 쉽지 않겠지요. 그런데 우리나라 동해에서는 둘 다 잡혀요. 왜 그럴까요?

## 물고기들이 맛있는 잔치에 모여요

한번 바다를 떠올려 보세요. 가만히 멈춰 있나요? 아니지요. 끊임없이 움직이며 일렁여요. 바닷물은 일정한 방향으로 계속해서 움직인답니다. 이것을 **해류**라고 해요. 어떤 곳에서 어떤 방향으로 움직이느냐에 따라 따뜻한 난류와 차가운 한류로 나뉘지요. 바닷물의 온도에 따라 자라는 물고기 종류도 달라지고요.

난류와 한류가 만나면 어떻게 될까요? 한류가 난류 아래로 이동하면서 물속에 산소가 많아지고, 물고기들의 먹이인 플랑크톤도 많아져요. 서로 다른 곳에 살았던 생물도 맛있는 먹이를 먹으려 모이지요. 이렇게 난류와 한류가 만나는 곳을 **조경수역**이라고 한답니다. 이곳에서는 다양한 생물을 한 번에 잡을 수 있어요. 우리나라는 동해에 조경수역이 생긴답니다.

### 지리 탐험대

**오징어처럼 서식지가 바뀐 어종은?**

예전에는 울릉도 근처 바다에 조경수역이 형성되어 오징어가 많이 잡혔어요. 최근에는 지구 온난화의 영향으로 조경수역이 더 북쪽에 생깁니다. 그래서 오징어도 울릉도보다 더 북쪽에서 잡힌다고 해요. 오징어 이외에 수온이 올라가 서식지가 바뀐 어종에는 무엇이 있는지 알아보세요.

 난류성 어류에는 갈치, 방어, 고등어, 조기, 민어, 멸치, 정어리, 삼치, 참치, 낙지, 오징어, 돔 등이 있어요. 한류성 어류에는 명태, 대구, 청어, 도루묵 등이 있습니다.

# 화산섬 울릉도에 눈이 많이 내리는 이유는?

- **우데기** 지붕의 처마 끝에서 바닥까지 억새, 싸리 등으로 두르는 벽. 눈과 바람을 막아 집을 따뜻하게 하고 생활 공간을 넓게 만들어 준다.

교과서 5학년 1학기 1단원 살기 좋은 우리 국토  핵심 용어 우데기, 칼데라

## 화산 폭발로 생긴 울릉도의 독특한 지형

동해안에 자리한 울릉도는 화산 활동으로 생겨난 오각형 모양의 화산섬이에요. 육지에서 최단 거리인 울진군 죽변에서 130.3km 떨어져 있어요. 섬 가운데에는 최고봉인 성인봉(984m)이 솟아 있고, 비탈면에는 칼데라 화구가 함몰하면서 형성된 평평한 나리 분지가 있지요.

섬 전체가 화산 활동으로 종 모양처럼 만들어졌기 때문에 나리 분지를 제외하면 평지가 거의 없어 평균 경사도가 25°나 된대요. 해안가는 대부분 절벽이고, 해안가 근처 땅은 제주도와 마찬가지로 주로 현무암으로 이루어져 있어요.

## 울릉도에는 왜 눈이 많이 내릴까요?

울릉도는 겨울에 눈이 많이 내리기 때문에 강수량이 높다고 말합니다. 강수량에는 비뿐만 아니라 눈, 우박 등도 포함되거든요.

울릉도에 이렇게 눈이 많이 내리는 것은 겨울이면 시베리아 북서풍이 동해를 건너오기 때문입니다. 울릉도까지 오면서 바다에서 많은 수증기를 공급받아 구름으로 변하고, 이 구름이 화산섬인 울릉도에 부딪히며 눈으로 내려요.

### 지리 탐험대

**울릉도만의 특별한 집 구조는?**

눈이 많이 오는 울릉도에는 **우데기**라는 특별한 시설이 있어요. 지붕의 처마 끝에서 바닥까지 억새, 수수대, 싸리 등으로 두르는 벽을 말해요. 우데기는 눈과 바람을 막아 집을 따뜻하게 해 줍니다. 우데기 안쪽 공간에 땔감을 저장하기도 해요. 대문을 열 수 없을 정도로 눈이 1~3m 높이로 많이 내려도, 사람들은 집의 바깥벽과 우데기 사이 공간에서 활동할 수 있어요.

 **칼데라**란 화산이 폭발한 뒤 땅속 마그마가 있던 자리가 텅 비면서, 이 공간으로 윗부분이 무너져 내려 산꼭대기의 화산 분화구가 웅덩이 모양으로 움푹 꺼진 것을 말해요. 울릉도의 나리 분지는 칼데라 분지입니다. 백두산 정상의 천지는 칼데라에 물이 고인 '칼데라호'예요.

# 우리나라에서 가장 역사가 깊은 축제는?

• **단오** 음력 5월 5일로 곧 더위가 시작되는 때. 여름을 시원하게 지내라는 의미로 부채를 주고받고, 창포물에 머리를 감는 풍속도 있었다.

교과서 3학년 2학기 2단원 시대마다 다른 삶의 모습  핵심 용어 단오, 강릉단오제

## 강릉의 향토 제례 의식 '강릉단오제'

강릉단오제는 음력 5월 5일 단오를 중심으로 펼쳐지는 강릉 지방의 향토 제례 의식이에요. 김유신 장군이 지금의 강릉인 명주에 유학하여 무술을 익히고 삼국을 통일한 후, 죽어서 대관령 산신이 되었다는 이야기가 있어요. 그래서 해마다 5월이면 주민들이 대관령에 가서 산신을 맞이하여 제례 의식을 지낸다고 합니다.

최초 기록은 허균이 강릉단오제를 직접 보고 남겼어요. 그의 기록으로 강릉단오제는 우리나라에서 가장 역사가 깊은 축제임을 알 수 있어요. 중요 무형문화재 제13호로 지정되었고, 전통문화의 가치를 인정받아 세계무형유산으로 지정되었어요.

## 신에게 제사를 지내요

4주 동안 계속되는 단오제는 신에게 바칠 술을 담그고 굿을 하며 시작해요. 이 굿에서는 신목(신이 내리기를 바라는 막대), 깃털, 종, 대나무 등으로 만든 제물이 중심 역할을 한다고 해요. 이 축제는 유교, 무속, 불교의 제례 의식이 공존한다는 점이 특징이에요. 예부터 강릉 지방 사람들은 신들에게 드리는 제사를 통해 자연재해를 입지 않고, 평화롭고 풍요롭게 살 수 있다고 믿었답니다.

요즘은 여러 사람이 함께 즐길 수 있도록 단오선(부채) 만들기, 수리취떡 만들어 먹기, 창포물에 머리 감기 등 여러 행사를 같이 열어요.

### 지리 탐험대

**왜 창포물에 머리를 감았나요?**

옛날 단오 즈음에는 나쁜 병이 유행하기 쉬워서 그런 병을 피하기 위해 여러 풍습이 생겼어요. 창포 잎은 향기가 강해 귀신이나 나쁜 병이 다가오지 못한다고 믿었습니다. 실제로 창포는 벌레를 쫓아내는 성질이 있어요. 그래서 창포 잎을 삶은 물에 머리를 감고, 창포 뿌리로 비녀를 만들어 꽂기도 했답니다. 단오 체험을 해 보면서 각 풍습에 담긴 문화를 익혀 보세요.

 강원도의 이름은 강릉의 앞 글자에서 따왔어요. 강원도의 '강' 자는 강릉, '원' 자는 원주에서 따온 거랍니다. 겨울에는 따뜻하고 여름에는 시원한 강릉은 역사적으로 영동 지방의 중심지예요.

# 조선 시대에 냉장고가 있었다고요?

- **석빙고** 겨울에 보관해 두었던 얼음을 봄, 여름, 가을까지 녹지 않게 보관하기 위해 돌로 만든 창고.

교과서 3학년 1학기 2단원 우리가 알아보는 고장 이야기  **핵심 용어** 석빙고

## 얼음을 저장하기 위해 만든 창고

조선 시대에 냉장고가 있었을까요? 냉장고는 아니지만 냉장고 역할을 하는 석빙고가 있었어요. '석빙고'는 겨울에 보관해 두었던 얼음을 봄, 여름, 가을까지 녹지 않게 보관하는 냉동 창고입니다. 조선 태조 때는 서울 한강 근처 둔지산 밑에 '서빙고'를 두고, 두모포에 '동빙고'를 두었다고 해요. 서빙고는 왕실과 고위 관리들이 쓸 식용 얼음을 공급했고, 동빙고는 왕실의 제사에 쓰일 얼음을 보관했어요. 조선 시대의 빙고는 정식 관청이었으며, 얼음 공급 규정은 경국대전에 엄격히 규정할 만큼 중히 여겼답니다.

## 조상들의 지혜가 깃든 경주 석빙고

경주 석빙고는 영조 때 만들었고, 가장 완벽히 남아 있어요. 자연의 순환 원리에 맞추어 계절 변화와 돌, 흙, 바람 등을 활용했습니다. 자연 상태에서 가장 효과적으로 얼음을 오랫동안 저장할 수 있는 구조로 만들었지요. 석빙고는 땅을 깊게 판 다음 돌벽을 세우고, 바닥은 비스듬히 만들어 얼음이 녹은 물이 빠지도록 했어요. 천장은 무지개처럼 둥글게 돌을 쌓아 올렸고, 바람이 통하는 구멍을 냈습니다. 천장 위에는 흙을 덮고 잔디를 심어 바깥의 온기를 차단했어요. 흙을 쌓고 위에 잔디를 심었기 때문에 석빙고를 바깥에서 보면 무덤처럼 보인답니다.

### 지리 탐험대

**우리나라에서 얼음을 처음 보관한 때는?**

얼음을 보관하기 시작한 때는 확실하지 않으나, 신라 유리왕이 얼음 저장 창고인 장빙고를 지었다는 《삼국유사》의 기록을 찾아볼 수 있어요. 빙고는 국가에서 사용하는 얼음을 보관하던 창고였으며, 이를 관장하던 관서로 빙고전이 있답니다.

 서울 용산구 이태원동과 용산동 일대의 큰 구릉지를 조선 시대에는 '둔지산'이라 불렀어요. 동빙고를 두었던 '두모포'는 서울 성동구 옥수동 동호대교 북단에 있었던 옛 조선 시대 포구 이름이에요.

105

# 댐의 좋은 점과 나쁜 점은 뭘까요?

- **하굿둑** 바닷물을 막으려고 강어귀에 쌓은 둑.
- **댐** 수력 발전, 관개 등의 목적으로 강이나 바닷물을 막아 두려 쌓은 둑.

교과서 5학년 1학기 2단원 환경과 조화를 이루는 국토　핵심 용어 하굿둑, 댐, 녹조

## 소금기 있는 물을 막는 하굿둑

하천 하류는 바다와 만나요. 하천 하류 근처는 땅이 비옥해 식물들이 살기 좋지만 염분이 있는 바닷물이 들어오면 농사를 지을 수 없어요. 그래서 바다 근처 강의 하류 지역에 하굿둑을 만들었답니다.

**하굿둑**은 바다에서 들어오는 소금기 있는 물을 막으려고 쌓은 둑이에요. 우리나라는 영산강, 금강, 낙동강 등 5개 강 하류에 하굿둑을 쌓았어요. 하굿둑은 밀물과 썰물의 차가 큰 지역에 설치해야 합니다. 썰물 때 수문을 열어 강물이 흘러 나갈 수 있도록 하고, 밀물 때 수문을 닫아 바닷물이 들어오는 걸 막아요. 하굿둑을 이용하면 강 주변에 농업, 공업 용수를 제공하고 홍수를 조절할 수 있어요.

## 하굿둑과 비슷하지만 전기도 만드는 댐

바닷물뿐만 아니라 강과 호수의 물도 넘쳐흐르면 주변 마을이나 논밭에 피해가 생겨요. 이를 예방하기 위해 둑을 만들어 바다, 강, 호수의 물을 막아 둡니다. 이를 **댐**이라고 불러요. 물을 가두어 농업과 공업에 쓰고, 가뭄과 홍수를 예방하는 것은 하굿둑과 같아요. 하지만 댐에서는 전기를 얻을 수 있어요. 댐의 높은 곳에서 낮은 곳으로 물을 떨어뜨리면 전기가 생긴답니다. 이것을 '수력 발전'이라고 해요. 두 가지 이상의 기능을 하는 댐은 '다목적 댐'이라고 하는데 소양강댐, 충주댐, 대청댐 등이 다목적 댐에 속해요.

### 지리 탐험대

**하굿둑과 댐이 환경에 미치는 영향은?**

여러 이익을 얻고자 하굿둑과 댐을 지어도, 자연스럽게 흐르는 물을 막으면 심각한 환경 파괴를 일으킬 수 있어요. 물이 잘 흐르지 못해 녹조가 생기고, 그 영향으로 유독 물질이 생겨 물고기들이 떼죽음을 맞기도 합니다. 댐 주변에 물이 많아지는 바람에 안개가 자주 껴 주변 농사에 나쁜 영향을 주기도 해요.

 춘천은 북한강과 소양강이 만나는 곳이에요. 강 곳곳에 댐을 만들어 골짜기 곳곳이 호수로 바뀌었습니다.

# 한강이 시작되는 곳은?

- **경동 지형** 강원도 지형처럼 한쪽은 급경사이고, 한쪽은 완만한 지형.
- **검룡소** 남한강의 물줄기가 시작되는 곳.

교과서 5학년 1학기 1단원 살기 좋은 우리 국토  핵심 용어 경동 지형, 관동 지방, 검룡소

## 우리나라 대표 경동 지형은 강원도

강원도는 대부분 산지로 이루어져 있어요. 한반도의 등줄기인 태백산맥을 중심으로 왼쪽은 영서 지방, 오른쪽은 영동 지방이라고 부릅니다.

영동 지방은 경사가 급하고 좁은 해안에 평야와 도시가 들어서 있어요. 영서 지방은 경사가 완만한 하천이 발달했고, 땅이 움푹 팬 침식 분지에는 도시가 있어요. 강원도 지형처럼 한쪽은 급경사이고, 한쪽은 완만한 지형을 **경동 지형**이라고 해요.

## 강물의 발원지는 어디일까요?

강원도는 여러 하천이 시작되는 곳이에요. 하천은 태백산맥을 중심으로 동쪽과 서쪽으로 나뉘어 흐릅니다. 동쪽으로 흐르는 강은 하천 길이가 짧고, 서쪽으로 흐르는 강은 하천 길이가 길어요.

남한강, 북한강, 낙동강은 모두 강원도에서 시작합니다. 북한강은 금강산에서 시작하고 남한강은 태백의 금대봉 검룡소에서, 낙동강은 태백의 황지에서 시작해요. 아래로 흘러 내려온 북한강과 남한강은 경기도 양평의 두물머리(양수리)에서 만나요. 이 모든 강들이 한강이 된답니다. 한강은 수도권 주민에게 식수를 공급하고 홍수를 예방하는 역할을 해요.

### 지리 탐험대

**남한강이 시작되는 곳을 찾아봐요**

남한강이 시작되는 검룡소는 강원도 태백시에 있는 태백산 국립 공원에 있어요. 검룡소는 태백산 국립 공원에 있는 대덕산과 함백산 사이에 있는 금대봉 자락에 있는 소(깊은 못)입니다. 이곳의 물은 500km 이상 흘러가요.

 강원도와 관동 지방은 같을까요? 고려 시대에는 전국 행정 구역을 지금과 다르게 나누었어요. 오늘날의 서울시와 경기도를 '관내도'라고 불렀지요. 그래서 강원도는 관내도의 동쪽에 있다 하여 '관동 지방'이라고 부르기 시작했대요. 지금은 관동 지방이 태백산맥의 동쪽 지역인 영동 지방만을 뜻하기도 합니다.

# 굽이굽이 넘어 다니던 고개를 찾아라!

- **대관령** 서울에서 동해로 갈 때 만나는 험한 고개.
- 고개를 뜻하는 말에는 '령', '재', '목'이 있다.

교과서 3학년 1학기 2단원 우리가 알아보는 고장 이야기　핵심 용어 대관령, 한계령, 대간령

## 꼭 넘어야 했던 고갯길

산이 많은 우리나라는 산등성이가 낮아지는 고개도 많습니다. 예부터 고개는 사람들의 중요한 교통로였어요. 다른 지역으로 이동할 때 고개를 많이 넘어 다녔지요. 예전에는 고개를 넘다가 호랑이와 같은 산짐승을 만나기도 했어요. 산적을 만나 위험에 빠지기도 했죠. 고개는 산세도 험하고 여러 가지 위험 요소도 많아 넘기 힘들어요.

하지만 고개를 넘어 물건을 팔던 보부상과 한양으로 과거를 보러 다니던 선비에게는 아주 중요한 길목이었고 꼭 넘어야 할 길이었답니다.

## 우리나라 대표 고개 모여라

대관령은 한반도에서 가장 유명한 고개예요. 서울에서 동해로 갈 때 험한 산을 많이 만나는데 가장 높은 고개가 바로 대관령이지요. 서울에서 영동 고속 국도를 이용해 대관령을 지나 속초와 동해를 갈 수 있어요. 최근에는 터널이 생겨 빠르게 이동할 수 있답니다.

옛날에는 대간령이 진부령, 한계령과 함께 영동 지방과 영서 지방을 넘나드는 주요 교통로였습니다. 지금은 한계령과 진부령을 넘는 도로를 잘 닦아 놓았어요. 강원도 인제와 양양을 잇는 고개인 한계령은 겨울에 눈이 많이 와서 넘기 힘든 고개예요. 하지만 풍경이 매우 아름다워 많은 사람들이 찾곤 하지요.

### 지리 탐험대

**지명으로 고개인지 알 수 있어요**

대관령, 한계령을 보면 이름 뒤에 '령'이 붙어 있지요. 이는 '고개'를 뜻합니다. 그 외에 고개를 뜻하는 말에는 '재'나 '목' 등이 있어요.

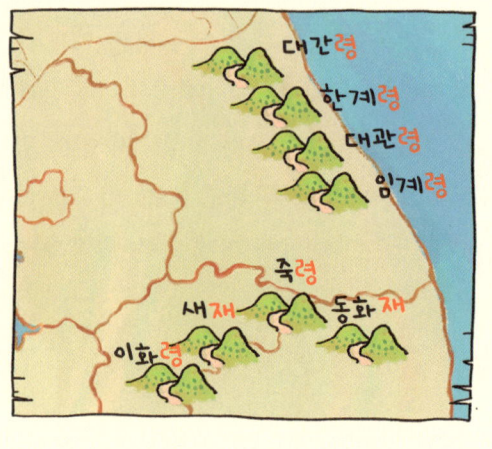

 박달재는 충북 제천시 봉양면과 백운면 사이에 있는 고개예요. 이곳은 박달나무가 많아 박달재라는 이름이 생겼다는 설과 이곳에서 죽은 박달이라는 청년의 이름을 따 박달재라고 부른다는 설이 있답니다.

# 세계 전통 탈춤을 보러 가 볼까요?

교과서 3학년 1학기 2단원 우리가 알아보는 고장 이야기  핵심 용어 하회 탈춤, 안동 국제 탈춤 페스티벌

• **하회 탈춤** 마을의 재앙을 물리치고 행복을 기원하던 제사 겸 탈놀이. '안동 하회 별신굿 탈놀이'와 같다.

## 안동시에서 함께 춤을 춰요

안동 국제 탈춤 페스티벌은 경상북도 안동시에서 매년 9월과 10월에 걸쳐 개최하는 축제예요. 1997년에 하회 별신굿 탈놀이와 세계 탈춤을 선보이는 국제 축제로 만들었어요. 축제 기간에는 세계의 전통 탈춤 축제와 안동 민속 축제, 하회 마을 전통 축제가 함께 열려요. 마을의 평화를 기원하는 제사와 함께 차전놀이, 투호 대회, 제기차기, 널뛰기 등 다양한 민속놀이도 즐길 수 있답니다.

## 세계의 전통 탈춤이 열려요

안동 국제 탈춤 페스티벌에서는 우리나라 탈춤과 세계 여러 나라의 탈춤 공연을 볼 수 있어요. '안동 하회 별신굿 탈놀이'는 마을의 재앙을 물리치고 행복을 기원하던 제사였어요. 이 탈놀이가 바로 우리에게 알려진 '하회 탈춤'이에요. 이 밖에 봉산 탈춤이나 고성 오광대놀이도 만나 볼 수 있어요.

그리고 세계 각국의 춤꾼들이 축제에 참가해서 자기 나라의 민속춤을 선보인답니다. 세계 민속춤에는 화장을 한 배우들이 가면을 쓰고 나와 연극과 노래와 춤을 보여 주는 중국의 경극, 전통 의상을 입은 배우들이 가면을 쓰고 연기하는 일본의 가부키, 영웅들의 춤이라는 뜻이 있는 부탄의 파참 등이 있어요.

### 지리 탐험대

**탈의 역사를 알아볼까요?**

탈의 역사는 원시 시대부터 시작되었답니다. 사냥을 하려고 탈을 쓰기 시작했어요. 위장을 해서 동물에게 쉽게 접근하기 위해서죠. 그 후로는 잡은 동물의 영혼을 위로하는 의식에 탈을 이용했습니다. 오늘날 탈은 연극과 축제용으로 발전했어요. 우리나라 탈은 한국인의 표정을 고스란히 담았고, 역할별로 쓰임새에 적합한 개성을 가지고 있다는 점이 특징이에요.

하회탈
*자료: 이범수, 한국관광공사

 안동 하회 마을은 낙동강 상류가 S자형 물줄기를 이루며 마을 주변을 돌 듯이 감싸고 있다 하여 붙여진 이름이에요. 하회(河回)의 한자를 보면 '강이 돌아 나간다'는 뜻입니다. 국가 지정 문화재로는 최초로 마을 전체가 중요 민속 자료로 지정됐어요.

# 우리나라 최초의 사립 대학교는?

• **소수 서원** 풍기 군수 주세붕이 세운 백운동 서원이 조선 명종에게 현판을 하사받으면서 이름을 바꾼 서원.

교과서 3학년 1학기 2단원 우리가 알아보는 고장 이야기  핵심 용어 소수 서원, 사액 서원

## 최초의 사립 대학교 소수 서원

우리나라 최초의 서원은 1543년에 조선의 유학자이자 정치가였던 풍기 군수 주세붕이 세운 백운동 서원이에요. 서원은 지방의 교육 기관으로, 유학을 가르쳤습니다. 백운동 서원은 퇴계 이황 선생이 명종에게 현판을 하사받아 '이미 무너진 유학을 다시 닦게 했다.'는 뜻의 소수 서원으로 이름을 바꾸었어요. 소수 서원은 조선 시대에 성리학이 발달하는 데 크게 기여했습니다. 국가에서 책과 토지를 하사하고 세금까지 면제해 주었답니다.

## 백운동 서원을 세운 주세붕

주세붕은 도승지, 대사성, 호조 참판을 지내고 성균관 동지사, 중추부 동지사 등의 높은 관직을 지냈어요. 풍기 군수로 있을 때, 이곳 출신으로 최초의 주자학자로 알려진 고려의 안향을 기리기 위해 사당을 세우고, 이후 이를 기초로 백운동 서원을 세웠답니다. 백운동 서원은 중국의 성리학자인 주자가 세운 백록동 서원을 본받아 만들어진 사원이에요.

백운동 서원을 세운 자리는 안향이 어린 시절에 공부하던 절인 숙수사의 옛터예요. 절이 있던 곳에 서원을 세운 데는 유교를 중시하던 조선 시대에 불교보다 유교가 우월하다는 것을 보여 주려는 의도가 있었다고 합니다.

### 지리 탐험대

**소수 서원에서 당간지주를 찾아봐요!**

소수 서원에서 통일 신라 시대 숙수사의 흔적을 찾아볼까요? 오늘날 소수 서원 입구에는 불교에서 법회 때 쓰는 깃발을 세우던 기둥인 당간지주와 주춧돌이 남아 있어요.

 소수 서원처럼 임금이 이름을 지어 현판을 내리고 나라에서 서적, 토지 등을 지원한 서원을 '사액 서원'이라고 해요.

# 북동풍을 뜻하는 순우리말은?

• **높새바람** 늦은 봄에서 초여름에 걸쳐 동해에서 태백산맥을 넘어 불어오는 바람. 고온 건조하여 농사에 피해를 준다. '북동풍'을 뜻한다.

**교과서** 5학년 1학기 1단원 살기 좋은 우리 국토　**핵심 용어** 높새바람, 푄 현상

## 동해에서 불어와 태백산맥을 넘으며 고온 건조해지는 높새바람

**높새바람**은 늦은 봄에서 초여름에 걸쳐 동해에서 태백산맥을 넘어 불어오는 바람이에요. 온도가 높고 건조하지요. 높새바람은 어떻게 생길까요? 차고 습기를 띤 오호츠크해 고기압이 태백산맥에 부딪혀 영동 지방에 비를 뿌립니다. 그 후 고기압이 태백산맥을 넘으면서 뜨겁고 건조한 바람으로 바뀌어 영서 지방 쪽으로 분답니다.

높새바람이란 '북동풍'을 뜻하는 순우리말이에요. 북쪽에서 부는 바람을 뜻하는 높바람과 동쪽에서 부는 바람이란 뜻의 샛바람이 합쳐진 말입니다.

## 농사에 큰 피해를 줘요

높새바람이 불면 영서 지방은 물론 경기 지방, 호남 지방, 관서 지방까지 가뭄이 들어 논바닥이 거북이 등처럼 갈라지기도 하고, 심하면 곡식이 말라 죽어요. 그래서 예부터 영서 지방 농민들은 농사에 큰 피해를 주는 높새바람을 '녹새풍' 또는 '살곡풍'이라고 불렀어요.

높새바람이 불어올 때 관서 지방 사람들은 가을에 심은 보리, 밀 같은 곡물의 뿌리가 마르지 않도록 땅을 꼭꼭 밟아 주는 진압 농법으로 농사를 지었습니다.

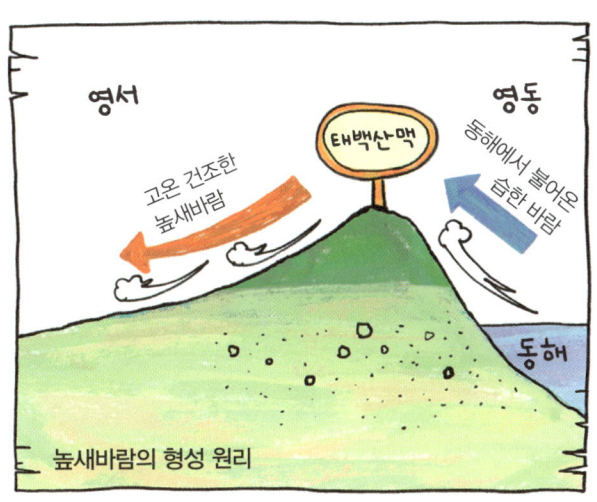

높새바람의 형성 원리

### 지리 탐험대

**푄 현상이 무엇인가요?**

바람이 높은 산지를 넘으면서 기온이 낮아져 비를 뿌리고, 비를 다 뿌린 건조한 바람이 반대쪽 산지를 내려오며 기온이 다시 높아져서 부는 현상을 **푄 현상**이라고 해요. 이렇게 산지를 넘어온 무덥고 건조한 바람 때문에 가뭄이 들고, 농작물은 큰 피해를 입지요. 높새바람도 푄 현상의 일종이에요.

 푄 현상의 원인이 되는 한대 해양성 기단인 오호츠크해 고기압은 서태평양 바다에 있는 오호츠크해에서 생겨요.

# 우리나라 절은 왜 산속에 많나요?

• **숭유억불 정책** 조선 시대 불교를 배척하고 유교를 숭상하며 펼친 정책. 당시 불교 탄압으로 오늘날 유명한 절은 대부분 산속에 있다.

교과서 3학년 1학기 2단원 우리가 알아보는 고장 이야기  핵심 용어 숭유억불 정책, 경남 양산 통도사

## 절이 시내 한복판에 있는 외국 산속에 절이 자리한 우리나라

우리나라에는 유명한 절들이 많아요. 부처님의 진신사리를 모셨다고 하는 경남 양산의 통도사, 팔만대장경을 간직한 경남 합천의 해인사, 순천 송광사처럼 유명한 절에는 공통점이 있어요. 바로 산속에 있다는 점이에요. 당연한 것 아니냐고요? 그렇지 않답니다.

외국에 나가 보면 절이 시내 한복판에 있는 것을 많이 볼 수 있어요. 우리나라의 절들이 산속으로 들어간 배경에는 조선 시대에 이루어진 불교 탄압이 있습니다.

## 유교의 나라 조선에서 불교 탄압이 이루어졌어요

고려 시대 말기 불교계는 권력과 결탁하여 폐단이 많았어요. 재산을 강탈하거나 아이들을 꼬드겨 절에서 노비처럼 부리는 일도 있었지요.

그 후 조선 시대 초기 정권에서는 불교 개혁을 이루고 유교를 국교로 받아들여 조선을 더욱 강하게 만들려는 움직임이 있었어요.

조선 중기에 이르면서 불교는 더욱더 설 자리를 잃었지요. 그래서 불교는 탄압을 피해 절을 점점 산으로 옮기게 되었답니다.

### 지리 탐험대

**경남 양산의 통도사를 가 볼까요?**

통도사는 우리나라 최대 사찰 중 하나예요. 석가모니 부처님의 사리가 건물 뒤쪽의 금강 계단에 봉인되어 있다 하여 더욱 유명하답니다. 그래서 대웅전에 사리를 보관하는 불상이 없다는 점이 특징이에요.

양산 통도사 영산전  *자료 : 문화재청

 조선 시대에 불교를 배척하고 유교를 숭상한 것을 두고 '숭유억불'(崇儒抑佛) 정책이라고 해요.

# 황해와 남해의 해안선이 삐뚤빼뚤한 이유는?

• **리아스 해안** 해안선이 복잡한 해안으로 바닷물이 높아지거나 하천에 깎인 땅이 가라앉아 생긴다.

교과서 5학년 1학기 1단원 살기 좋은 우리 국토 심화   핵심 용어 이수 해안, 사빈, 침수 해안, 리아스 해안

## 해안선이 매끄러운 동해안

동해안은 이수 해안이에요. **이수 해안**이란 바다에 있던 땅이 솟아오른 해안을 말해요. 바닷속 해저 지형은 평탄하기 때문에 올라온 지형도 해안선이 단조롭습니다.

또 동해안은 경사가 급하고 물 흐름이 빨라요. 하천이 운반한 모래와 파도가 절벽을 깎아 생긴 모래는 동해안의 만에 쌓이죠. 이렇게 바닷가에 모래가 많이 쌓여 생겨난 지형을 **사빈**이라고 합니다. 영어로 보통 비치(beach)라고 부르는 지형이에요. 사빈은 주로 해수욕장으로 이용해요. 그래서 동해안은 해수욕장이 많답니다.

## 하천에 깎인 땅이 가라앉거나 바닷물이 높아지면?

반면 서해안과 남해안은 **침수 해안**이에요. 침수 해안은 후빙기에 기온이 상승하여 빙하가 녹아 바닷물이 높아질 때 생기죠. 이렇게 만들어져 해안선이 복잡한 곳을 **리아스 해안**이라고 합니다.

서해안과 남해안이 바닷물에 잠기면 골짜기는 '만'이 되고 능선은 '반도'나 '섬'이 돼요. 반도와 섬이 많기 때문에 해안선이 복잡하답니다. 한편 서해안과 일부 남해안에서는 조수 간만의 차가 커서 입자가 고운 퇴적물이 만에 넓게 쌓여 갯벌을 만든답니다.

### 지리 탐험대

**해안선을 따라 그려 보세요**

한반도는 동해, 남해, 황해 이렇게 3면이 바다예요. 우리가 지도를 그릴 때 동해안은 한 번에 매끄럽게 그릴 수 있는 반면, 서해안과 남해안은 삐뚤빼뚤 그렸던 적이 있을 거예요. 동해, 남해, 황해의 해안선이 달라서 그래요.

 '동해'라는 지명은 《삼국사기》에서 고구려 동명왕을 기록한 부분에 처음 나와요. 18세기 외국 지도에도 대부분 동해를 뜻하는 'East Sea'라고 쓴 기록이 전해지고 있어요.

# 국제 영화제가 처음 열린 곳은 어디일까요?

- **부산 국제 영화제** 1996년 우리나라에서 처음으로 열기 시작해 매년 가을에 여는 영화제. 어린이 청소년 영화제도 매년 열고 있다.

교과서 3학년 1학기 2단원 우리가 알아보는 고장 이야기  핵심 용어 부산 국제 영화제, 영도다리

## 경치와 시장이 유명한 부산

부산은 우리나라 제1의 무역항이자 제2의 도시예요. 제주도 다음으로 겨울철이 따뜻하고, 도로와 철도, 해상 교통이 고루 발달했어요. 기암석이 유명한 태종대와 수려한 경치로 알려진 해운대, 광안리 해변 등이 유명하지요.

자갈치 시장과 국제 시장, 부평 깡통 시장도 유명해요. 자갈치 시장은 부산에서 가장 큰 수산 시장이에요. 국제 시장은 미군 부대의 물건을 취급하고, 일본과 한국 제품 등을 한데 모아 거래했다고 해서 붙은 이름이래요. 국내 최초로 야시장을 연 부평 깡통 시장은 미군 물자인 통조림을 많이 팔았기 때문에 이름을 얻었지요.

부산의 유명한 음식으로는 돼지국밥, 부산어묵, 동래파전 등이 있어요.

## 어린이 영화제도 부산에서 열려요

부산에서는 매년 가을에 부산 국제 영화제를 열어요. 1996년 우리나라에서 처음으로 열기 시작했지요. 한국 영화를 세계에 알리는 데 큰 도움을 주고 있습니다. 또한 국내 유일의 어린이 청소년 영화제인 부산 국제 어린이 청소년 영화제가 매년 국제 규모로 열린답니다. 어린이들이 영화로 소통하고 중심이 되는 문화 축제예요.

### 지리 탐험대

**부산의 문화를 알 수 있는 명소를 찾아봐요**

보수동 책방 골목은 국내에 얼마 남아 있지 않은 헌책방 골목으로, 부산의 명물 거리로 꼽혀요. 그 밖에 부산을 상징하는 영도다리는 우리나라 최초로 다리 상판을 들어 올리는 '도개교'예요. 송도는 우리나라 최초로 해수욕장을 개발하면서 부산의 명물로 자리 잡았습니다.

 우리나라에서 부산을 소재로 다룬 영화로는 〈해운대〉와 〈국제시장〉이 있어요. 지진과 해일을 다룬 재난 영화인 〈해운대〉와 한국 전쟁과 파란만장했던 대한민국의 역사적 사건을 그린 〈국제시장〉에는 현대와 옛날의 부산 모습이 잘 그려져 있어요.

# 울타리 없는 박물관이라 불리는 곳은?

- **첨성대** 신라 선덕 여왕 때 만든 천문대로, 동양에서 가장 오래되었다.
- **불국사** 통일 신라 시대 절로, '부처님이 사는 나라'라는 뜻이 있다.

교과서 4학년 1학기 2단원 우리가 알아보는 지역의 역사  핵심 용어 불국사, 석굴암, 첨성대

## 경주에는 어떤 유적이 있어요?

경주 국립 공원에는 신라 유적이 보존되어 있어요. 많은 유적들이 도시 전체에 걸쳐 있어 '울타리 없는 박물관'이라고도 불려요.

유명한 유적지로는 천마도가 있는 왕릉 '천마총', 신비한 소리를 내는 '성덕대왕신종'(에밀레종), 연회를 베풀던 '포석정', 문무왕의 유적지 '문무대왕수중릉', 바위에 새긴 '신선암 마애보살반가상', 신라 시대 궁궐인 '월성', 이 밖에 불국사와 석굴암, 첨성대 등이 있답니다.

## 부처님이 사는 나라 '불국사'

'부처님이 사는 나라'라는 뜻이 있는 불국사는 경상북도 경주시 토함산에 있는, 통일 신라 시대의 절이에요. 《삼국유사》에 따르면 신라 경덕왕 때 김대성이 전생의 부모를 위해 석굴암을 짓고, 현생의 부모를 위해 불국사를 지었답니다. 석굴암은 세계에서 유래 없는 인공 석굴이었고, 당시 '석불사'라고 불렸어요.

임진왜란 때 불국사가 크게 훼손되면서 석불사도 큰 피해를 입었고, 불국사의 작은 암자가 되어 '석굴암'이 되었답니다. 아름다운 불국사와 석굴암은 1996년에 세계문화유산으로 지정되었어요. 불국사 대웅전 앞뜰에는 석가탑과 화려한 다보탑도 있답니다.

경주에는 문화유산 볼거리가 많아.

### 지리 탐험대

**동양에서 가장 오래된 천문대라고요?**

첨성대는 신라 선덕 여왕 때 만들어졌어요. 별의 위치를 관측하고 연구하는 동양에서 가장 오래된 천문대예요. 병 모양이고, 한가운데에는 네모난 창문이 나 있어요. 꼭대기에는 우물 정(井) 모양으로 길쭉한 돌 조각이 올려져 있습니다. 누리집에서 첨성대를 찾아 어떻게 생겼는지 관찰해 보세요.

**경주 첨성대**
*자료: 문화재청

첨성대에는 출입문이 없고, 바닥에서 4.16m 떨어진 곳에 각 변이 약 1m인 정사각형 문이 달려 있어요. 이 문에 홈이 파여 있어서 사다리를 걸 수 있어요. 올라가서 달과 별의 모양을 관측했을 것이라고 추측한답니다. 당시 사람들은 하늘의 움직임을 보고 농사 시기를 결정했어요. 그러니 자연스럽게 천문에 관심이 많았다고 해요.

# 산에도 논이 있을까요?

• **계단식 논** 계곡이나 구릉지에 있는 땅을 계단 모양으로 층층이 고르게 다져 만든 논. 좁고 구불구불하다. 다랑논, 다랑이 논으로도 불린다.

교과서 5학년 1학기 1단원 살기 좋은 우리 국토  핵심 용어 계단식 논, 다랑이 논

## 논은 어떤 곳에 만들어지나요?

우리가 생각하는 논은 보통 평야에 있어요. 평야는 땅이 평평하여 논에 물을 가두기 좋고 햇볕이 바르게 쬐거든요. 농사에 필수 요소인 물을 끌어오기에도 산보다 평야가 좋아요.

그런데 산에도 논이 있어요. 바로 **계단식 논**입니다. 우리말로는 '다랑이 논' 또는 '다랑논'이라고 한답니다. 계곡이나 구릉지에 있는 땅을 계단 모양으로 층층이 고르게 다져 만든 논을 말해요. 산비탈을 일군 것이기 때문에 멀리서 보면 좁고 구불구불한 것이 특징이에요.

## 왜 계단식 논을 만들었을까요?

농사를 지으려면 땅과 물이 아주 중요해요. 평야가 적은 고장에서는 보통 농사지을 수 있는 땅을 늘리려고 산을 활용합니다. 그리고 벼농사에 필요한 물이 산에서 내려오기 때문에 계단식 논을 만들기도 한답니다. 계단식 논에 있는 벼는 산비탈에서 그늘 없이 햇볕을 마음껏 쬐기 때문에 맛이 좋아요.

사람들은 대부분 자연 지형과 기후 조건에 맞추어 농사를 짓거나 작물을 재배합니다. 하지만 산지에서 벼농사를 짓기 위해 만든 계단식 논을 보세요. 사람이 주어진 조건에 순응해 살지만은 않습니다. 불리한 자연환경은 바꾸어 극복한다는 사실을 알 수 있어요.

### 지리 탐험대

**계단식 논이 있는 곳으로 떠나요!**

남해 가천에는 아름다운 다랭이 마을이 있어요. 계단 108개에 걸쳐 만든 논 680여 개를 구경할 수 있답니다. 계단식 논을 품은 산 옆으로는 멋진 바다가 보여요.

 우리나라뿐 아니라 벼농사를 짓는 아시아 각국의 산간 지역에 다양한 계단식 논이 있어요. 특히 필리핀 바타드와 중국 윈난성에는 대규모의 계단식 논이 있답니다.

# 강릉과 광주의 기온이 같다고요?

교과서 5학년 1학기 1단원 살기 좋은 우리 국토  핵심 용어 기온

• 기온에는 위도상 지면이 태양열을 얼마나 받는지, 해안인지 내륙인지, 해발 고도가 높은지 낮은지 등 여러 요인이 영향을 미친다.

### 북쪽에 있는 강릉이 따뜻한 까닭

겨울철 같은 날 우리나라 북쪽에 있는 강릉은 남쪽에 있는 광주와 기온이 같아요. 이상하지요. 강릉은 광주보다 위도상 훨씬 북쪽에 있어서 같은 날 날씨를 비교하면 강릉이 더 추울 것 같은데, 어째서 강릉과 광주의 기온이 같을까요?

위도상으로 북쪽에 있는 강릉의 기온이 더 낮지 않고 남쪽에 있는 광주처럼 따뜻한 이유는 강릉의 지형 및 해류와 관련이 있어요. 강릉은 대관령 아래에 있는 도시입니다. 겨울에 시베리아에서 불어오는 차가운 북서풍을 대관령이 막아 주기 때문에 겨울에도 따뜻한 거예요. 이뿐만 아니라 강릉은 동해안과 닿아 있어, 동해의 따뜻한 난류가 강릉을 따뜻하게 해 줍니다.

### 땅이 받는 태양열의 양이 기온을 결정해요

기온에 가장 많이 영향을 미치는 요인은 지면이 태양열을 얼마나 받는가예요. 즉 적도와 가까운지 북극과 가까운지를 나타내는 위도에 따라 지역의 기온은 큰 영향을 받아요. 그뿐만이 아니에요. 해안인지 내륙인지도 기온에 영향을 끼쳐요. 물은 땅보다 천천히 가열되고 천천히 식지요. 따라서 바다나 호수는 육지보다 온도 변화가 적은 데다 낮에 받은 열을 오래 간직해서 근처의 육지는 기온이 따뜻해요.

**지리 탐험대**

#### 기온에 영향을 미치는 다른 요인은?

해발 고도의 높고 낮음도 기온에 영향을 미쳐요. 고도가 높아질수록 기온이 낮아지기 때문에 해발 고도가 높은 고원 지대는 같은 위도의 다른 지역보다 여름에 더 시원하답니다. 해류도 바다와 가까운 육지의 기온에 영향을 줍니다. 우리나라의 동해안이 내륙 지방보다 겨울에 더 따뜻한 다른 이유는 바로 해안 지역으로 난류가 지나가기 때문이지요.

 여름에 바다와 육지가 같은 양의 열을 받아도 육지가 바다보다 온도가 높아지는 이유는 흙의 비열이 물의 비열보다 더 낮기 때문이지요. 비열이란 물질 1g을 1℃ 올리는 데 필요한 열량을 말해요.

# 한반도에 공룡들의 놀이터가 있었대요!

- **상족암 군립 공원** 경남 고성군에 공룡 발자국 2,000여 개가 보존된 공원. 밥상 다리처럼 생긴 바위가 많아 상족이라는 이름이 붙여졌다.

교과서 4학년 1학기 2단원 우리가 알아보는 지역의 역사  핵심 용어 상족암 군립 공원, 화석

## 상족암은 세계 3대 공룡 발자국 화석지

경상남도 고성군 덕명리는 남해와 닿아 있어요. 이곳에는 끝없이 펼쳐진 푸른 바다를 끼고 있는 상족암 군립 공원이 있답니다. 상족암에는 파도가 만들어 놓은 굴이 있고, 층층이 쌓아 올린 시루떡 모양 바위도 펼쳐져 있어요. 이 모양이 마치 밥상 다리처럼 생겨서 상족(床足)이라는 이름이 붙었답니다.

상족암 바닥 곳곳에는 공룡 발자국이 물웅덩이처럼 파여 있어요. 그 수가 무려 2,000여 개입니다. 이 발자국으로 이곳이 1억 2,000만 년 전에 살던 공룡의 집단 서식지임을 알 수 있죠. 1982년에 발견했는데 발자국의 양이 많고 보존 상태가 좋아요. 미국 콜로라도주, 아르헨티나 서부 해안과 더불어 세계 3대 공룡 발자국 화석지로 지정됐답니다.

## 공룡 발자국으로 알 수 있는 것은?

공룡 발자국은 공룡들이 살던 시대를 파악하는 데 아주 중요한 자료예요. 공룡 발자국의 모양을 자세히 관찰하면 공룡의 종류와 크기는 물론 어디로 이동했는지 알 수 있어요. 발자국 간격으로 걷는 속도까지 알 수 있죠.

상족암에 있는 뭉툭한 발자국은 용각류 공룡의 흔적입니다. 목이 길고 몸집이 커다란 초식 또는 잡식 공룡 무리이지요.

### 지리 탐험대

**화석 탐험! 누구의 발자국일까요?**

용각류 다음으로 몸집이 컸던 조각류 공룡들도 있는데 조각류라는 이름은 '새의 발'이라는 뜻이에요. 조각류 공룡들은 두 발이나 네 발로 빨리 달렸을 것으로 추측해요. 발가락이 세 갈래로 나뉘어 있고, 뒤꿈치가 넓고 둥글어요. 반면 발가락 폭이 좁고 끝이 날카로워 삼지창 모양 같은 발자국은 수각류 공룡의 발자국이랍니다.

용각류  조각류  수각류

 상족암 공룡 발자국을 보기 위해서는 물이 드나드는 때인 물때를 잘 맞춰야 해요. 물때 정보는 '고성 공룡 박물관' 누리집에서 찾을 수 있습니다.

# 독도는 왜 우리에게 중요할까요?

교과서 5학년 1학기 1단원 살기 좋은 우리 국토   핵심 용어 영토, 영해, 독도

- **영해** 우리나라 바다의 범위. 영토에서 12해리(약 22km) 범위 안에서 영해의 폭을 결정할 수 있다. 독도는 영해를 정하는 데 중요하다.

## 일본이 탐내는 독도의 비밀

독도는 두 개의 바위섬인 동도와 서도를 포함하여 주변에 있는 조그만 바위섬 89개 전체를 말해요. 독도의 둘레는 동도 2.8km, 서도 2.6km 정도로 아주 작습니다. 그런데 육지에서 멀리 떨어진 바다 한가운데에 있는 조그만 바위섬 독도를 일본은 왜 탐내는 걸까요? 그건 바로 독도가 가진 엄청난 가치 때문이지요.

## 우리나라 하늘과 바다를 지키는 독도

독도는 우리 영해의 동쪽 끝을 확정하는 데 중요합니다. 만약 독도가 우리 땅이 아니라고 하면, 우리나라의 바다, 즉 영해도 그만큼 줄어든답니다. 이뿐만 아니라 독도의 하늘은 중국, 러시아, 일본 사이의 중심에 있어서 우리나라를 안전하게 지키는 방어 기지로 국가 안보에 중요한 역할을 해요.

또 독도 주변 바다는 대구, 명태, 오징어 등 다양한 수산 자원이 풍부하답니다. 독도 주변 바다 수심이 약 300~500m 정도로 낮아 물고기들이 좋아하는 영양분이 많고, 한류와 난류가 만나는 곳이기 때문이에요. 하지만 무엇보다 독도는 우리 영토로서 당연히 지켜야 할 곳이라는 점을 잊지 말아야 해요.

### 지리 탐험대

**독도의 미래 자원 메탄하이드레이트**

독도의 가치는 영해와 수산 자원뿐만이 아니에요. 독도 바다 밑에는 미래 자원이라 불리는 메탄하이드레이트가 많아요. 주요 성분이 메탄으로 이루어진 메탄하이드레이트는 연소할 때 다른 화석 에너지에 비해 이산화탄소를 적게 배출하는 친환경 에너지원으로 주목받고 있어요.

 메탄하이드레이트란 고체가 된 천연가스로서 연소할 때 공해가 적은 청정에너지 자원이에요. 독도 바다 밑에 매장되어 있는 약 6억 톤 규모의 메탄하이드레이트는 우리나라가 약 30년 동안 쓸 수 있는 양으로, 그 가치는 약 150조 원에 이릅니다.

# 옥수수와 고랭지 배추로 유명한 지방은?

• **고랭지 배추** 해발 600m 이상으로 고도가 높고 기온이 낮은 지역에서 자라는 배추.

교과서 3학년 1학기 2단원 우리가 알아보는 고장 이야기    핵심 용어 고랭지 배추, 강원도

### 산나물로 만든 음식이 많은 강원도

강원도 지방에는 감자, 옥수수, 메밀 등과 산나물로 만든 음식이 많아요. 맛은 소박하고 담백합니다. 조리법은 비교적 간단하여 재료의 맛과 향기를 살려서 만드는 것이 특징이에요.

강원도 영서 지방은 다른 지역에 비해 농사를 짓기 어려워 곡물 생산량이 많지 않습니다. 영동 해안 지방은 생선회를 즐기고, 북어와 편포 등 말려 먹는 음식과 젓갈류가 발달했어요. 대표적인 음식으로는 곤드레나물밥, 메밀막국수, 감자수제비, 올챙이국수, 오징어순대 등이 있어요.

### 고랭지 배추를 많이 재배해요

횡성은 한우로 유명해요. 지대가 높지도, 낮지도 않아 온도 및 습도가 적당해 풀이 풍부해요. 그래서 소를 키우기 알맞지요. 평창과 봉평에서 나는 유명한 메밀은 환경에 적응하는 힘이 강해서 농사짓기에 불리한 곳에서도 잘 자랍니다.

고성 등지에서 만드는 황태는 명태를 잡아 눈 내리는 겨울 동안 얼리기와 녹이기를 반복해 말려 상품 가치가 높답니다. 홍천은 옥수수로, 강릉과 평창, 태백 등은 고랭지 배추로 유명해요. 강원도 앞바다에서는 예전에 명태와 오징어가 많이 잡혔지만, 지금은 수온의 변화로 많이 줄어들었어요.

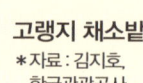
**지리 탐험대**

#### 고랭지 배추가 자라는 곳은?

해발 600m 이상이면 한여름에도 배추가 버틸 수 있을 정도로 온도가 낮아져요. 이렇게 고도가 높고 기온이 낮은 지역을 **고랭지**라고 해요. 고랭지는 기후가 서늘해서 배추가 잘 자라기 때문에 고랭지 배추가 유명해요. 고랭지 배추가 자라는 곳의 기후는 어떤지 강원도에 가서 체험해 보세요.

**고랭지 채소밭**
*자료: 김지호, 한국관광공사

 강원도는 우리나라에서 경상북도 다음으로 면적이 크지만 인구 밀도는 가장 낮아요. 강원도는 80%가 산이고 농사를 지을 수 있는 땅이 10% 정도여서, 옛날부터 사람들이 많이 살기 힘들었어요. 대신 주로 밭농사를 지어 이 지역의 옥수수와 감자 생산량이 우리나라에서 가장 많답니다.

# 왜 삼천포로 빠지지 말라고 해요?

- **삼천포** 경남 사천시의 옛 지명. 삼천포 주변 큰 도시로 가다가 길을 잘못 들면 삼천포로 가게 되는 데서 '삼천포로 빠진다'는 말이 생겼다.

교과서 3학년 1학기 2단원 우리가 알아보는 고장 이야기  핵심 용어 사천, 삼천포

## 왜 잘 나가다 삼천포로 빠지니?

우리말에 '삼천포로 빠진다'는 말이 있어요. 길을 잘못 들었다는 의미로 쓰거나, 이야기를 하다가 맥락과 맞지 않는 곁길로 빠질 때 또는 어떤 일을 하다가 엉뚱하게 다른 일을 할 때 쓰는 표현이에요.

왜 하필 삼천포일까요? '삼천포'는 경상남도 남서쪽에 있는 사천시의 옛 지명이에요. 삼천포 주변에는 진주, 고성, 순천, 진해처럼 조금 더 큰 도시가 있는데, 길을 잘못 들어 진주 밑에 있는 삼천포로 가게 되었다는 데에서 유래했다고 해요.

## 아름다운 도시 사천

삼천포시라는 이름은 이제 지도에 없답니다. 1995년 행정 구역을 개편하면서 사천군과 합쳐져 '사천시'가 되었거든요. 사천시는 아름다운 항구 도시예요. 기후가 따뜻하고 해안 경치가 빼어나 살기 좋답니다. 한때는 전국에서 손꼽히는 수산물 생산 도시로 유명했어요.

삼천포항을 중심으로 동서공원, 통창공원, 노산공원이 둘러싸고 있습니다. 공원에 오르면 한려수도의 아름다운 바다를 만나 볼 수 있답니다. 특히 노산공원에는 삼천포 아가씨상, 물고기상, 산책로 등이 있어 바다를 보면서 걷기에 안성맞춤이라 하니 한번 방문해 보고 싶지 않나요?

### 지리 탐험대

**삼천포 사람들은 '삼천포로 빠진다'는 말을 좋아하지 않는다고 해요**

삼천포가 엉뚱한 곳이라는 지명으로 쓰이다 보니 부정적으로 들리기 때문이죠. '삼천포로 빠진다'는 말 대신 '잘 나가다 샛길로 빠진다', '곁길로 새다'와 같은 말로 바꾸어 쓸 수도 있어요.

 삼천포의 유명한 특산물은 바로 쥐치(쥐칫과 물고기)로 만든 '쥐치포'예요. 요즘은 흔히 '쥐포'라고 하지요. 한때 삼천포에서만 100여 개 업체가 쥐포를 만들 정도로 유명한 특산물이었대요.

# 해인사에 보물이 숨겨져 있다고요?

• **해인사** 경상남도 합천 가야산에 있는 우리나라의 3대 법보 사찰 중 하나. 팔만대장경을 보관하고 있다.

교과서 3학년 1학기 2단원 우리가 알아보는 고장 이야기  **핵심 용어** 해인사, 팔만대장경

## 해인사의 보물 '팔만대장경'

경상남도 합천 가야산 국립 공원에 있는 해인사에는 유명한 보물이 보관되어 있어요. 바로 '팔만대장경'이에요. 팔만대장경은 부처님의 가르침을 81,258판의 목판 양면에 새겨 넣은 것이에요. 고려 시대 고종 때 제작하기 시작하여 16년 만인 1251년경에 완성했습니다.

팔만대장경은 모든 판목의 글자체가 동일하고 아름다워 보물이라 불려요. 당시 우리나라의 뛰어난 목판 인쇄술을 보여 주지요. 또한 아시아에서 현재까지 전해져 내려오는 유일하고 완전한 경전이에요. 국보 제32호로 지정되었고 세계에서도 가치를 인정받아 세계문화유산과 세계기록유산으로 지정되었답니다.

## 팔만대장경은 왜 만들었나요?

거란족이 침입했을 때 피난 간 현종은 신하들과 함께 초조대장경을 만들었어요. 그런 다음 신기하게도 거란족이 물러간 일을 두고 사람들은 부처님의 힘으로 평화가 찾아왔다고 믿었지요.

그 후, 몽골의 침입으로 대구 부인사에 보관하던 초조대장경의 판목이 불에 타버렸어요. 다급해진 신하들은 민심을 모으고, 부처님의 힘으로 몽골군을 물리치기 위해 강화도에서 팔만대장경을 만들었습니다.

대장경판은 1251년경 고려 시대에 만들어진 오래된 유산이에요.

아직까지 온전히 남아 있다니 신기해요!

### 지리 탐험대

**해인사를 더 알아볼까요?**

통일 신라 시대인 802년에 세워진 해인사는 통도사, 송광사와 함께 우리나라의 3대 법보 사찰로 꼽혀요. 법보 사찰은 부처님의 가르침인 '법'을 담고 있는 절을 말해요. '해인'은 불교 경전인 화엄경에 나오는 말인데, '진실된 세계'를 뜻한답니다. 팔만대장경은 장경판전에 보관해요. 햇빛, 온도, 습도 등이 적절해서 장경을 보관하기에 좋은 곳입니다.

**해인사 대장경판**
＊자료: 문화재청

 대장경은 부처의 말씀인 '경'과 부처를 따르는 사람들의 도리인 '율', 부처의 가르침을 해석하는 '론'으로 구성된 삼장경을 이룹니다. 줄여서 '장경'이라고 부르지요. 대장경은 불교 법보의 큰 창고라는 뜻입니다. 대장경을 기록한 목판 중에 세계에서 가장 높은 평가를 받는 것이 바로 팔만대장경이에요.

# 동해안에는 해식애가 많아요

• **단층애** 대륙의 단층이 어긋날 때 한쪽은 가라앉고 한쪽은 솟아오르며 생기는 절벽.

**교과서** 5학년 1학기 1단원 살기 좋은 우리 국토    **핵심 용어** 단층애, 해식애, 석호

## 동해안은 다양한 지형을 자랑해요

"동해물과 백두산이 마르고 닳도록…." 애국가 1절에도 나오듯이 동해는 우리나라 금수강산의 상징 중 하나예요. 우리나라 동쪽 바다인 동해는 황해와 남해보다 수심이 깊습니다.

동해에는 오랜 옛날 대륙이 어긋나는 단층 운동이 일어났어요. 그래서 한쪽은 가라앉고, 한쪽은 솟아올랐죠. 이때 생긴 급경사면을 **단층애**라고 해요. 바닷가에 생긴 암석 해안을 **해식애**라고 하는데 이것은 파도의 침식 작용과 풍화 작용으로 생긴 낭떠러지예요. 울릉도 해안, 강원도 낙산, 울산 간절곶 등 동해안에는 해식애가 많아요. 이 밖에도 동해안에는 바다 인근에 생긴 호수인 석호, 모래 해안인 사빈, 모래 언덕인 사구 등 다양한 지형이 있어요.

## 해양 자원이 풍부한 동해

동해에는 해양 자원이 풍부해요. 다양한 물고기가 많이 잡혀요. 오징어, 대구, 멸치, 꽁치, 소라 등이 주로 잡히고 다시마와 미역도 많아요.

또 울산시 남동쪽 바다에서 가스전을 발견해 개발하고 있어요. 정식 명칭은 '동해-1가스전'이에요. 이 가스전은 1998년 탐사 시추에 성공했어요. 액화천연가스(LNG)가 500만 톤 정도 매장되어 있대요. 천연가스는 화학공업 원료나 연료로 쓰여요. 2004년부터 울산과 영남 지역에 가스를 공급하고 있습니다.(2018년 기준)

### 지리 탐험대

**생물이 다양한 동해안 석호를 찾아가요**

동해안에는 해수와 담수가 섞인 호수인 '석호'가 많아요. 해수와 담수가 섞이면 영양분이 더욱 풍부해져 다양한 생물이 살 수 있지요. 동해안에는 화진포호, 경포호, 천진호, 송지호, 영랑호 등 18개의 석호가 있습니다.

 동해는 세계 4대 어장 중 하나인 북서 태평양 어장에 속해요. 그중에서도 중심 어장으로 주목받고 있습니다.

# 한반도에서 가장 추운 땅은 어디일까요?

• **해발 고도** 바다의 평균 수면을 기준으로 측정한 어떤 지역의 높이.

교과서 5학년 1학기 1단원 살기 좋은 우리 국토  핵심 용어 기후, 해발 고도, 기온

## 한반도에서 가장 추운 백두산과 개마고원 일대

위도상으로 가장 북쪽에 있는 곳이 가장 추운 곳일까요? 한반도의 최북단에 있는 지방은 함경북도 온성군이에요. 그런데 이곳이 가장 추운 지역은 아니랍니다. 한반도에서 가장 추운 곳은 온성군보다 훨씬 남쪽인 백두산과 개마고원, 백무고원 부근이에요. 이 지역은 온성군보다 위도상으로 더 남쪽에 있지만, 열을 쉽게 빼앗기는 산지와 고원 지대가 있어 영향을 많이 받아요. 또 해발 고도가 높기 때문에 기온이 낮아요. 해발 고도가 100m 높아질수록 기온은 0.6℃씩 더 낮아져요. 그래서 산 아래보다 산 정상의 기온이 낮지요. 또 높은 곳일수록 바람이 세차게 불기 때문에 기온은 더 내려갑니다.

## 우리나라에서 가장 추운 곳은?

산지로 둘러싸인 강원도의 설악산과 대관령, 분지 지형으로 이루어진 철원은 연평균 기온이 낮은 곳으로, 우리나라에서 매우 추운 지역에 속해요. 그런데 기상청에 따르면 일일 기온이 이보다 더 추운 곳도 있었대요. 1981년 1월 5일 경기도 양평의 기온이 영하 32.6℃까지 내려간 적이 있었습니다. 지금까지 우리나라 역대 최저 기온은 1위에서 4위까지 양평이 기록했대요.

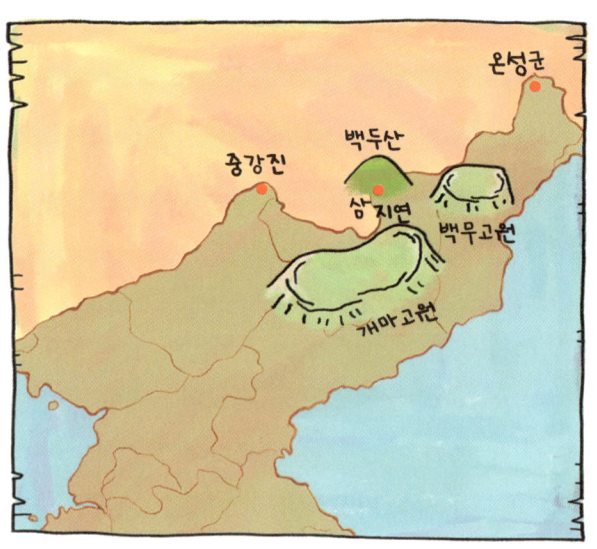

### 지리 탐험대

**기후에 영향을 미치는 것은?**

기후는 위도 외에 위치가 바다인지 육지인지, 지형이 산인지 분지인지에 따라서도 영향을 많이 받아요. 육지는 바다에 비해 빨리 뜨거워지고 빨리 식는 성질이 있거든요. 그래서 바다에서 멀리 떨어진 대륙의 안쪽은 겨울에 더 춥답니다.

기온과 체감 온도는 달라요. 일기예보에서 말하는 기온은 온도계로 공기 중의 온도만을 측정한 수치예요. 이 기온에는 바람의 속도, 습도의 높고 낮음, 햇빛이 비치는 양 등은 빠져 있어요. 겨울철에 기온이 같은 날이라도, 바람이 세게 부는 날에는 체감 온도가 더 낮게 느껴진답니다.

# 희귀 동식물의 천국인 산은?

- **지리산 국립 공원** 제1호로 지정된 국립 공원.
- **설악산** 유네스코 생물권 보존 지역으로 지정된 희귀 동물의 천국.

교과서 3학년 1학기 2단원 우리가 알아보는 고장 이야기  **핵심 용어** 설악산, 지리산, 금강산

## 생물권 보존 지역으로 지정된 설악산

산지가 70%인 한반도에는 백두산과 한라산처럼 경치가 빼어나고 아름다운 산이 많아요. 특히 강원도에 있는 설악산은 가을 단풍이 아름다운 곳으로 유명해요. 《동국여지승람》에서 '한가위에 쌓이기 시작한 눈이 하지에 이르러 녹는다.' 하여 설악이라 했대요. 설악산은 높이가 무려 1,708m예요.

설악산의 자연환경은 금강초롱꽃과 사향노루 같은 희귀 동식물이 자라기에 알맞아요. 희귀 식물은 약 1,000종류가 자라고 있는데, 이는 우리나라 전체 식물 종류의 $\frac{1}{4}$에 해당해요. 유네스코 생물권 보존 지역으로 지정되었어요.

## 제1호인 지리산 국립 공원

지리산은 한반도에서 백두산과 한라산에 이어 세 번째로 높아요. 최고봉인 천왕봉의 높이가 무려 1,915m예요. 지리산은 전라북도, 전라남도, 경상남도 이렇게 3개의 도에 걸쳐 있습니다. 많은 도시를 품어 '어머니 산'이라고도 불려요.

지리산 국립 공원은 1967년 제1호로 지정되었습니다. 우리나라 21개 국립 공원 중 가장 넓어요. 금강산, 한라산과 더불어 삼신산의 하나입니다. 웅장하고 아늑한 산세 덕분에 '민족의 영산'이라 일컫지요.

### 지리 탐험대

**계절마다 이름이 다른 산은?**

태백산맥 위쪽에 있는 금강산은 계절마다 부르는 이름이 달라요. 온 산이 꽃에 덮여 있다 하여 봄에는 '금강산', 푸른 녹음 가득한 여름에는 '봉래산', 가을에는 일만 이천 봉우리에 단풍이 물들어 '풍악산', 겨울에는 나뭇잎이 앙상하고 바위만 뼈처럼 있다고 하여 '개골산'이라고 불립니다.

 한반도에 있는 산의 높이로 순위를 매겨 볼까요? 높은 산부터 늘어 놓으면, 백두산, 한라산, 지리산, 설악산, 금강산의 순서입니다.

# 대구가 국내 최대 섬유 도시가 된 이유는?

• **중심지** 군청이나 구청, 시장, 버스 터미널 등 사람들이 많이 모이는 곳. 건물과 시설, 상점이 많고, 사람들이 많이 모인다는 특징이 있다.

교과서 4학년 1학기 1단원 지역의 위치와 특성　핵심 용어 중심지

## 섬유 산업의 중심지인 대구

대구의 가장 대표적인 산업은 섬유예요. 일제 강점기에 섬유 공장이 대구에 들어서면서 대구는 우리나라 섬유 산업의 중심지가 되었답니다. 경상북도에서 면화와 누에고치가 주로 생산되었고, 공장에서 일할 수 있는 노동력이 풍부했기 때문에 대구에서 섬유 산업이 발달할 수 있었던 거예요.

하지만 1980년대 들어서 대구의 섬유 산업은 전처럼 발달하기 어려워졌어요. 그래서 대구를 이탈리아의 밀라노 같은 세계적인 패션 산업 도시로 성장시키기 위하여 정부와 대구시, 섬유업계가 공동으로 섬유 산업 육성 계획인 밀라노 프로젝트를 세웠어요.

## 대구는 전국에서 가장 더울까요?

대구는 경상북도 행정, 경제, 문화의 중심지예요. 그리고 오랫동안 우리나라에서 여름이 가장 더운 지역으로 알려져 있었어요. 대구가 이처럼 더운 것은 사방이 산으로 둘러싸인 분지 지역이기 때문입니다. 초여름에는 푄 현상이 대구 기온을 더욱 높인답니다. 대구는 기온을 낮추기 위해 2007년부터 나무 심기 운동을 벌였어요. 2018년에는 홍천이 41℃를 기록해 대구에서 기록했던 전국 역대 1위인 40℃를 앞질렀습니다.

### 지리 탐험대

**섬유 패션 도시로 발돋움하려는 대구**

대구는 섬유 산업을 키우기 위해 섬유 패션 축제를 열고 있어요. 시민들도 참여할 수 있게끔 한복 패션쇼도 열고 있답니다. 대구처럼 각 지역은 산업이나 문화가 발달하도록 축제를 연답니다. 여러분이 살고 있는 도시는 어떤 산업과 문화를 키우고 있나요?

 대구 서문 시장은 조선 시대에 3대 시장으로 꼽혔어요. 한국 전쟁 이후, 대구 지역의 직물과 섬유 산업을 기반으로 서문 시장은 섬유의 도매와 소매에 있어 전국 최대 규모를 자랑하는 곳으로 떠올랐답니다.

## 4장

# 섬과 드넓은 평야를 찾아 떠나요

## 전라도, 충청도, 제주도

경기도 남쪽에는 충청도와 전라도가 있어요. 이들 지역은 지형이 완만하고 강줄기가 많아 평야가 많답니다. 또 가까운 황해와 남해의 해안선을 쭉 따라 그리다 보면 해안선이 복잡하기 그지없어요. 복잡한 해안선에는 크고 작은 섬들이 한몫을 합니다. 강 따라 평야를 지나 섬을 거쳐 바다를 건너 계속 남쪽으로 가면 어디에 닿을까요? 우리나라에서 제일 큰 섬 제주도까지 함께 가 볼까요?

# 두꺼비 전설이 깃든 강은?

• **영산강** 한강, 낙동강, 금강과 더불어 우리나라 4대 강에 속한다. 옛날에는 배가 많이 드나들어서 바다에서 흔히 볼 수 있는 등대가 남아 있다.

교과서 3학년 1학기 2단원 우리가 알아보는 고장 이야기  핵심 용어 섬진강, 영산강

## 섬진강은 두꺼비 나루를 뜻해요

섬진강은 전라북도 진안군 팔봉산에서 시작돼요. 임실, 곡성, 구례를 거쳐 남해안으로 빠져나가죠. 섬진이라는 말은 '두꺼비 나루'라는 뜻입니다. 섬진강에 두꺼비 전설이 내려오거든요. 고려 시대에는 왜구가 자주 쳐들어왔어요. 왜구가 이 강을 거슬러 올라가고 있는데 갑자기 두꺼비 떼가 나타나 엄청나게 큰 소리로 울었대요. 이에 놀란 왜구가 깜짝 놀라 도망쳤다고 합니다. 이후로 왜구를 물리친 두꺼비를 기리기 위해 이름이 섬진이 됐다고 해요. 섬진강은 깨끗한 강으로 꼽힙니다. 맑은 물에만 산다는 재첩, 참게 등이 이곳의 명물이에요.

## 등대가 비추었던 영산강과 금강

영산강은 한강, 낙동강, 금강과 더불어 우리나라 4대 강 중 하나예요. 영산강은 전라남도 담양군 용추봉에서 시작해 전라남도 중서부 지역인 광주, 나주 등을 흘러 황해로 빠져나가는 강이에요. 영산강 주변에는 기름진 나주평야가 있습니다. 이 때문에 전라남도는 전국에서 쌀 생산량이 가장 많아요.

영산강에는 다른 강에서 볼 수 없는 등대가 있습니다. 옛날에는 나주의 영산포까지 배가 드나들었어요. 영산포는 임금님께 보낼 특산물을 실어 나르는 곳이었죠. 배가 많이 드나들어, 영산강에는 바닷가에나 세우는 등대가 있답니다. 금강의 강경에도 등대가 있었어요.

### 지리 탐험대

**현재 영산포는 어떻게 변했을까요?**

등대를 세울 만큼 배가 많이 드나들던 영산포는 현재 옛날만큼 사람들이 몰리지 않아요. 강에 하굿둑을 만들면서 뱃길이 끊긴 데다 다른 교통수단이 발달했기 때문입니다. 현재 영산포는 어떻게 변했는지, 예전에는 어떤 모습이었는지 찾아가 보세요.

 고운 모래가 많은 섬진강은 예전에 '모래가람', '사천' 등으로 불렸답니다. 또 나주를 끼고 흐르는 영산강은 '금천', '금강'이라고 불렸습니다. 나주가 옛날 금성이라 불렸던 데서 유래했어요.

# 사람은 서울로, 말은 제주도로 보내라?

• **제주마** 제주도의 재래마. 제주도는 기온이 온화하고 평야가 넓어 말이나 소 등을 키우기에 좋다.

교과서 3학년 1학기 2단원 우리가 알아보는 고장 이야기　핵심 용어 제주마

## 언제부터 말을 키웠을까요?

"말이 태어나면 제주도로 보내라."라는 말은 오랜 속담이에요. 제주도는 말이나 소 등을 키우기에 기온이 온화하고, 목초지가 발달해 목축업을 하는 데 입지가 좋거든요.

제주도에서 말은 농경 생활에 큰 도움이 되었어요. 이뿐만 아니라 전쟁에서 꼭 필요한 동물이었기 때문에, 제주도에서는 말을 많이 키워서 전국 각지로 보냈답니다.

## 제주도의 토종말 제주마

제주도에는 지금도 많은 목장이 있어요. 재래마와 개량마 등 말의 품종이 다양합니다. 일반적으로 말하는 제주마란 재래마를 일컬어요. '재래마'의 특징은 다리가 짧고 몸통이 크다는 점이에요. 성격이 온순하고 건강해서 승마 체험을 하기에도 제격이랍니다.

대부분 농사를 짓고 말의 도움이 많이 필요했을 때에는 제주도에서 재래마를 흔히 볼 수 있었어요. 하지만 농업 기술이 발달하면서 제주도에서 재래마를 점점 보기 힘들어졌어요. 그래서 재래마를 지키기 위해 천연기념물 제347호로 지정해서 보호하고 있답니다.

### 지리 탐험대

**제주도에 가서 승마 체험을 해 보아요**

제주도 곳곳에는 승마 체험을 할 수 있는 곳이 있어요. 조랑말 박물관, 조랑말 체험 공원도 있답니다. 2013년부터는 조랑말 체험 축제도 개최하고 있으니, 다양한 프로그램으로 말과 교감해 보아요.

 제주도의 환경은 말뿐만 아니라 소를 기르기에도 좋아요. 1960년대 정부 계획 아래 젖소와 육우를 체계적으로 기르기 시작했어요. 이후 제주도의 목축업은 한층 활기를 띠었고 좋은 관광 상품이 되었답니다.

# 유관순은 어디에서 독립운동을 했을까요?

교과서 4학년 1학기 2단원 우리가 알아보는 지역의 역사  핵심 용어 천안 독립 기념관, 유관순

• **천안 독립 기념관** 독립운동가를 추모하고 독립운동 정신을 기리고자 만든 곳.

## 유관순의 고향은 천안이에요

일제 강점기에 3·1 독립 만세 운동이 일어날 때 유관순은 고등학교 1학년 학생이었어요. 공부를 잘해 이화학당에서 장학생으로 공부했습니다. 하지만 독립운동이 일어나면서 일본이 학교에 휴교 명령을 내렸지요. 유관순은 독립 선언서를 몰래 감추어 고향 천안으로 내려왔답니다. 그리고 천안을 비롯한 고향 부근 지역을 돌아다니며 서울에서 벌어진 독립운동 소식을 직접 전했어요.

## 고향인 아우내 장터에서 독립 만세 운동을!

유관순은 다른 독립운동가들과 함께 고향에서 또 다른 독립 만세 운동을 준비했어요. 바로 4월 1일(음력 3월 1일)이었지요. 천안에서 가장 큰 아우내 장터에 3,000여 명이 모였고, 유관순은 태극기를 나누어 주며 목청이 터져라 '대한 독립 만세'를 외쳤답니다.

대규모 시위로 유관순은 이날 부모님을 잃고 독립 만세 운동의 주모자로 체포되고 말았어요. 서대문 형무소에 갇혔지만, 죽는 날까지 우리나라의 독립을 외치고 꿈꾸었습니다.

### 지리 탐험대

**천안 독립 기념관을 방문해 볼까요?**

천안에는 독립운동가를 추모하고 독립운동 정신을 기리고자 만든 천안 독립 기념관이 있습니다. 천안 아우내 장터 주변에는 유관순 열사 생가와 더불어 유관순과 함께 독립을 위해 애쓴 조병옥 박사 생가도 있어요. 천안에 간다면 독립운동의 정신이 깃든 곳을 찾아가 보세요.

천안에는 독립 기념관, 유관순 열사 기념관 등 우리나라의 역사와 애국심을 돌아볼 수 있는 전시관이 많아요.

# 우리나라 해전 역사에 길이 남는 대승은?

• **울돌목(명량)** 전라남도 해남과 진도 사이에 있는 곳으로 이순신 장군의 수군은 배 12척으로 일본군 130여 척과 싸워 대승을 거뒀다.

**교과서** 3학년 1학기 2단원 우리가 알아보는 고장 이야기  **핵심 용어** 명량 대첩, 울돌목

### 지형의 특징을 이용해 승리했어요

명량 대첩은 1597년 이순신 장군의 수군이 배 13척으로 133척을 이끌고 온 일본 수군과 싸워 승리한 해전이에요. 전라남도 해남과 진도 사이에 있는 명량(울돌목)에서 거둔 대승이죠.

명량은 바닷물이 간조와 만조의 때를 맞추어 병의 목처럼 좁은 곳을 한꺼번에 지나가는 곳이에요. 그래서 물의 흐름이 아주 거세지요. 이러한 지형의 특징을 임진왜란 당시 이순신 장군이 전략에 이용해 명량 대첩에서 대승을 거두었답니다. 이순신 장군과 수군은 물론이고, 전라도 백성들도 승리의 주역이었답니다. 세계 해전 역사에 길이 남는 전투였고 전쟁이 끝나는 계기가 되었습니다. 위기에 빠진 나라를 구해 내는 결정적인 역할을 했어요.

### 그날의 승리를 기념하는 명량 대첩 축제

명량 해전의 승리를 기념하고, 백성들의 구국 정신을 기리는 명량 대첩 축제가 매년 열려요. 9월이나 10월에 전라도 해남군, 진도군에서 공동으로 개최하며 전라도 울돌목에서 열린답니다. 명량 대첩 축제에서는 명량 해전 재현 행사를 해요. 가장 흥미 있고 중요한 행사이죠. 그리고 전 국민이 함께 즐기는 강강술래 한마당, 삼도 수군 통제사 출정식 행진 등으로 이루어져 있습니다.

**지리 탐험대**

#### 명량 대첩이 벌어진 곳은 어디일까요?

명량 대첩이 벌어진 곳은 바로 '울돌목'이에요. 바다가 소용돌이쳐 운다는 뜻에서 붙은 지명이지요. 한자로는 울 명(鳴)에 대들보 량(梁)을 써서 '명량'이라고 합니다. 울돌목은 전남의 진도와 해남 반도 사이에 있습니다.

 이순신 장군은 임진왜란 동안 조선 수군을 이끌며 단 한 번도 싸움에서 진 적이 없었어요. 큰 전투를 23번 치러 모든 싸움에서 승리를 했어요. 세계 해전사에 전무후무한 전과라고 한답니다.

# 산 정상에 호수가 있어요?

교과서 5학년 1학기 1단원 살기 좋은 우리 국토   핵심 용어 칼데라, 칼데라호, 화구호

• **칼데라** 화산 폭발 시 마그마가 분출하여 만들어진 웅덩이 모양의 지름이 1km 이상인 분화구. 여기에 물이 고여 생긴 호수가 칼데라호다.

### 화산 폭발로 생긴 한반도의 산

백두산과 한라산, 울릉도는 화산 폭발로 만들어졌어요. 화산 폭발이 일어나기 전 땅속 깊은 곳의 온도는 아주 높아요. 그래서 땅속 암석은 뜨거운 액체 상태인 마그마로 되어 있어요. 마그마의 온도는 무려 1,000℃ 이상입니다. 이때 생기는 가스, 수증기가 땅에서 가장 약한 곳을 뚫고 밖으로 나와요. 바로 화산 폭발이 일어나는 거죠. 이 폭발로 용암이 솟아나와 백두산, 한라산, 울릉도 같은 지형이 만들어졌어요.

### 백두산 천지는 칼데라호예요

화산이 폭발할 때 땅속 마그마가 분출하면 마그마가 있던 땅속 공간이 텅 비면서 그 위 땅이 움푹 꺼져 웅덩이 모양의 분화구가 된답니다. 이 분화구의 지름이 1km 이상인 것을 **칼데라**라고 해요. 백두산의 칼데라 너비는 3km를 넘고, 울릉도에 있는 나리 분지의 너비도 1km를 넘습니다.

칼데라에 물이 고여 호수가 생기면 **칼데라호**라고 해요. 백두산 천지가 칼데라호에 해당합니다. 1년 내내 마르지 않고 북쪽 중국의 풍구 지역까지 물이 흘러가 멋진 폭포로 흐르죠. 백두산은 기온이 낮고 여름을 제외한 계절에 눈이 많이 내려 물이 쉽게 마르지 않습니다.

#### 지리 탐험대

**한라산 백록담도 칼데라호일까요?**

한라산 정상의 백록담 지름이 500m예요. 백두산보다 훨씬 작지요. 그래서 칼데라라고 하지 않아요. 크기가 작아 **화구호**라고 부르죠.

백록담은 1년 내내 물이 고여 있지 않아요. 한라산은 따뜻한 남쪽에 있어 비가 내려도 금방 말라 버리기 때문입니다.

**한라산 백록담**   *자료 : IR 스튜디오, 한국관광공사

 칼데라는 '가마솥'을 뜻합니다. 라틴어인 '칼다리아'에서 나온 스페인어예요. 1820년 독일인 지질학자 레오폴드 폰 부흐가 처음 사용했어요.

# 김치는 원래 빨갛지 않았대요!

• 조선 시대 임진왜란 후 일본에서 고추가 들어오면서 빨간 김치가 생겼다.

**교과서** 4학년 2학기 3단원 사회 변화와 문화의 다양성　**핵심 용어** 김치, 문화

## 언제부터 김치를 먹었을까요?

우리 조상들은 삼국 시대부터 김치를 먹었어요. 하지만 지금처럼 빨간 김치를 먹은 것은 고추가 우리나라에 전해진 조선 시대 이후부터예요. 그전까지 김치는 그저 소금에 절인 음식이었어요. 고추의 원산지는 남아메리카예요.

김치와 관련한 최초의 기록은 약 3,000년 전에 쓰인 중국의 문헌《시경》에 있어요. "오이를 깎아 저를 만들었다."라는 내용이지요. '저'가 곧 김치의 원형인 것으로 추정합니다. 조선 시대 초기부터 오늘날과 비슷한 형태의 김치가 만들어졌대요. 조선 시대에 고추가 들어오면서 붉은색을 띠고 매운맛이 나는 김치가 등장했어요.

## 지역과 날씨에 따라 달라요

김치는 소금에 절인 무, 배추 등을 고춧가루와 마늘, 젓갈 등으로 버무려 만들어요. 기본 재료는 같지만 김치 맛은 지역마다 조금씩 달라요. 지역마다 기후에 알맞게 재료를 김치에 넣기 때문이죠.

날씨가 더운 남쪽 지방에서는 김치가 빨리 상하지 않도록 양념과 젓갈을 많이 넣어 맵고 짜게 만들어요. 추운 북쪽 지방에서는 양념을 적게 넣어 싱거우면서 시원한 맛을 냅니다. 추운 날씨 덕분에 김치를 신선하게 보관할 수 있기 때문에 굳이 짜게 만들 필요가 없기 때문이에요.

**지리 탐험대**

### 김치를 만들어 볼까요?

김치가 발효하는 과정에서 생기는 유산균은 장을 깨끗하게 해 주고, 암을 예방한답니다. 김치 종류에는 고춧가루를 넣지 않는 것도 있어서 매운 음식을 못 먹는 친구도 맛볼 수 있어요.

 맛과 예술의 고장으로 알려진 광주에서 1994년부터 매년 10월경 광주 김치 문화 축제가 열려요. 김치의 우수성을 세계에 널리 알리고 육성하기 위해 광주 시립 민속 박물관 일대에서 열린답니다. 김치와 김장 문화는 2013년에 유네스코 인류무형문화유산으로 등재되었어요.

# 바닷가에도 밭이 있어요?

• **염전** 바닷물을 모아서 막아 놓고, 바람이나 햇볕으로 바닷물을 증발시켜 소금을 얻는 곳. 우리나라는 서해안에 염전이 많다.

교과서 5학년 1학기 2단원 환경과 조화를 이루는 국토  핵심 용어 염전

## 바닷가에서 소금을 일구는 염전

바닷가에도 밭이 있어요. 바로 소금을 일구는 염전입니다. **염전**은 바닷물을 모아서 막아 놓고 바람이나 햇볕으로 바닷물을 증발시켜 소금을 얻는 곳을 말해요. 사람의 몸에는 소금이 필요하거든요. 화학적인 방법으로 소금을 얻을 수도 있지만, 자연에서 얻은 소금을 먹는 것이 몸에 좋답니다.

## 소금을 얻기 좋은 곳은?
## 우리나라 염전은 서해안에 많아요

지구 전체를 도는 바닷물에는 소금이 약 3% 녹아 있습니다. 우리나라 서해안 바닷물에는 소금이 약 3.3% 녹아 있으니, 소금을 얻기가 참 좋겠지요?

서해안은 밀물과 썰물의 차가 심하고 바다가 얕아요. 그 덕에 갯벌이 넓게 펼쳐져 있지요. 넓은 갯벌에 염전을 만들면 바람이나 햇볕에 바닷물이 잘 증발해요. 서해안에 염전이 많은 이유랍니다.

우리나라에는 서해안에서도 특히 강화 근처와 부안, 신안, 완도 등에 넓은 염전이 있어요. 유명한 염전에는 태안염전, 곰소염전, 태평염전 등이 있습니다. 이렇게 바닷물을 증발시켜 얻은 소금을 '천일염'이라고 합니다.

우리나라의 염전

### 지리 탐험대

### 염전은 어느 곳에 만들어요?

소금을 잘 얻으려면 강수량이 적고 대기가 건조해야 해요. 햇볕이 잘 들고, 바람도 잘 통해 바닷물이 잘 증발할 수 있는 곳이면 소금을 얻기 좋습니다.

 소금은 순우리말이에요. 사람에게 없어서는 안 되는 물질이라는 뜻에서 소금(小金), 즉 '작은 금'이라는 별칭도 붙었답니다. 예부터 염전은 국가에서 관리할 정도로 소금은 귀중한 자원이었습니다.

# 같은 경지에서 보리와 벼를 모두 길러요!

• **이모작** 기후가 온난하여 같은 경작지에서 일 년에 두 번 농사를 짓는 것. '그루갈이'라고도 한다.

교과서 5학년 1학기 2단원 환경과 조화를 이루는 국토　핵심 용어 이모작, 농업의 기계화

## 일 년에 두 번 수확하는 농사법은?

우리나라에서 작물은 보통 봄에 심어서 가을에 추수하지요. 1년에 한 번 땅을 갈아서 농사를 짓는 거예요. 그런데 남부 지방은 기후가 온난하여 같은 경작지에서 일 년에 두 번 농사를 짓기도 해요. 이것을 **이모작**이라고 합니다. 순우리말로는 **그루갈이**라고도 불러요. 예를 들면 여름에 논에서 벼를 재배하여 가을에 수확하고, 그 자리에 보리를 봄까지 재배하는 것이지요. 그루갈이는 농경지 면적이 좁은 지역에서 토지를 최대한 이용하여 더 많은 농작물을 생산할 수 있도록 해 줍니다.

## 날씨가 따뜻해야 가능한 그루갈이

그루갈이가 모든 땅에서 가능한 것은 아니에요. 날씨가 따뜻해야 1년에 이모작이 가능하지요. 북한 지역은 이모작을 하기 힘든 반면, 기후가 온난한 남한의 남부 지방에서는 3모작까지도 가능하대요.

1년에 여러 번 농사를 짓다 보면, 농사를 지을 수 있는 땅의 힘(지력)도 그만큼 크게 줄어요. 따라서 1년에 여러 번 농사를 짓기 위해서는 땅의 힘을 보존하는 대책이 필요하답니다. 또 농사를 여러 번 지으려면 당연히 일손도 많이 필요하겠지요. 그래서 그루갈이를 하려면 부족한 일손을 대신할 농업의 기계화도 반드시 필요해요.

### 지리 탐험대

**겨울에 과일과 채소를 먹는 방법은?**

요즘은 일 년 내내 과일과 채소를 먹을 수 있지만, 옛날에는 그렇지 않았어요. 겨울에도 과일을 맛볼 수 있는 것은 비닐하우스로 농사를 짓기 때문이랍니다. 바깥 온도가 내려가도 비닐하우스가 추위를 막아 온실 역할을 하는 것이지요. 겨울에 비닐하우스 농가를 방문해 보세요.

 '농업의 기계화'란 농사짓는 기계를 농업에 도입하는 것을 말해요. 우리나라는 농촌 인구가 점점 줄어들고, 점차 고령화되고 있어요. 그래서 농업의 기계화가 더욱 필요해지고 있답니다.

# 제주도에 감귤이 많이 나는 이유는?

• 감귤은 예부터 제주도의 특산물로 백제와 고려에 조공으로 바쳤으며, 조선 시대에는 진상품으로 감귤을 임금에게 바쳤다는 기록이 있다.

교과서 5학년 1학기 1단원 살기 좋은 우리 국토  핵심 용어 감귤

## 감귤은 따뜻한 날씨에 잘 자라요

제주도는 겨울철에도 평균 기온이 영하로 내려가지 않을 정도로 따뜻하지요. 따뜻한 날씨 덕분에 제주도에는 우리나라에서 흔히 볼 수 없는 작물이 자라요. 대표적인 것이 기온에 민감한 감귤과 파인애플, 바나나, 알로에 등이에요.

특히 제주도 서귀포 일대의 감귤은 제주도를 대표하는 특산물이에요. 서귀포 일대의 토양은 화산회토와 비화산회토가 섞여 있고 짙은 갈색에 다소 가볍습니다. 그 덕분에 감귤의 당도가 높아요. 감귤은 유통하는 동안 익는 기간을 고려해 대부분 80% 정도 익었을 때 수확을 한답니다.

## 옛 문헌에 기록된 감귤의 역사

감귤과 관련된 최초의 기록은 《탐라지》에 있습니다. 백제 문주왕 때 탐라국에서 공물로 감귤을 받았다는 기록이 남아 있어요. 제주 지역에서 감귤이 재배되었음을 알 수 있지요. 또한 《고려사》에는 고려가 탐라국에서 조공으로 귤을 받았다고 기록되어 있어요. 조공은 지금의 세금과 비슷한 조세를 말합니다.

조선 시대에는 제주도의 귤을 신기한 과일로 여겨 동지 무렵에 임금에게 바쳤어요. 제주도 주민들이 고생을 많이 했지요. 조정에서는 귤이 대궐에 들어오면 이를 축하하기 위하여 성균관 유생들에게 시험을 보게 하고 감귤을 나누어 주었습니다.

**지리 탐험대**

### 감귤 농장 체험을 떠나요!

매년 제주도에서 제주 감귤의 우수성을 알리기 위해 제주 감귤 박람회를 열어요. 감귤 농장 체험을 할 때는 바구니와 가위를 받아 잘 익은 감귤을 골라 따기만 하면 돼요. 현장에서는 얼마든지 귤을 먹을 수 있고, 남은 귤은 무게를 달아 싸게 구입할 수 있답니다. 이 밖에 풍물패의 길트기와 놀이패의 감귤 신에 대한 축원 등의 행사가 열려요.

 '화산회토'는 화산재가 바람에 날려 지표나 수중에 퇴적하여 생긴 토양이에요. 검고 가벼운 특징이 있습니다.

# 조수 간만의 차가 무엇인가요?

- **조수 간만의 차** 밀물과 썰물 때 해수면 높이의 차이.
- **방조제** 밀물 때 생기는 피해를 막기 위해 바닷가에 쌓는 둑.

**교과서** 5학년 1학기 1단원 살기 좋은 우리 국토  **핵심 용어** 조수 간만의 차, 방조제

## 우리나라 서해안은 밀물과 썰물의 차이가 커요

우리나라는 3면이 바다로 둘러싸인 반도입니다. 그중 서해안과 남해안의 바다는 밀물(만조) 때 바닷물이 들어오고, 썰물(간조) 때 바닷물이 빠져 갯벌이 드러나지요. 이렇게 밀물과 썰물 때 해수면 높이의 차이를 **조수 간만의 차**라고 말해요. 우리나라 서해안은 조수 간만의 차가 평균 5m 정도입니다. 우리나라에서 가장 큰 만인 아산만은 조수 간만의 차가 8.5m 정도로 큰 편에 속한답니다.

조수 간만의 차를 이용한 수문식 독

## 썰물 때에도 배를 댈 수 있는 인천항의 수문식 독

서해안은 바닷물이 빠져나가는 썰물 때가 되면 해안의 바닥이 드러나 갯벌이 돼요. 그러면 항구까지 배가 못 들어오니 배를 댈 수 없겠지요. 이런 이유로 만든 것이 수문식 독이에요. 이를 갑문식 독이라고도 합니다.

　수문식 독은 인공 수로와 갑문을 설치해 밀물 때 들어온 바닷물이 빠져나가지 못하도록 막아 두는 시설이에요. 수문식 독 덕분에 인천항에서는 밀물과 썰물에 상관없이 항상 배를 댈 수 있답니다.

### 지리 탐험대

#### 방조제를 왜 세울까요?

우리나라 서해안은 조수 간만의 차가 큰 탓에 밀물 때가 되면 바닷물이 하천을 따라 깊숙이 들어옵니다. 이 바닷물은 하천 주변의 흙속에 들어가고 이 소금물을 빨아올린 농작물은 말라 죽습니다. 이런 피해를 막기 위해 바닷가에 쌓는 둑을 **방조제**라고 합니다. 하지만 방조제를 세우면 다른 환경 문제가 생기기도 해요.

 세계에서 조수 간만의 차가 가장 큰 지역은 캐나다의 동쪽 뉴브런즈윅주와 노바스코샤주 사이에 있는 펀디만이라는 바다예요. 펀디만의 조수 간만의 차는 무려 15~20m에 달하는데, 이것은 아파트 9층 높이에 해당합니다.

# 굴비가 유명한 지역은?

• **특산물** 한 지역에서 특별하게 생산되는 물건이나 음식. 지역마다 기후, 지형과 같은 특성에 따라 영향 받는다.

교과서 4학년 1학기 2단원 우리가 알아보는 지역의 역사　핵심 용어 특산물, 영광 굴비, 구례 산수유

## 바다와 이웃하고 평야가 발달한 전라도

전라도는 호남평야에서 나는 곡식과 여러 가지 해산물, 채소 등 식재료가 풍부해요. 다른 지방보다 음식 종류가 많고, 화려하고 다양한 음식을 만들어요. 전라도는 전주와 광주를 중심으로 음식 문화가 발달했습니다. 전주에서는 비빔밥이 널리 알려져 있어요. 그 밖에 남원에서는 미꾸라지를 끓여 먹는 추어탕이 유명하고, 여수 돌산 갓김치, 담양 대통밥과 떡갈비, 목포 세발낙지가 유명하답니다.

## 굴비 하면 영광, 녹차 하면 보성이죠!

영광 법성포에서는 조기를 잡아 만드는 '영광 굴비'가 최고의 명성을 자랑해요. 광주는 옛날부터 참빗과 무등산 수박이 유명합니다. 나주에서 나는 배는 전국에서 가장 맛이 좋다고 알려져 있어요.

흑산도를 비롯한 신안군은 홍어, 목포는 세발낙지, 무안은 마늘과 양파 등이 특산물입니다. 구례는 산수유, 밤, 야생 녹차, 고로쇠 등이 유명해요. 보성은 기후와 땅이 차를 재배하기에 알맞아 녹차로 널리 알려져 있고, 바다와 맞닿아 섬이 많은 완도는 김과 같은 해조류가 많이 납니다. 고려청자의 생산지였던 부안은 지금도 도자기가 유명하답니다.

### 지리 탐험대

**우리 동네 특산물에 얽힌 유래는?**

산수유는 언제부터 구례에 많이 자랐을까요? 약 1,000년 전 중국 산동성에 살던 처녀가 지리산 기슭에 있는 마을로 시집왔대요. 이때 산수유 열매를 가져와서 심었다는 전설이 있습니다. 여러분이 사는 곳의 특산물을 찾아보고, 어떻게 그 특산물이 고장을 대표하게 되었는지 조사해 보세요.

 매년 3월 국내 최대 산수유 마을인 전남 구례군 산동면에서 산수유 꽃 축제가 열려요. 노란 산수유의 꽃말은 영원한 사랑입니다. 산수유 꽃말을 따라 산수유 꽃 축제의 주제는 '영원한 사랑을 찾아서'예요. 전국 생산량의 74%를 차지하고 있는 구례 산수유는 건강에도 좋다고 합니다.

# 수만 권의 책을 쌓은 듯한 채석강

교과서 5학년 1학기 1단원 살기 좋은 우리 국토  핵심 용어 채석강

• **부안 채석강** 중국 당나라 시인 이태백이 뱃놀이를 하다 강에 비친 달빛에 반해 빠졌다는 채석강에서 이름을 따와 붙인 곳.

## 바다인데 왜 채석'강'이라고 하나요?

전라북도 부안 변산반도 국립 공원 안에 채석강이 있어요. '강'이라는 이름이 붙었지만 사실 이곳은 바다예요. 왜 채석강이라는 이름이 붙었을까요?

중국 당나라 시대, 시인 이태백이 있었습니다. 어느 날 이태백이 술을 마시고 강에서 뱃놀이를 즐겼죠. 어느 날 강가에 비친 달을 잡으려고 손을 뻗다가 강에 빠지고 말았어요. 그 강이 바로 채석강이에요. 부안에 있는 채석강은 이태백이 놀던 채석강과 풍경이 비슷하다 하여 같은 이름이 붙었지요.

부안 채석강  *자료: 문화재청

## 채석강은 어떻게 만들어졌을까요?

채석강의 해안 절벽은 책 수만 권을 차곡차곡 포개 놓은 듯한 퇴적암층이에요. 이런 풍경은 언제 만들어졌을까요? 중생대 말에 이 지역에서 화산 폭발이 여러 차례 일어났어요. 화산 작용으로 땅이 가라앉아 큰 호수가 되었습니다. 호수로 하천이 흘러 들어오면서 흙과 모래와 자갈을 운반해 퇴적층을 만들었어요. 이것은 나중에 단단한 퇴적암이 되었습니다.

채석강 주변에서는 다양한 암석을 볼 수 있어요. 진흙이 쌓이고 굳은 이암, 진흙이 굳어져 이암과 같지만 줄무늬가 있는 셰일, 모래로 만들어진 사암, 모래와 자갈이 굳은 역암 등이 있습니다. 화산재가 쌓여 생긴 응회암도 있고, 용암이 식은 화산암도 있어요.

### 지리 탐험대

**채석강을 보려면 물때를 잘 맞춰야 해요**

채석강의 해안 절벽은 바닷물이 가득 찬 만조 때는 가까이에서 볼 수 없어요. 바닷물이 완전히 빠져나간 간조 때 해안 절벽을 살펴볼 수 있습니다.

부안 채석강 해안 절벽  *자료: 문화재청

 채석강 물이 빠졌을 때는 퇴적암 곳곳에 붙어 있는 바다 생물과 해식 동굴의 신비로운 모습도 볼 수 있어요. 이곳에서 바라보는 노을은 정말 아름다워 관광객들이 많이 찾는답니다. 채석강은 전라북도 기념물 제28호예요.

# 물고기가 많이 모이는 황금어장 남해

• **거문도 등대** 적의 침입을 막기 위해 남해안에 최초로 세운 등대.
• 남해에는 섬이 많아 해안선이 복잡하며, 1년 내내 난류가 흐른다.

교과서 5학년 1학기 1단원 살기 좋은 우리 국토　핵심 용어 남해, 거문도 등대, 가두리 양식

## 많은 섬을 품은 남해

해안선이 복잡하고 섬들이 많은 남해에는 우리나라 섬의 60%가 있어요. 섬이 아주 많지요. 남해에는 다도해 해상 국립 공원이 있어요. 해상 국립 공원에는 다양한 모양의 기암괴석을 자랑하는 섬들이 있습니다. 거문도, 백도, 청산도 등은 옛날에 해상 무역을 했던 곳이고, 왜적을 물리친 요충지이기도 해요. 지금은 따뜻한 기후와 아름다운 풍경에 이끌려 많은 사람들이 찾습니다.

## 가두지 않고 기르는 친환경 바다 목장

남해는 1년 내내 따뜻한 바닷물인 난류가 흘러요. 이 때문에 수온이 고르고 물살이 세지 않아 물고기가 알을 낳기 좋지요. 물고기가 많이 모여드는 남해는 황금 어장이에요. 남해는 해조류, 어패류 등 수산 양식업이 발달했어요. 특히 이곳은 자연 상태에서 물고기를 기르는 자연 양식업이 많아요.

이전에는 그물망을 설치해 물고기를 기르는 가두리 양식이 많았습니다. 하지만 가두리 양식은 바다를 오염시키고 수산 자원 생산량을 높이는 데 좋지 않아요. 이 때문에 최근에는 친환경으로 물고기를 키우는 어업이 발달했어요. 친환경 양식업은 바다에 인공 어초를 넣어 바다 숲을 일굽니다. '음향 급이기'라는 기계로 음파를 보내 물고기가 이곳에 살도록 하죠. 이 방법을 처음 시작한 곳은 통영시 앞바다예요.

### 지리 탐험대

**남해안을 가장 오래 지켜 온 등대는?**

조선 시대인 1885년 영국이 불법으로 거문도를 점령했어요. 거문도는 군사적으로 중요한 곳이었거든요. 이후 수차례 일본이 섬을 불법으로 차지했어요. 이 사건을 계기로 적의 침입을 막기 위해 1905년 섬에 거대한 등대를 설치했답니다. 세워진 지 100년이 지났지요. 지금은 유물로 보존해 두고, 옆에 새로운 등대를 세워 바다를 비추고 있어요.

 남해에는 보물 같은 섬이 많습니다. 임진왜란 당시 주민들이 대나무 화살로 왜적을 무찌른 섬 '국도', 기암괴석으로 빼어난 경치를 자랑하는 '소매물도', 조선 중기 문신인 윤선도가 귀양살이를 했던 '보길도'가 유명해요.

# 우리나라의 3대 악성은 누군가요?

• **3대 악성** 국악에서 뛰어난 업적을 남긴 고구려의 왕산악, 신라의 우륵, 조선의 박연. 충북 영동군에서 박연을 기리는 축제를 연다.

**교과서** 4학년 1학기 2단원 우리가 알아보는 지역의 역사  **핵심 용어** 3대 악성, 역사적 인물, 난계 박연

## 국악을 발전시킨 세 사람

3대 악성이란 우리나라 국악에서 뛰어난 업적을 남긴 3인을 이르는 말이에요. 고구려의 왕산악, 신라의 우륵, 조선의 박연을 일컫습니다. 왕산악은 고구려 거문고의 대가로, 진나라의 악기 칠현금을 개조하여 거문고를 제작했어요.

우륵은 가야 말기 가실왕의 주문으로 12현의 가야금을 만들고, '가야 12곡'을 만들었어요. 신라가 3국을 통일한 후에는 신라에 가야금을 전수했답니다.

박연은 조선 세종 때 활동한 음악가입니다. 악기를 개량하고, 음계를 조정했으며, 향악 대신 아악을 사용하는 등 궁중 음악을 정비했어요. 이렇게 우리나라 음악의 기초를 확립했습니다.

## 난계 박연 선생을 기리는 영동 난계 국악 축제

매년 10월이면 충북 영동군에서는 난계 박연 선생의 업적과 국악을 널리 알리기 위해 영동 난계 국악 축제가 열려요. 국악기 제작부터 감상, 연주까지 모두 체험해 볼 수 있습니다. 대표적인 행사로는 북을 치는 타북식, 난계 거리 퍼레이드, 국악기 제작 및 연주 체험, 조선 시대 어가 행렬 및 종묘제례악 시연 등이 있어요.

둥기둥 둥당~

### 지리 탐험대

**박연 선생의 업적을 조사해 봐요**

박연의 가장 큰 업적은 율관 제작의 시도라고 해요. 율관은 음악의 기본이 되는 12음을 불어서 소리 낼 수 있는 대나무관을 말해요. 박연은 도량형을 통일해 황종율관(12율관)을 만들었는데, 이것이 조선 도량형의 기준이 되었답니다. 도량형의 '도'는 길이, '량'은 부피, '형'은 무게를 말해요. 오늘날의 계량이나 계측과 똑같은 뜻이지요.

12율관
*자료: 국립국악원

국악은 궁중에서 전승되어 온 아악, 당악, 향악(속악)과 우리 민족의 생활 속에서 계승된 한민족 음악, 한국 창작 음악까지 포함하는 우리나라 음악을 말해요.

# 혁신 도시로 살고 싶은 지역을 만들어요

> **지역 불균형** 지역 사이에 자원이나 사회적인 기회가 골고루 나눠지지 않아 큰 차이가 생기는 상태.

**교과서** 5학년 1학기 1단원 살기 좋은 우리 국토  **핵심 용어** 지역 불균형, 혁신 도시

## 지역 불균형 문제를 해결하려면?

도시가 발달하면서 사람들은 일자리와 교육, 편의 시설을 찾아 대도시로 많이 이주했어요. 자연히 대도시가 아닌 지역은 인구가 줄어들고, 그에 따라 지역 경제도 발달이 더뎌졌지요. 그래서 정부에서는 다양한 지역이 함께 발달할 수 있도록 여러 정책을 세웠어요. 그중 하나가 **혁신 도시**예요. 공공기관을 이전하여 기업, 대학 연구소 등이 함께 협력할 수 있는 환경을 만드는 정책이지요. 혁신 도시는 지역 특성에 따라 다양하게 개발한답니다. 지역 발전에 앞장서고, 친환경 또는 교육 문화를 내세워 사람들이 살고 싶은 도시로 만드는 거예요.

## 광주와 전남의 혁신 도시 나주!

나주의 빛가람동 부근은 광주광역시와 전라남도가 함께 추진하기로 한 나주 혁신 도시예요. 한국 전력 공사, 한국 농어촌 공사, 한국 문화 예술 위원회 등 다양한 공공기관이 이전을 결정하였답니다. 전력 사업이나 농수산업, 방송 통신 사업, 문화 예술 사업을 바탕으로 지역 발전을 이루기 위해 정부와 지방 자치 단체가 함께 노력하고 있지요. 공공기관 이전으로 많은 일자리가 생겨나기를 기대하고 있어요. 광주와 전남의 젊은이들이 고향을 떠나지 않고 질 좋은 직장을 갖고 생활 터전을 꾸릴 수 있답니다.

### 지리 탐험대

**혁신 도시는 또 어디에 있을까요?**

같은 도시라 하더라도 경제 발달이 더딘 지역은 혁신 도시로 지정되기도 해요. 부산의 남구 문현동, 울산의 중구 우정동 등을 꼽을 수 있습니다. 세종특별자치시도 혁신 도시 중 하나예요. 우리 지역에서 가까운 혁신 도시는 또 어디인지 찾아보세요.

 혁신 도시 사업은 아직 진행 중이랍니다. '국가 균형 발전 특별법'이라는 정책 아래 2030년까지 계획을 마련해 놓았습니다.

# 공업 지역은 왜 바닷가에 많을까요?

• 지역마다 자연환경과 입지 조건에 따라 다양한 공업이 발달한다. 우리나라 공업 지역에는 남동 임해 공업 지역, 태백산 공업 지역 등이 있다.

교과서 5학년 1학기 3단원 우리 경제의 성장과 발전 심화  핵심 용어 공업 지역

## 다양한 우리나라의 공업 지대

우리나라는 지역마다 다양한 공업이 발달했어요. 편리한 교통과 넓은 소비 시장, 풍부한 노동력이 있는 '수도권 공업 지역', 지하자원이 풍부한 '태백산 공업 지역', 원료의 수출입이 편리한 '남동 임해 공업 지역' 등이 있지요.

지역마다 입지 조건이 다르고 자연환경이 다르기 때문에 이처럼 다양한 공업이 발달했어요. 한 가지 공통점은 입지 조건이 비슷하면 같은 공업 지대가 생긴다는 사실입니다. 소비 시장이 넓은 곳은 음료·인쇄·출판 공업이, 항구가 발달한 곳은 제철·중화학·정유 공업이, 노동력이 풍부한 곳은 섬유 공업이 발달하지요.

## 바닷가에 발달한 남동 임해 공업 지역

경상북도 포항 쪽에는 '남동 임해 공업 지역'이 있어요. 이들 공업 지역은 주로 바닷가에 있습니다. 항만이 많아 원료를 수입하고 제품을 수출하기 편리하기 때문이에요. 또 인구도 많아 노동력도 풍부하답니다.

전라남도에 있는 '호남 공업 지역'은 서해안 개발을 하면서 공업이 발달했어요. 1970년대부터 광양, 순천 등에 공장이 들어섰고 이후 여수에 석유 화학 공업 기지가 만들어졌어요. 광양만에는 광양 종합 제철소가 건설되었습니다.

### 지리 탐험대

**지도에서 우리나라 공업 지역을 찾아봐요**

반월 공업 단지는 안산에 있고, 시화 공업 단지는 안산과 시흥에 있어요. 전자, 자동차 부품, 기계, 전기 관련 공장이 많아 경기도에서 가장 큰 규모의 공업 단지예요. 가까이에 인천 국제공항과 인천항이 있어 수출과 수입이 편리해요.

 전라남도에 있는 호남 공업 지역은 다른 지역에 비해 공업이 크게 발달하지 못했어요. 하지만 서해안 개발에 맞춰 본격적인 개발이 진행되고 있어요.

# 문화 발전에 힘쓰는 광주의 미술 전람회는?

- **광주 비엔날레** 광주에서 2년에 한 번 열리는 국제 미술 전람회.
- **무등산** 광주에 있는 산으로 무등산에서 나는 수박이 유명하다.

교과서 4학년 1학기 2단원 우리가 알아보는 지역의 역사    핵심 용어 광주 비엔날레, 무등산 수박

## 광주는 어떤 곳인가요?

광주는 전라남도 중북부에 있는 대도시로서 호남 지방의 행정, 산업, 교육, 문화의 중심지예요. 산으로 둘러싸인 분지이고, 무등산이 우뚝 솟아 있어요. 기후는 비교적 더위와 추위의 차가 적어 온화해요. 무등산 수박은 맛의 고장으로 유명한 광주에서 가장 알려진 농산물입니다. 1913 송정역 시장이 먹거리 장소로 유명해요. 그리고 광주는 5·18 민주화 운동이 일어난 곳입니다. 우리나라 민주화의 성지로도 널리 알려져 있어요.

무등산

광주 비엔날레 건물

국립 5·18 민주 묘지

## 광주 미술 전람회 '광주 비엔날레'

예술을 즐기는 사람이 많고, 각종 예술이 발달한 광주에서는 1995년부터 2년마다 광주 비엔날레가 열려요. 비엔날레는 미술 전람회로, 비(bi)에는 '2', 엔날레(ennale)에는 '년'이라는 뜻이 담겨 있어요. 5·18 민주화 운동 이후 민주 정신과 문화 예술 전통을 높이 발전시키기 위하여 광주 비엔날레를 열었지요. 광주 비엔날레는 세계 유명 작가의 작품을 여러 공간에 전시하고 있어요.

광주 비엔날레와 광주 디자인 비엔날레는 한 해씩 번갈아 열립니다. 광주 디자인 비엔날레도 미국의 뉴욕 타임스가 세계적인 축제로 인정할 만큼 유명한 전람회랍니다. 광주에서는 국제 미술 전람회도 열려요.

### 지리 탐험대

#### 어린이 문화원에 가 볼까요?

광주는 1년 내내 즐길 수 있는 국립 아시아 문화 전당을 만들어 다양한 문화 행사를 펼치고 있어요. 전당에는 어린이 문화원도 있어서 어린이를 위해 교육, 공연, 전시 프로그램도 제공한답니다. 아이들이 놀이를 하면서 문화 체험을 할 수 있는 시설도 갖췄어요.

광주 비엔날레의 공식 마스코트는 '비두리'입니다. 비엔날레 개최지인 광주광역시를 상징하는 비둘기를 형상화했대요.

# 갯벌의 경제 가치는 농경지 못지않아요!

• **갯벌** 밀물 때 물에 잠기고 썰물 때 물 밖으로 보이는 바닷가나 강가의 넓고 평평한 땅. 자연재해를 막고, 바닷물을 정화하는 역할을 한다.

교과서 5학년 1학기 2단원 환경과 조화를 이루는 국토    핵심 용어 갯벌

## 우리나라 갯벌의 면적은 서울 면적의 6배

갯벌은 바닷가나 강가의 넓고 평평한 땅을 말해요. 밀물 때는 물속에 잠기지만, 썰물 때가 되어 바닷물이 빠지면 땅으로 드러나는 부분입니다. 3면이 바다인 우리나라는 갯벌이 넓지요. 갯벌의 면적이 약 2,500km²인데, 이것은 서울 면적의 4배에 해당한대요.

갯벌엔 우리가 있어!

## 갯벌의 경제 가치는 얼마일까요?

우리나라의 갯벌은 흑두루미, 노랑부리저어새 등 철새 200여 종의 겨울 쉼터가 되어 줍니다. 갯벌 속에는 농게, 칠게, 밤게, 민챙이, 검은갯지렁이, 말뚝망둥어, 짱뚱어 등이 살아요. 1,000종이 넘는 다양한 생물이 산답니다. 서남 해안에 사는 어민들은 갯벌에서 나는 바지락, 가무락, 맛조개, 낙지 같은 수산 자원을 채취해 소득을 올립니다.

특히 우리나라의 서남 해안 갯벌은 섬과 갯벌이 어우러진 아름다운 경치를 자랑해요. 소중한 관광 자원도 됩니다. 이렇게 갯벌이 지니는 경제 가치는 농경지의 가치에 못지 않다고 하니 참 놀랍지요?

### 지리 탐험대

### 갯벌은 어떤 역할을 하나요?

갯벌은 바다의 오염 물질을 거르고, 갯벌에 사는 작은 생물들은 오염 물질을 분해해 주지요. 그뿐만이 아니에요. 갯벌은 바다에서 몰려오는 에너지를 흡수해 태풍 피해를 줄여 줘요. 이 밖에 어떤 역할을 하는지 알아보세요.

 갯벌은 대기의 온도와 습도를 조절하여 자연재해가 발생하지 않도록 해 줘요. 또 지구온난화를 막아 해수면이 상승하지 않도록 해요. 해수면이 상승하면 해안이 바다에 쓸려 내려가는 해안 침식 현상이 일어나는데, 갯벌이 그걸 막아 주기도 해요.

# 바다가 둘로 갈라지는 신비한 바닷길

• **바닷길** 땅이 주변보다 높아 물이 밀려 들어올 때는 잠기고, 물이 빠져나가는 썰물 때 물위로 드러나는 땅.

**교과서** 3학년 1학기 2단원 우리가 알아보는 고장 이야기　**핵심 용어** 바닷길, 뽕할머니의 전설

## 바닷길이 어떻게 생길까요?

전남 진도군 고군면에 가면 바다가 둘로 갈라지는 바닷길이 있어요. 해마다 음력 3월 보름 무렵 거짓말처럼 바닷길이 열린답니다. 사람들은 이곳을 신비의 바닷길이라 부르며 축제를 열어요. 바닷길이 열리는 시간은 한두 시간 정도로 이때만 되면 전국에서 몰려든 관광객들로 발 디딜 틈이 없어요.

　바닷길은 어떻게 생길까요? 육지로 물이 밀려 들어오는 밀물 때가 되면 당연히 해수면이 높아지고, 물이 빠져나가는 썰물 때는 해안가의 땅이 드러나요. 이때 바닷길이 열립니다. 이렇듯 밀물과 썰물이 드나드는 조수 간만의 차로 바닷길이 생겼다 없어졌다 한답니다. 매일 열리지는 않아요.

를 비는 기원제를 열었어요. 이후 마을 축제로 자리 잡았지요.

## 바닷길이 열리게 한 뽕할머니 전설

옛날 옛적, 지금의 바닷길이 있는 회동 마을에 호랑이가 자주 나타났어요. 마을 사람들은 호랑이가 무서워 바다 건너 자리한 모도로 피했죠. 그런데 뽕할머니만 마을을 빠져나가지 못했어요. 혼자 남겨진 할머니는 가족을 그리워하며 매일 용왕님께 빌었죠. 그 간절한 바람에 용왕님은 섬과 육지 사이에 무지개를 드리우고 바닷길을 만들어 줬어요. 길이 열리자 사람들은 뽕할머니를 찾았습니다. 그러나 할머니는 기력을 다해 그만 저세상으로 떠나고 말았죠. 이후 사람들은 뽕할머니의 간절한 바람이 바닷길을 만들었다며 해마다 풍어와 소원 성취

**지리 탐험대**

### 바닷길 열리는 곳을 찾아가요

전라남도의 완도와 신안, 충청남도의 간월도, 무창포 등지에도 육지에서 섬으로 걸어갈 수 있는 바닷길이 열려요.

　바닷길이 열리는 때는 1년에 2~3번밖에 없어요. 이 때문에 바닷길에 가기 전에는 누리집에서 바닷길이 열리는 물때 정보를 확인해야 해요. 바닷길의 길이는 2.8km이고 너비는 30~40m입니다.

146

# 전라도와 경상도를 잇는 장터의 이름은?

교과서 4학년 2학기 2단원 필요한 것의 생산과 교환  핵심 용어 시장

• **시장** 여러 지역의 상품을 모아 사고파는 장소. 지역마다 환경이 달라 생산하는 상품도 다르다.

## 화개 장터에는 없는 게 없어요

화개 장터는 아주 오래된 시장이에요. '화개 장터'라는 노래가 있을 정도죠. 옛날에는 우리나라 5대 전통 시장 중 하나일 만큼 사람들이 많이 찾는 시장이었답니다. 화개 장터는 경상도와 전라도 사이 섬진강가의 화개 마을에 있어요.

산골에 사는 사람들은 고사리, 더덕, 감자 등을 팔고, 평지에서 농사를 짓는 사람들은 쌀, 보리 등을 가져와서 팔았습니다. 바닷가 근처에 사는 사람들은 물고기 같은 수산물을 가져와 팔았으니, 없는 게 없다는 말이 딱 맞겠죠?

## 대형 마트와 다른 전통 시장의 매력

재래시장이라고 부르는 전통 시장은 대형 마트나 백화점과 다르게 물건을 파는 상인과 소비자가 직접 만나 물건을 사고 판다는 점이 매력입니다. 이러한 친근함과 흥정하는 재미 덕분에 아직도 많은 사람들이 시장을 찾아요. 이런 시장은 지역 주민들이 모이는 만남의 장이 되기도 해요. 축제가 열리기도 하죠.

여러 지역 사람들이 모이는 곳인 만큼, 화개 장터에는 다양한 특산품이 있습니다. 화개 장터에 가면 녹차, 밤, 매실 같은 하동의 특산품을 볼 수 있어요. 이뿐만 아니라 섬진강의 재첩도 유명해요. 재첩은 자그마한 조개랍니다. 그리고 맑은 물에서만 사는 물고기인 은어도 팔아요.

### 지리 탐험대

**장터의 위치를 지도에서 찾아봐요**

전통 시장은 보통 지역과 지역 사이의 경계에 있거나, 사람들이 많이 다닐 만한 길목에 자리 잡는답니다. 전국 각지에 있는 시장을 구경하면 재미있어요. 전북 남원에는 인월 5일장이 유명하고요. 경주 상주에는 풍물 5일장이 열려요.

전통 시장 중에는 5일에 한 번씩 열리는 5일장이 많습니다. 화개 장터도 원래는 5일장이었지만 지금은 매일 열리는 상설 시장으로 운영되고 있어요.

# 구석기 때 우리나라에 사람이 살았대요!

• **구석기** 약 250만 년 전부터 약 1만 년 전까지 이르는 시기. 충청남도 공주 석장리 유적을 비롯한 유적지에서 당시 생활상을 알 수 있다.

교과서 3학년 2학기 2단원 시대마다 다른 삶의 모습  핵심 용어 구석기

## 처음 발견한 구석기 유적지는?

우리나라에는 구석기부터 청동기까지 선사 시대 유적지가 많아요. 그중에서도 단양 수양개 유적지는 가장 면적이 넓은 유적지로 구석기에서 청동기에 걸친 유적지랍니다. 그 외에 청원 두루봉 동굴, 제천 점말 동굴 등이 알려져 있어요.

광복 전까지 한반도의 구석기 문화는 알려지지 않았습니다. 하지만 충청남도 공주 석장리 유적과 함경북도 웅기 굴포리 유적을 발견하면서 한반도에 구석기인이 살았다는 사실을 알아냈답니다. 유적지의 집터 안에서 나온 머리털을 분석한 결과, 현대인의 머리카락과 같았어요.

구석기 시대 유적지

## 구석기인도 예술을 즐겼대요

사람이 살려면 집이 반드시 필요하겠지요. 구석기인은 어떻게 살았을까요? 유적을 살펴보면 여름철에는 화덕을 집 밖에, 겨울철에는 집 안에 두고 사용했대요. 불을 피우는 데 썼던 돌이 유적지에서 나왔답니다.

땅바닥과 벽에서는 홈을 파서 새겨 놓은 고래의 모습을 발견했습니다. 둥글납작한 자갈돌 끝으로 선을 그어 그림을 그렸지요. 또 돌에 물고기의 아가미, 눈, 비늘을 새겨 만든 조각도 발굴했어요. 이를 보아 구석기인의 예술성을 짐작할 수 있습니다.

### 지리 탐험대

**선사 시대 유적지를 탐방해 봐요!**

우리나라 선사 시대 유적지는 어디에 있는지 찾아 탐방해 보세요. 공주 석장리 유적지에서는 최근에 복원된 선사 시대의 생활상도 볼 수 있어요.

 공주 석장리 유적은 1964년 미국인이 뗀석기를 발견한 것을 계기로, 모두 12차례에 걸쳐 조사했어요. 조사 결과, 구석기 유적지로 밝혀졌습니다. 광복 후 남한 지역에서 최초로 발굴한 구석기 유적지랍니다.

# 심청이 몸을 던진 인당수는 어디일까요?

• 옛이야기로 고장의 자연환경을 알 수 있다. 백령도와 변산반도는 깊고 푸른 바다가 있어 각각 심청전의 배경지로 주장하고 있다.

교과서 4학년 1학기 2단원 우리가 알아보는 지역의 역사  핵심 용어 심청각

### 심청은 실제로 있었던 인물일까요?

심청전은 조선 시대의 한글 소설이자, 판소리계 소설이에요. 구전되어 내려오던 설화를 바탕으로 쓰였대요. 눈이 먼 아버지가 눈을 뜨도록 자기 몸을 공양미 300석에 팔아 인당수에 제물로 바치는 내용이지요.

인당수가 어떤 곳이기에 심청을 제물로 던져야 했을까요? 심청전에 따르면 바닷길이 매우 험난하고 거칠었대요. 처녀를 제물로 바쳐야만 용왕님이 바다를 잠잠히 만들었다고 합니다. 이런 내용을 바탕으로 우리나라에서는 심청전의 실제 배경이 어디였는지 의견이 분분했어요.

### 백령도일까요, 변산반도일까요?

백령도에는 심청각이라는 관광지가 있어요. 심청의 고향은 황해도인데, 백령도에서 마주 보이는 장산곶의 앞바다가 심청이 몸을 던진 인당수라는 것이지요. 심청각을 지어 백령도가 심청전의 배경지라고 알린 것입니다.

그런데 최근에는 전남 송광사에서 소장하던 《관음사적기》에 심청전과 비슷한 내용의 설화가 적혀 있는 것을 바탕으로 곡성이 심청전의 배경이라는 주장이 힘을 얻기 시작했어요. 심청이 300년 전 전남 곡성에서 살았고, 심청전에 등장하는 인당수는 변산반도 격포 앞바다의 임수도라는 주장입니다.

**지리 탐험대**

### 백령도와 변산반도를 찾아볼까요?

지도를 펼쳐 보세요. 백령도와 변산반도 사이의 거리는 약 300km로, 꽤 멀리 떨어져 있어요. 백령도는 황해 최북단의 섬으로, 인천항에서도 배로 3시간 50분이 걸리는 곳이지요. 변산반도는 전라북도에 있는데, 국립 공원으로 지정되어 관광지로도 유명하답니다. 심청이 뛰어든 곳은 어디일까요? 구전되어 내려오는 이야기이지만 한 번 찾아가 상상해 보면 어떨까요?

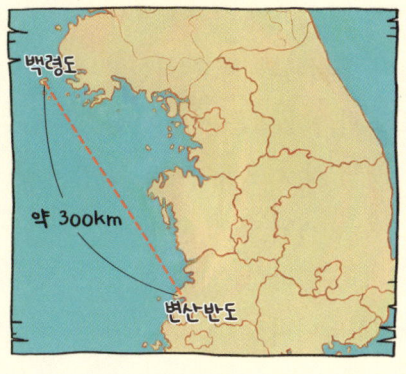

 그 지역을 배경으로 한 설화는 지역 관광 산업에 큰 힘이 돼요. 백령도와 곡성은 각각 심청전 이야기 발굴에 힘을 쏟고 있답니다.

# 은하수를 잡아당길 만큼 높은 산은?

• **한라산** 제주도에 화산 활동으로 생긴 산. 은하수를 잡아당길 만큼 높은 산이라는 뜻에서 붙은 이름이다.

**교과서** 3학년 1학기 2단원 우리가 알아보는 고장 이야기　**핵심 용어** 한라산, 설문대할망의 전설

## 신선들이 사는 영주산 또는 한라산

사방이 바다로 둘러싸인 환상의 섬 제주도에는 높이가 1,950m로 우뚝 솟은 한라산이 있어요. 한라산이란 이름은 은하수를 잡아당길 만큼 높은 산이란 뜻입니다. 옛날부터 신선들이 산다고 해서 영주산이라 불리기도 했고 금강산, 지리산과 더불어 우리나라 삼신산의 하나로 여겨져 왔어요.

한라산 국립 공원은 '유네스코 생물권 보전 지역'이기도 합니다. 한라산의 생태 가치를 알리고 해당 지역의 생태계를 보호하기 위해 지정되었답니다.

다랑쉬오름에서 본 한라산과 오름들
*자료: 김종길

## 설문대할망이 만든 섬

제주도는 어떻게 만들어졌을까요? 여기에는 설문대할망 전설이 얽혀 있어요. 먼 옛날 세상에서 가장 키가 크고 힘이 센 설문대할망은 치마폭에 흙을 퍼 담아 한라산을 만들었대요. 그런데 구멍 뚫린 치마 사이로 흘린 흙이 오름이 되었다고 해요.

실제로 제주도가 있던 곳은 원래 넓은 바다였는데 땅속 마그마가 솟구치면서 만들어졌어요. 이후 용암이 흘러나와 굳고 화산이 폭발하면서 성산일출봉과 한라산 같은 지형이 생겼지요. 한라산은 멀리서 보면 삿갓 모양이에요. 용암이 분출했던 꼭대기는 움푹 파여 있어 여기에 빗물이 채워지면 호수가 돼요. 한라산 꼭대기에 있는 백록담이 그렇게 만들어졌답니다.

### 지리 탐험대

**현무암을 관찰해 봐요**

한라산이 있는 제주도에 가면 겉에 구멍이 많이 뚫린 현무암을 많이 볼 수 있어요. 현무암이 많다는 것은 옛날에 제주도에서 화산 활동이 활발했다는 뜻이에요. 현무암은 지표 가까이에서 용암이 빠르게 굳은 암석입니다. 표면이 거칠고 알갱이의 크기가 작아요. 현무암의 구멍은 화산이 분출할 때 가스와 수분이 빠져나간 자리랍니다.

 '오름'은 제주 지역에 있는 측화산을 말하는 제주 사투리예요. 측화산은 큰 화산의 중턱이나 기슭에 형성된 작은 화산을 말해요.

# 한반도에 누가 동굴을 팠을까요?

**교과서** 5학년 1학기 1단원 살기 좋은 우리 국토  **핵심 용어** 석회 동굴, 고수 동굴

- **석회 동굴** 지하에 흐르는 물이 석회암 지대를 녹여서 만든 동굴.
- 단양은 석회암 지대가 많아 시멘트 산업이 발달했다.

### 한반도에서 가장 아름다운 동굴

우리나라에는 많은 동굴이 있어요. 동굴 중에는 사람들이 굴을 파서 만든 것도 있고 자연적으로 생겨난 굴도 있어요. 많은 동굴 중에서 가장 아름답고 연구 가치가 높은 동굴은 충북 단양군에 있는 고수 동굴이에요. 고수 동굴의 길이는 약 5,400m입니다. 그중 관광객이 들어갈 수 있는 구간은 약 1,200m이지요. 우리가 볼 수 없는 나머지 구간은 동굴 보호를 위해 개방하지 않는답니다.

### 자연은 동굴 조각가예요

동굴의 종류는 여러 가지가 있는데 고수 동굴은 석회 동굴이에요. 이곳이 석회 동굴이 된 이유는 단양과 인근 땅이 석회암 지대이기 때문이죠. 석회암은 조개, 산호의 껍데기나 뼈대가 바다 깊숙한 곳에 오랜 시간 쌓여서 만들어진 암석이에요. 단양과 주변 지역은 고생대에 바다였다는 걸 알 수 있어요.

석회암의 주성분은 탄산칼슘입니다. 탄산칼슘은 물이나 이산화탄소가 녹아 있는 물에 닿으면 쉽게 녹아 버려요. 석회암 틈 사이로 긴 시간 동안 지하수가 흐르면서 석회암을 녹였어요. 그 자리가 텅 빈 동굴이 된 거죠. 땅속 곳곳에 있는 석회암으로 흘러간 지하수가 다양한 지형을 만들어 냈답니다. 이런 과정을 거쳐 한반도에서 손꼽히는 멋진 동굴이 됐어요.

**지리 탐험대**

#### 단양에서 발달한 산업은?

단양은 시멘트 산업이 발달했어요. 시멘트의 원료가 석회암이기 때문이죠. 운송비를 아끼기 위해서라도 원료가 풍부한 석회암 산지에 가까운 공장을 많이 세웠어요.

 천연기념물 제256호인 고수 동굴은 예전에 다양하게 불렸어요. 금마굴, 까치굴, 고습굴, 박쥐굴 등으로 불렀답니다.

# 우리나라에서 가장 큰 섬은?

교과서 4학년 1학기 2단원 우리가 알아보는 지역의 역사  핵심 용어 갈옷, 제주 민속 자연사 박물관

• **갈옷** 면이나 마직물로 만든 저고리, 바지 형태의 옷을 풋감 즙으로 색을 낸 옷. 제주도의 특산물이다.

## 제주도 사람들은 무엇을 먹어요?

제주도의 농촌에서는 농업을 중심으로 생활해요. 어촌에서는 해안에서 고기를 잡거나 해녀들이 잠수 어업을 하고요. 산촌에서는 산을 개간하여 농사를 짓거나 한라산에서 버섯, 산나물, 고사리 등을 채취하여 생활해요. 쌀은 거의 생산되지 않고 콩, 보리, 조, 메밀, 고구마가 많이 나요. 감귤과 전복, 옥돔이 가장 널리 알려진 특산물이에요.

더운 지방이라 음식 간은 대체로 짠 편이고, 양념을 적게 써서 간단하게 만들며 생선을 이용한 회, 국, 죽이 많아요. 전통 음식으로 전복죽과 옥돔구이, 해물뚝배기, 몸국, 갈치조림이 있답니다.

## 제주도를 대표하는 귤과 말

귤은 우리나라에서 제일 따뜻한 제주도 서귀포에서 많이 재배해요. 제주도의 옛 주민들은 작업복이나 일상복으로 시원하고 땀이 나도 몸에 달라붙지 않는 갈옷을 입었어요. 갈옷은 면이나 마직물로 만든 저고리, 바지 형태의 옷을 풋감 즙으로 색을 낸 옷이에요. 풋감 즙에 적시면 빳빳해지기 때문에 세탁 후에도 잔손질을 할 필요가 없답니다.

옛날부터 제주도에서 키운 제주마는 키가 작고 체격도 작지만, 서양 말보다 동작이 빠르고 머리가 영특해요.

### 지리 탐험대

**제주 민속 자연사 박물관에 가 볼까요?**

제주 민속 자연사 박물관은 제주도의 민속 문화와 자연사를 보존하기 위해 만들었습니다. 제주도의 민속 문화가 궁금하다면 방문해 보세요. 제주 사람이 바다를 이용하며 살아온 일상과 전통 문화를 알리는 전시도 한답니다. 갈옷 만들기 체험도 할 수 있어요.

 대한민국 섬 중에서 가장 큰 제주도는 세계에서도 유명한 화산섬이에요. 우리나라의 남쪽에 있고, 난류의 영향을 받기 때문에 연평균 기온이 높아요. 또 우리나라에서 비가 가장 많이 오는 지역으로 꼽힌답니다. 옛날부터 제주도는 바람, 돌, 여자가 많다는 뜻으로 '삼다도'라고 불려요.

# 지역마다 집 모양이 달라요

- **너와집** 소나무나 전나무를 잘라 기와처럼 만들어 지붕을 이은 집.
- **돌담집** 돌로 담을 쌓아 바람을 막은 집.

**교과서** 3학년 2학기 1단원 환경에 따라 다른 삶의 모습  **핵심 용어** 전통 가옥, 너와집, 돌담집, 굴피집

## 사계절을 대비하여 만들었어요

나라마다 특별한 전통 가옥이 있죠. 대부분 자연환경의 영향을 받았답니다. 우리나라는 사계절이 뚜렷한 만큼, 여름과 겨울의 기온 차가 커요. 그래서 여름 무더위와 겨울 추위를 가장 잘 견뎌 낼 수 있도록 만들었답니다.

가장 큰 특징인 온돌은 겨울에 따뜻하게 보낼 수 있도록 고안한 것이고, 대청마루는 여름에 시원하게 지낼 수 있도록 설계한 것이에요. 방과 방 사이에 널찍한 대청마루를 두어 바람이 잘 통하도록 했지요. 집은 남향이 좋다는 말을 들어 보았나요? 남쪽을 바라보아야 따뜻하기 때문이에요.

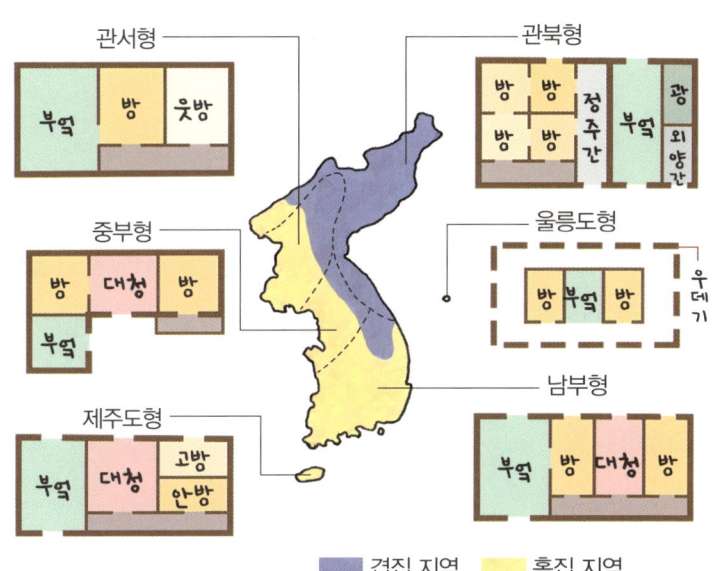

## 집 짓는 재료도 지역마다 달라요

집은 그 지역에서 쉽게 구할 수 있는 재료로 지어요. 농촌에서는 가을에 추수를 하고 남은 볏짚으로 지붕을 얹었습니다. 바람이 많이 부는 제주도에서는 지붕이 바람에 날아가지 않게 억새의 일종인 새로 새끼를 꼬아 그물 모양으로 단단히 고정해 놓습니다.

나무가 많은 강원도 산간에서는 너와집을 지었습니다. 너와집은 나뭇결이 바르고 잘 쪼개지는 소나무나 전나무를 잘라 기와처럼 만들어 지붕을 이은 집이에요. 태백산맥과 소백산맥 일대의 산간에서는 너와집을 지을 나무를 구하기 어려울 때 굴참나무 껍질로 지붕을 이어 굴피집을 짓기도 했어요.

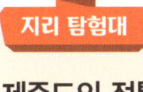

### 제주도의 전통 가옥은 어떻게 생겼어요?

제주도는 바람이 많이 불고 돌이 많기 때문에, 돌로 담을 쌓아 바람을 막았어요. 벽 주변도 굵은 돌로 쌓아 두른 후, 지붕이 날아가지 않도록 새끼줄로 초가지붕을 덮은 모습을 볼 수 있어요.

제주도 돌담집

 전통 가옥은 주변에서 가장 쉽게 구할 수 있는 재료로 짓는 경우가 많았어요. 평야 지역에서는 볏짚으로 지붕을 올리고, 산간 지역에서는 나무를 이용해 지붕을 만들었지요.

# 호남의 금강이라 불리는 산은?

- **내장산** 전라북도 정읍시, 순창군과 전라남도 장성군 지역에 걸친 산. '산 안에 숨겨진 것이 무궁무진하다'는 뜻의 이름이다.

교과서 3학년 1학기 2단원 우리가 알아보는 고장 이야기  핵심 용어 내장산, 서래봉

## 호남의 금강이라 불리는 내장산

내장산 국립 공원은 전라북도 정읍시, 순창군과 전라남도 장성군 지역에 걸쳐 있습니다. 내장산은 '산 안에 숨겨진 것이 무궁무진하다'는 데서 붙여진 이름이에요.

내장산은 예부터 전라북도 남원의 지리산과 전라남도 영암의 월출산, 장흥의 천관산, 전라북도 부안의 변산과 함께 호남의 5대 명산으로 손꼽혀 왔어요. 특히 가을이면 온통 아름다운 선홍빛 단풍이 지천을 물들여 '호남의 금강'이라 불리는 곳이랍니다.

## 봄에는 백양산, 가을에는 내장산이래요

내장산 국립 공원에는 '내장산'은 물론 백양산이라고도 불렸던 '백암산'도 있어요. 봄에는 백양산의 경치가, 가을에는 내장산의 경치가 뛰어나다 하여 속담도 생겼습니다. '봄 백양, 가을 내장'이란 말이지요. 말 그대로 봄에는 철쭉과 벚꽃이 아름다워요. 이뿐만 아니라 여름에는 짙고 무성한 녹음을, 겨울에는 바위 절벽의 멋진 비경과 하얗게 덮인 설경을 뽐냅니다.

신선봉을 주봉으로 서래봉, 장군봉, 불출봉, 까치봉 등이 아담한 내장산을 감싸고 있습니다. 이 능선이 말발굽처럼 보여 특이한 자연 경관을 보여 준답니다.

내장산 서래봉

### 지리 탐험대

**절경 서래봉에 대해 알아볼까요?**

서래봉은 내장산의 북쪽을 두른 바위산이며 내장산을 대표하는 봉우리로 매우 아름답습니다. 서래봉 정상에서 내장호와 멀리 정읍 시내가 한눈에 들어온답니다. 벽련암 2층으로 올라가 누워서 보면 내장산 서래봉의 환상적인 풍경을 감상할 수 있다고 해요. 봉우리의 모양이 마치 농기구인 써레처럼 생겼다 하여 '써레봉'이라고 불렀대요. 지금은 '서래봉'으로 불린답니다.

 써레는 쟁기로 갈아 놓은 논바닥의 흙덩이를 부수거나, 바닥을 판판하게 고를 때 사용해요. 소나 말이 끄는 농기구입니다. 써레질이 끝나면 논농사의 중요한 고비 하나를 넘겼다고 여겼어요. 이때 음식과 술을 장만하고 농악을 즐기는 '써레시침'이라는 풍습도 있답니다.

# 금속 활자로 인쇄된 가장 오래된 책은?

• **흥덕사** 금속 활자로 인쇄된 책 중에 세계에서 가장 오래된 《직지》를 인쇄한 장소. 청주시 흥덕구에 절터가 남아 있다.

교과서 4학년 1학기 2단원 우리가 알아보는 지역의 역사  핵심 용어 직지심체요절, 흥덕사지

## 고려 말 승려 백운화상이 썼어요

금속 활자의 발명은 인류 역사에서 영향력이 큰 100대 사건 중 1위라고 해요. 이 금속 활자를 한국이 세계 최초로 발명하고 사용했답니다. 금속 활자는 납이나 구리 등의 금속을 이용해서 만든 활자를 말해요. 《백운화상초록불조직지심체요절》은 금속 활자로 인쇄된 책으로는 세계에서 가장 오래된 것이에요. 흔히 줄여서 《직지심체요절》 또는 《직지》라고 부르지요.

《직지》가 중요한 이유는 교육서이자 불교문화의 특성을 담고 있다는 데 있습니다. 그리고 금속 활자로 간행되었다는 데에도 의의가 있어요. 직지를 간행한 것은 1377년입니다. 고려 말에 국사를 지냈던 백운이라는 스님이 선불교에서 전해져 내려오는 여러 이야기를 모아 만든 책이에요.

## 세계기록유산인 '직지심체요절'을 기념하는 청주 직지 축제

《직지》는 2001년 유네스코 세계기록유산으로 등재되었어요. 청주에서 만들어진 《직지》가 세계에서 가장 오래된 금속 활자본이라는 점을 유네스코가 인정하는 역사적인 순간이었답니다. 청주에서는 이를 기념하고, 직지를 시민들에게 널리 알리기 위해 2003년부터 2년마다 축제를 열고 있어요.

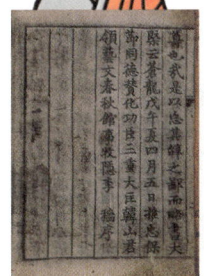

줄여서 '직지' 또는 '직지심체요절'이라고 불러요!

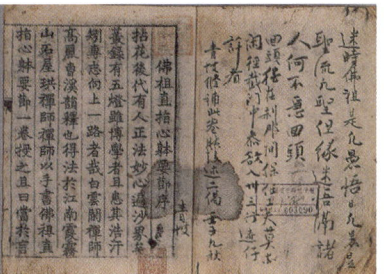

백운화상초록불조직지심체요절  *자료 : 국립중앙박물관

### 지리 탐험대

**《직지심체요절》은 어디에서 인쇄했어요?**

《직지심체요절》을 인쇄한 장소는 '흥덕사'입니다. 통일 신라 시대에 지은 것으로 짐작돼요. 오늘날 청주시 흥덕구에 절터로만 남아 '흥덕사지'라 불려요. 이곳과 옆에 있는 청주 고인쇄 박물관까지 둘러보면 《직지》를 더 잘 알 수 있을 거예요.

《직지심체요절》은 구한말 프랑스를 대표하는 공사가 구입하여, 지금은 프랑스 국립도서관 동양 문헌실에 소장되어 있답니다. 《직지》는 유네스코가 지정한 세계기록유산 가운데, 해당 국가에 있지 않은데도 선정된 유일한 예라고 해요.

# 곡식이 자라는 평야는 어떻게 만들어져요?

- **평야** 벼 같은 곡식이 자랄 수 있는 넓고 평평한 땅.
- **삼각주** 강이 운반해 온 모래와 흙이 강 하류에 쌓여 만들어진 지형.

교과서 4학년 2학기 1단원 촌락과 도시의 생활 모습  핵심 용어 평야, 삼각주

## 평야는 농사짓기에 안성맞춤이에요

우리가 하루 세끼 먹는 밥의 식재료인 쌀은 평야에서 자란 거예요. 벼 같은 곡식이 자랄 수 있는 넓고 평평한 땅을 **평야**라고 합니다. 평야는 주로 우리나라의 서쪽에 많이 몰려 있어요. 큰 강의 하류 지역에 있지요. 평야를 만드는 데 강의 영향이 크기 때문이에요. 강은 높은 곳에서 낮은 곳으로 흘러오면서 흙을 운반해 낮고 평평한 땅을 만들어요. 강이 쓸고 온 흙에는 농사짓기에 알맞은 영양분이 가득 들어 있답니다.

## 우리나라의 대표 곡창 지대는 어디?

우리나라 지형은 동쪽이 높고 서쪽이 낮기 때문에 강 대부분이 서쪽으로 흘러요. 우리나라에서 가장 넓은 평야는 호남평야입니다. 호남평야는 간척 사업으로 더 넓어졌지요. 서울을 가로질러 황해로 흘러드는 한강 하류에는 김포평야가 있어요.

반면 남해로 흘러가는 낙동강 하류에는 김해평야가 있어요. 김해평야는 삼각주 지형으로도 유명해요. **삼각주** 지형은 강이 운반해 온 모래와 흙이 강 하류에 쌓여 섬처럼 만들어진 지형이에요. 강의 상·중류에서 빠르게 흐르던 물은 하류에 오면 속도가 점점 느려집니다. 이 때문에 강물에 휩쓸려 온 모래가 하류에 차곡차곡 쌓여요.

### 지리 탐험대

### 삼각주는 삼각형일까요?

이집트 나일강 하구의 땅은 삼각형 모양이에요. 그 모양이 그리스 문자 Δ(델타)와 비슷하게 생겨 삼각주를 영어로 델타(delta)라고 부릅니다. 그런데 이름이 삼각주라고 해서 다 삼각형은 아니랍니다. 낙동강 하류에 있는 삼각주도 삼각형 모양은 아니에요.

산맥이 발달한 동쪽의 해안가에는 평야가 없을 것 같지만 동해안에도 좁지만 평야가 발달되어 있어요. 성천강 하류의 함흥평야, 용흥강 하류의 용흥평야, 형산강 하류의 포항평야 등이 있답니다.

# 호두과자는 왜 천안이 유명할까요?

- **천안 삼거리** 조선 시대 한양에서 경상도와 전라도로 갈라지는 곳. 교통에 중요한 길목.

교과서 4학년 1학기 2단원 우리가 알아보는 지역의 역사   핵심 용어 천안 호두과자, 천안 삼거리

## 천안 광덕산 아래 호두나무

호두의 고향은 어디일까요? 고려 시대 류청신이라는 사람이 중국에서 호두를 가져와 천안 광덕에 심었다고 해요. 고려 시대 이전부터 호두가 있었다는 기록도 남아 있지요. 천안은 지금까지도 호두로 유명하답니다. 류청신이 호두를 심었다는 광덕산 자락 아래에 호두나무가 줄지어 자라고 있습니다.

호두나무는 아무 곳에서나 자라지 않아요. 물 빠짐이 좋고 경사진 조건이 맞아야 한답니다. 천안 호두는 수입산 호두보다 껍질이 얇고 알이 꽉 차고소한 맛이 특징이에요.

## 철도를 타고 전국 방방곡곡에 입소문이 퍼진 호두과자

천안의 명물은 역시 호두와 더불어 호두과자라고 할 수 있지요. 그런데 왜 호두과자가 천안의 명물로 알려졌을까요? 1934년 천안에서 빵을 만들던 사람이 처음 호두과자를 개발했어요. 호두과자를 천안역 앞에서 팔자 금세 유명해졌지요.

천안은 영남과 호남으로 가는 철도 교통 요충지였기 때문에, 천안을 거쳐 전국을 오가는 사람들의 입소문을 탔어요. 철도 여행을 하면 어김없이 천안 호두과자를 찾았지요. 지금은 전국 고속 도로 휴게소에서 천안 호두과자를 판답니다.

### 지리 탐험대

**노래 '천안 삼거리'를 들어 보았나요?**

"천안 삼거리 흥~ 능수버들은 흥~."으로 시작하는 민요가 있을 정도로 천안 삼거리는 유명해요. 조선 시대에는 한양에서 경상도와 전라도로 갈라지는 곳이었습니다. 이렇듯 교통에 중요한 길목이었기 때문에 한국 전쟁 당시에 치열한 전쟁터가 되기도 하였답니다.

 요즘 호두과자는 외국인에게 인기가 많아요. 몸에 좋은 간식인 데다, 쉽게 상하지 않기 때문에 선물로도 제격이지요.

# 태권도와 택견은 다른 무술인가요?

- **충주 세계 무술 축제** 충주에서 매년 세계의 전통 무술을 선보이는 축제. 우리나라 전통 무술에는 태권도, 택견, 씨름, 국궁 등이 있다.

교과서 4학년 1학기 2단원 우리가 알아보는 지역의 역사  핵심 용어 전통 무술, 충주 세계 무술 축제

## 우리나라의 전통 무술을 알아봐요

우리나라의 대표적인 전통 무술에는 택견과 태권도가 있어요. 태권도의 유래는 우리 민족의 전통 무예인 택견에서 찾을 수 있어요. 택견과 태권도는 발차기 기술을 중시한다는 점에서 비슷하지만 실제 기술에는 차이가 있습니다.

태권도는 비교적 근대에 창시된 무술이고요. 중국이나 일본 무술의 장점도 많이 받아들였어요. 하지만 택견과 태권도 둘 다 우리 고유의 무술에서 나왔답니다.

## 세계의 무술을 만나는 충주 세계 무술 축제

충주 세계 무술 축제는 충주에서 매년 9월 말에서 10월 초에 열려요. 우리나라의 전통 무술인 태권도와 택견은 물론 전 세계의 신기하고 다양한 전통 무술을 보여 준답니다.

세계의 전통 무술에는 소림사의 스님 달마 대사가 몸을 수련하려고 만들었다는 소림 무술, 공격 수단이 주로 차기, 치기, 찌르기인 일본 전통 무술 가라테가 있어요. 그리고 러시아의 전통 무술에 유도 기술이 더해져 만들어진 삼보, 타이의 오래된 전통 무술 무에타이, 브라질의 춤추는 무술 카포에이라 등을 선보여요.

### 지리 탐험대

**우리나라의 전통 무술에는 또 무엇이 있나요?**

활을 쏘아 표적을 맞추어 승부를 겨루는 국궁과 두 사람이 띠나 샅바를 서로 잡고 힘과 재주를 부려 먼저 넘어뜨리는 것으로 승부를 겨루는 각저(씨름)도 우리나라 전통 무술이에요. 그리고 오랜 역사를 가진 맨손 격투기, 수박도와 진검을 사용하는 검법 등이 있답니다.

씨름, 〈단원 풍속도첩〉
*자료 : 국립중앙박물관

 충주는 남한강 분지에 있는 충청북도 제2의 도시예요. 1950년대에 우리나라 최초의 비료 공장이 세워졌고요. 오늘날에는 담배 제조, 섬유, 화학 공장들이 충주에 있어요. 충주호에는 충주와 단양을 오가는 유람선이 관광객에게 인기가 많아요. 역사가 오래된 수안보 온천과 월악산 국립 공원이 대표적인 관광지랍니다.

# 왜 세종시로 정부 기관을 옮겼을까요?

• **세종특별자치시** 지역의 균형 있는 발전을 위해 서울에 집중된 행정 기관을 분리해 세종시로 옮기면서 만든 도시.

교과서 5학년 1학기 1단원 살기 좋은 우리 국토   핵심 용어 세종특별자치시

## 원래 세종시라는 도시가 있었나요?

우리나라 인구의 약 $\frac{1}{5}$은 서울에 살아요. 중앙 행정 기관도 대부분 수도인 서울에 몰려 있지요. 그래서 수도권은 점점 커지고 발전하는데, 지방은 발전이 늦어졌어요.

모든 지역의 균형 있는 발전을 위해 정부에서는 서울에 집중된 행정 기관을 분리하기로 했습니다. 행정 중심 복합 도시로서 세종특별자치시를 만들기로 했답니다.

## 서울에 집중된 행정 기관을 분리해 세종특별자치시를 만들었어요

세종특별자치시는 전국 어디서나 2시간 이내에 닿을 수 있는 교통 요지입니다. 원래는 충청남도 연기군 전체와 공주시, 청원군의 일부인 지역이었지만, 2006년에 통합하여 세종시라는 이름을 붙이고 2012년에 특별자치시가 되었어요.

36개 중앙 행정 기관과 16개 국책 연구 기관을 세종시로 옮기면서, 우리나라의 어엿한 행정 중심 복합 도시가 되었어요. 교육, 문화, 첨단 산업의 기능을 모두 갖추었답니다.

### 지리 탐험대

#### 세종시라는 이름의 유래는?

세종시 전의면에는 왕의 물이라고 불리는 천연 탄산수가 나와요. 세종 대왕이 이곳에서 약수로 눈병을 고쳤다고 해요. 또 세종시의 '세'(世)는 세상을, '종'(宗)은 으뜸을 뜻해요. 나라 중심에서 으뜸인 행정 도시가 되겠다는 의미로 볼 수 있겠지요?

 우리나라의 행정 구역을 보면 특별시 1개, 광역시 6개, 도 8개, 특별자치도 1개, 특별자치시 1개로 나뉘어요. 특별시나 광역시는 구 또는 군으로 나닙니다. 이렇게 구역을 나누는 것은 해당 지역이 지역에 맞는 정책을 스스로 결정하도록 하기 위해서입니다.

# 습지를 보호하려면 이 약속을 지켜야 해요!

- **습지** 하천, 연못 근처의 습기가 많은 축축한 땅. 다양한 생물이 산다.
- **람사르 협약** 물새 서식처로서 세계의 중요한 습지를 보호하자는 약속.

**교과서** 5학년 1학기 2단원 환경과 조화를 이루는 국토  **핵심 용어** 습지, 람사르 협약

## 습지는 소중한 환경 자원이에요

1971년 2월 2일에 이란의 람사르에서 세계 여러 나라가 모여 약속을 했어요. '물새 서식처로서 국제적으로 중요한 습지에 관한 협약'이지요. 이란의 람사르에서 회의가 열렸기 때문에 이것을 **람사르 협약**이라고도 부릅니다.

사람들이 농사지을 땅을 넓히고, 둑을 건설하고, 갯벌을 메우면서 전 세계의 습지 중 50% 이상이 줄어들었어요. 습지는 희귀동식물을 포함해 다양한 생물이 살아가고, 지구의 기온과 습도를 유지해 주는 소중한 땅이에요. 습지가 점점 사라져 가자 사람들은 습지가 생태 가치가 높고 아주 소중한 환경 자원이라는 것을 깨달았어요.

## 우리나라도 람사르 협약 가입국

우리나라는 1997년 7월 28일 람사르 협약에 가입했어요. 람사르 협약 가입 국가로서 우리나라에서는 겨울 철새의 이동과 생태를 관찰하고, 이동 과정에서 상처를 입은 야생 동물을 치료해 주는 센터도 운영해요. 그 외에도 생태 공원을 조성하고 방문자 센터를 세워 생태 체험을 돕습니다. 철새가 어디에서 어디로 날아가는지 관찰하고 연구하는 철새 이동 경로 공동 조사도 하지요. 이렇게 우리나라는 세계 여러 나라와 함께 습지 보전을 위해 노력하고 있습니다.

### 지리 탐험대

**람사르 습지로 생태 체험을 떠나요!**

우리나라에서 지정한 람사르 습지에는 창녕 우포 늪, 전남 무안 갯벌, 순천만, 보성 갯벌 등이 있어요. 아래 지도에 람사르 습지의 위치가 표시되어 있습니다. 우리나라 람사르 습지를 조사해 표시된 곳에 습지 이름을 적어 보세요.

 환경 문제는 지구촌 모든 나라가 협력해야 할 공동 문제랍니다. 한 나라에서 발생한 환경 문제는 지구촌 여러 나라에 영향을 미치기 때문이죠. 지구 환경 보호를 위한 국제 협약으로는 람사르 협약 외에도, 1992년 브라질 리우에서 약속한 기후 변화 협약, 1997년 일본 교토에서 열린 교토 의정서 등이 있어요.

# 임금님이 찾던 온천에 가 보아요

> • **온천** 땅속 깊은 곳에서 지하수가 마그마에 데워져 솟아오르는 곳. 대전 유성 온천, 충남 아산의 온양 온천이 유명하다.

교과서 4학년 1학기 2단원 우리가 알아보는 지역의 역사　핵심 용어 온천

## 땅속에서 따뜻한 물이 퐁퐁 올라와요

비가 와서 땅에 수분이 흡수되면 땅속 깊은 곳에 스며든 지하수가 마그마에 데워져요. 그러면 땅속 암석층의 다양한 광물질이 물속에 오랫동안 녹아 들어 가열된답니다. 그 기간이 무려 50년에서 100년이나 된다고 해요. 그러다 암석층이 갈라져 땅 표면까지 가열된 물이 솟아오르면 자연 온천이 됩니다. 사람들이 온천수가 있는 땅을 찾아서 물을 끌어올리기도 하죠.

광물질이 녹아든 온천수로 목욕을 하면 피부도 좋아지고 혈액 순환도 잘된다고 해요. 어떤 온천수는 마시면 해독 작용이 일어나 몸에도 좋다고 하니 신기하죠?

## 임금님도 찾았던 충청도의 유성 온천

태조 이성계가 조선의 수도로 정할 장소를 물색하기 위해 길을 떠났어요. 자신은 물론 수행하던 병사들도 피로할 즈음, 대전의 유성 온천에서 쉬어 갔다고 해요. 그 후로 조선의 왕자들이 군사 훈련을 하다 유성 온천에서 목욕을 했다는 기록이 전해져 내려옵니다. 세종 대왕은 피부병을 치료하기 위해 부곡 온천을 찾았대요.

예부터 우리나라의 온천은 병들고 가난한 사람들이 치료를 위해 찾던 장소이기도 해요. 고려 때에는 온천을 관리하는 사람을 두고, 백성들이 편히 이용할 수 있도록 도와주기도 했대요.

**지리 탐험대**

### 온천 체험을 해 볼까요?

우리나라 곳곳에는 각 지역을 대표하는 온천이 있어요. 특히 이성계가 찾았던 대전의 유성 온천에는 대단위 온천 관광 타운이 있답니다. 유성 온천 족욕탕은 무료로 온천을 체험할 수 있도록 개방되어 있어요.

 우리나라 온천은 여러 곳이 있어요. 충남 아산의 온양 온천, 경남 창녕의 부곡 온천이 유명해요.

# 제주도 사람들이 주로 바닷가에 사는 이유는?

- **용천** 땅에서 물이 솟아나는 곳. 현무암으로 이루어진 제주도에서는 빗물이 땅속을 타고 흘러 해안가에서 솟아난다.

교과서 5학년 1학기 2단원 환경과 조화를 이루는 국토  핵심 용어 용천

## 바닷가에 모여 살아요

세계적으로 유명한 화산섬 제주도는 크게 북쪽의 제주시와 남쪽의 서귀포시로 나뉘어요. 한라산이 제주도의 한가운데 위치하고 있어서 제주에 사는 사람은 대부분 바닷가에 살지요. 그래서 남원, 한림, 표선 등 작은 마을은 바닷가에 있습니다. 이처럼 제주도 사람들이 바닷가 쪽에 사는 이유는 무엇일까요?

## 지하수가 솟아오르는 샘 '용천대'

농사를 짓기 위해서 가장 중요한 것은 물이에요. 물이 넉넉하지 않으면 농사짓기가 어렵죠. 제주도에 있는 암석 대부분이 현무암이에요. 화산 활동이 만든 화산암입니다. 현무암에는 구멍이 뽕뽕 뚫려 있어요. 용암이 굳을 때 수분과 가스가 빠지면서 생긴 구멍이지요. 이 때문에 제주도에 비가 내리면 빗물이 지하로 스며들어 땅 표면에 고이지 않아요. 스며들었던 지하수는 땅을 타고 흘러 해안가에서 솟아납니다. 이 지하수가 솟아오르는 샘을 **용천**이라고 해요.

사람들은 자연스럽게 물을 얻기 쉬운 용천 근처에 터전을 잡았습니다. 이렇듯 제주도 사람들은 지하수가 나오는 해안가 용천대를 중심으로 터전을 잡고 살아요.

### 지리 탐험대

#### 용천수를 찾아가 볼까요?

제주 곳곳에는 용천에 솟아오르는 물, 즉 용천수가 솟아나는 곳이 많이 있어요. 애월읍에는 항몽 유적지 용천수역사탐방길이 있답니다. 항파두리, 장수물, 웅성물, 구시물로 이루어진 길로 용천수 탐방을 떠나 보세요.

 항파두리는 고려 시대 삼별초의 마지막 항몽 유적지예요. 제주시 애월읍 고성리에 있습니다.

# 대추 하면 보은, 알밤 하면 공주래요!

• **도리뱅뱅이** 충청도 대표 음식으로 작은 민물고기를 기름에 튀겨 고추장 양념에 조린 후 팬에 동그랗게 둘러 담은 요리.

교과서 3학년 1학기 2단원 우리가 알아보는 고장 이야기  핵심 용어 도리뱅뱅이, 어리굴젓, 보은 대추

## 충청도의 전통 음식을 알아봐요

충청도는 쌀, 보리, 고구마, 무, 배추, 목화, 모시 등을 생산해요. 서쪽 해안 지방에는 홍어, 조기, 굴, 새우 등 해산물이 풍부하나, 충청북도와 내륙에서는 좀처럼 신선한 생선을 구하기가 어려워 옛날에는 자반 생선이나 말린 채소 등을 먹었어요. 충청도 음식은 그 지방 사람들의 소박한 인심을 나타내듯 꾸밈이 별로 없습니다. 충북 내륙 산간 지방에서는 산나물과 버섯이 많이 나서 이를 재료로 만든 음식이 유명해요.

대표적인 음식으로는 작은 민물고기를 기름에 튀겨 고추장 양념에 조린 후 팬에 동그랗게 둘러 담은 도리뱅뱅이, 굴로 만든 젓갈인 어리굴젓, 낙지와 박을 끓여 먹는 박속낙지탕 등이 있어요.

## 특산물 여행을 떠나요

서산의 특산품으로 천수만 간척지에서 나오는 쌀, 감자, 어리굴젓, 낙지가 있어요. 크기가 2~3cm 정도인 물고기로 만든 실치회는 당진에서 맛볼 수 있는 별미예요. 홍성은 광천 토굴 새우젓이 유명합니다. 예산 사과는 맛과 품질을 인정받고 있어요. 공주의 밤은 맛이 좋고 오래 보관할 수 있습니다. 영동은 맛 좋은 포도를 생산하지요. 보은 대추는《세종실록지리지》에도 으뜸이라는 기록이 있을 정도로 옛날부터 유명하답니다.

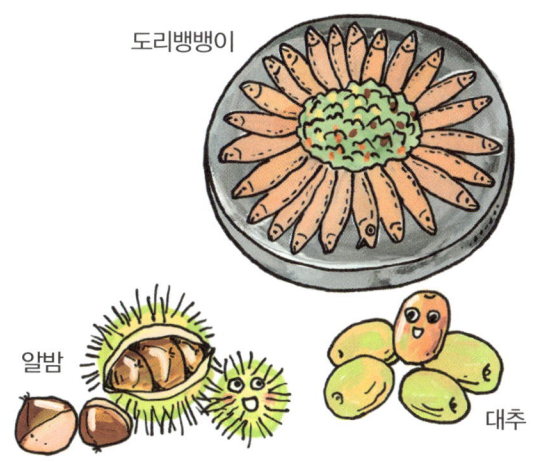

도리뱅뱅이
알밤
대추

### 지리 탐험대

**축제에 참여해 지역 문화를 체험해 볼까요?**

강경에서는 해산물이 상하지 않도록 소금에 절인 후 숙성시키는 젓갈이 다양하게 발달했습니다. 전국적으로 젓갈은 강경 젓갈이라는 명성을 얻었지요. 해마다 10월이면 열리는 강경 발효 젓갈 축제에 참여해 지역 문화를 체험해 보세요. 그리고 강경이 우리나라 3대 시장으로 불렸던 이유는 무엇인지 조사해 보세요.

 강경 포구는 예부터 금강을 끼고 있어 육지와 바다를 이어 주는 중심지였습니다. 바다에서 나는 해산물과 호남평야에서 나는 농산물을 모았다가 경기도와 충청도로 보냈어요. 경기도와 충청도 내륙에서 난 물건들은 강경을 거쳐서 다시 아래 지방으로 보냈지요. 그래서 강경 시장은 평양 시장, 대구 시장과 함께 우리나라에서 가장 큰 시장으로 꼽혀 왔어요.

# 국악과 민속놀이 실력을 뽐내는 대회가 있대요!

• **전주 대사습놀이** 전주에서 열리는 전국 규모 국악 경연 대회. 판소리, 민요, 농악 등 실력을 겨룬다. 조선 시대 경연 대회에서 비롯되었다.

교과서 3학년 1학기 2단원 우리가 알아보는 고장 이야기  핵심 용어 전주 대사습놀이

## 명창들의 큰 잔치인 대사습놀이

대사습놀이는 조선 시대 숙종 때 여러 가지 무예 및 연희를 겨루었던 경연 대회에서 비롯되었대요. 고종 때 판소리 애호가였던 대원군은 '전주 단오절 판소리 경창 대회'를 전주 감영에서 열게 하고, 장원한 명창을 서울로 상경하도록 하면서 이 대회를 '전주통인청대사습'으로 승격시켰어요. 조선 후기부터 '전주 대사습놀이'는 해마다 동짓달에 전주의 정자에서 주로 열렸답니다.

## 전주에서 열리는 전국 국악 경연 대회 판소리, 민요 등으로 이루어졌어요

전주 대사습놀이는 전주에서 열리는 전국 규모 국악 경연 대회를 말해요. 전주 대사습놀이는 조선 후기에 성행했고, 일본에 나라를 빼앗기면서 중단되었어요. 1975년에 부활해 지금까지 전북 전주 지역에서 매년 개최하고 있답니다.

전주 대사습놀이는 판소리를 비롯해서 민요, 농악, 시조, 무용, 기악 등으로 나뉘어 있어요. 소리꾼에게는 전주 대사습놀이 자리에 서는 것만으로도 큰 영광이었고, 전주 대사습놀이에서 실력을 인정받으면 최고의 명창으로 여겨졌답니다.

**지리 탐험대**

### 세계의 악기 소리를 들어 봐요

전주에서는 세계 소리 축제도 열고 있어요. 축제에 가면 우리나라의 전통 음악인 판소리와 국악뿐만 아니라 전 세계의 다양한 전통 음악과 악기, 현대 음악까지 한자리에서 특별한 경험을 할 수 있습니다.

 전주는 전통 문화가 잘 보존된 전라북도의 행정, 교육, 문화의 중심지예요. 예부터 전통 부채인 합죽선과 전주 한지 등 전통 공예품 생산지로 유명해요. 전통 기와집 800여 채가 모여 있는 전주 한옥 마을이 관광지로 알려져 있어요. 그리고 전주 하면 떠오르는 것은 바로 음식이죠. 전주비빔밥과 콩나물국밥이 유명해요.

# 제주도에 종 모양을 닮은 화산이 있어요

- **종상 화산** 점성이 큰 용암이 흐르지 못하고 빨리 굳어 종 모양으로 생긴 화산.

교과서 5학년 1학기 1단원 살기 좋은 우리 국토  핵심 용어 종상 화산, 주상절리

### 산과 닮고 꽃처럼 아름다운 산방산

화산 활동으로 생긴 제주도는 다양한 화산 지형과 지질을 자랑해요. 그 덕분에 유네스코 세계 지질 공원으로 지정되었습니다. 제주도의 화산이라 하면 한라산만 떠올리기 쉽지만, 그 주변에도 작은 화산들이 많아요. 제주도 서귀포시에는 산방산이 있지요. 산의 형태가 산(山) 자와 닮았고 꽃같이 아름답다고 해서 산방산으로 불렀다고 해요. 산방산은 멀리서 보면 종 모양을 한 **종상 화산**이에요. 화산 폭발로 만들어진 산방산이 어떻게 종 모양을 띠게 됐을까요?

### 종 모양인 이유는 암석에 있어요

산방산은 조면암으로 이루어져 있어요. 조면암은 제주도에서 가장 오래된 암석이에요. 제주에서 흔히 볼 수 있는 다른 암석에 비해 조면암은 제주 남부 해안가에서 주로 발견됩니다. 산방산이 종 모양을 띠는 이유는 조면암 때문이에요. 조면암 성분의 용암은 다른 용암보다 점성이 커서 끈적끈적해요. 또 빨리 굳어 버리죠. 끈적거리는 용암은 잘 흐르지 못해요. 산방산은 이렇듯 조면암 성분의 마그마가 천천히 흘러나와 빨리 굳었어요. 이 때문에 멀리까지 흘러가지 못해 종 모양으로 굳어 버렸죠.

**지리 탐험대**

#### 산방산처럼 용암이 만든 지형을 알아봐요

제주 해안에는 주상절리가 많아요. 오각형 또는 육각형 기둥을 이루고 있죠. 주상절리는 화산에서 흘러나온 용암이 급격히 식는 과정에서 기둥 모양으로 갈라지며 생겨요.

 울릉도의 지형이 가파른 이유는 화산섬 울릉도가 산방산과 같은 과정으로 만들어졌기 때문이에요. 종 모양이어서 '종상 화산'이라고 하지요. 종상 화산은 지형이 가파르고 경사가 급해요.

# 땅을 새로 만들 수 있다고요?

• **간척 사업** 호수나 바다를 흙으로 메꿔 땅으로 만드는 일. 우리나라에서는 새만금 간척 사업이 대표적이다.

교과서 5학년 1학기 2단원 환경과 조화를 이루는 국토  핵심 용어 간척 사업, 새만금 간척지

## 지도를 바꾸는 간척 사업

간척 사업이란 호수나 바다를 흙으로 메꿔 땅으로 만드는 걸 말해요. 이렇게 만들어진 땅을 간척지라고 하지요. 간척 사업은 인간의 힘으로 지도를 바꾸는 거대한 사업이라고 할 수 있어요. 간척 사업으로 만들어진 땅에 농사도 짓고, 도시도 만들고, 공장도 지어요. 국토를 보다 효율적으로 활용하는 겁니다.

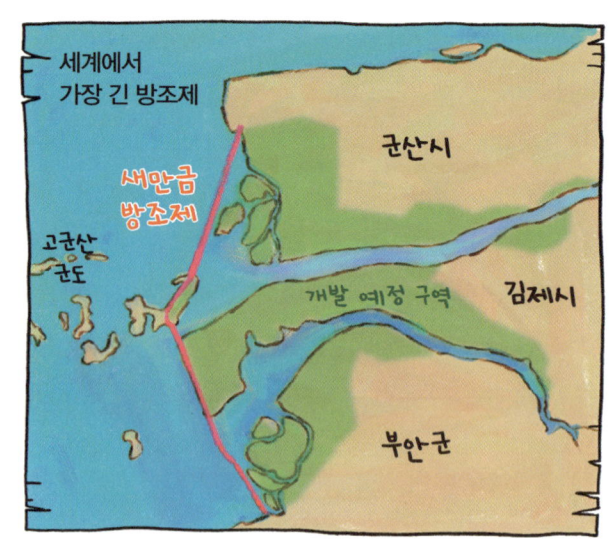

## 우리나라 최대의 새만금 간척지

새만금이란 우리나라 최대의 곡창 지대인 만경평야와 김제평야를 합쳐서 새로운 땅을 만든다는 뜻에서 붙여진 이름이에요. 새만금 간척 사업으로 생긴 땅은 약 409km²로 여의도 면적의 90배에 달한답니다. 새만금 간척 사업은 1991년 처음 시작되어 거의 30년 가까운 기간 동안 진행되고 있어요.

새만금 간척 사업이 이렇게 오랜 기간 진행된 것은 개발과 환경 보전을 둘러싼 갈등과 대립 때문이었어요. 환경 단체들은 새만금 간척 사업이 환경에 끼칠 좋지 않은 영향에 대해 관심을 갖고 새만금 간척 사업을 반대했답니다. 비록 오랜 시간이 걸렸지만, 환경 보호를 위해 바닷모래로 방조제 단면을 쌓는 노력을 기울이며 새만금 간척 사업을 진행했어요.

### 지리 탐험대

**간척을 반대하는 이유는 무엇일까요?**

간척 사업은 새로운 땅이 생기는 것이기도 하지만, 갯벌이 사라진다는 것을 의미해요. 갯벌은 바다의 오염 물질을 정화하고 기후 조절을 하는 등 여러 기능을 해요. 그래서 갯벌이 사라진다면 환경 오염과 기후 변화가 나타날 수도 있어요. 간척 사업으로 갯벌에서 살아가는 다양한 생물들이 서식지를 잃고 사라지고요. 갯벌에서 낙지, 소라, 게, 조개 등을 채취하며 살아가는 어민들의 일터조차 사라지게 되지요.

 간척 사업에 일찍부터 관심을 기울인 나라로는 튤립과 풍차로 유명한 네덜란드가 있어요. 바다보다 육지가 낮은 네덜란드는 국토의 $\frac{1}{4}$이 간척지로 이루어졌어요. 최근에는 갯벌이 가진 생태 가치를 점점 중요하게 생각해 갯벌을 국립 공원으로 지정했대요.

# 인삼을 먹으면 불로장생한다고요?

• **인삼** 여러해살이풀로 약으로 쓰이며, 뿌리가 사람 모습을 닮아 인삼이라 불린다. 강화, 금산, 영주, 풍기 등지의 인삼이 유명하다.

교과서 4학년 1학기 2단원 우리가 알아보는 지역의 역사  핵심 용어 인삼, 강화도

## 세계에 신비한 약으로 알려진 인삼

옛날 한 선비가 병고에 시달리는 어머니의 쾌유를 위해 진악산 관음굴에 기도를 드리러 갔대요. 산신령이 꿈에 나타나 빨간 열매가 달린 풀의 뿌리를 달여 드리라 했습니다. 그래서 풀의 뿌리를 어머니에게 먹였더니 병환이 깨끗이 나았다고 해요. 그 후, 그 열매를 재배했더니 오늘날 금산 인삼이 되었다는 전설이 있답니다.

약 2,000년 이전부터 중국 문헌 자료에 인삼은 신비스러운 약으로 등장해요. 인삼을 먹으면 힘이 불끈 솟아나고, 젊음을 유지할 수 있다고 해서 불로장생 약으로도 여겨졌지요. 오늘날 밝혀진 인삼 성분에는 사포닌과 진세노사이드가 있는데, 실제로 몸의 면역력을 높이는 데 도움을 준대요.

## 인삼 재배로 유명한 우리나라

인삼이 특산물인 금산에서는 세계 인삼 엑스포가 열려요. 인삼 시장이 세계 최대 규모로 열립니다. 금산 세계 인삼 엑스포는 인삼 재배가 최초로 이루어진 개삼터에서 개삼제를 지내며 시작돼요.

인삼 재배지로 유명한 곳은 금산 말고도 강화, 영주, 풍기, 음성, 홍성 등이 있어요. 특히 강화도는 고려 인삼의 원산지라고 불린답니다. 그만큼 우리나라 토양이 인삼을 키우기에 좋대요.

### 지리 탐험대

**인삼은 언제부터 세계에 알려졌을까요?**

삼국 시대에 인삼을 중국과 일본에 수출했다는 기록이 전해져요. 고려 시대에는 인삼을 장기간 보관할 수 있도록 쪄서 말려 홍삼으로 만드는 기술이 개발되었어요. 기력을 높이는 고려 인삼의 효능이 아라비아 상인에 의해 유럽까지 알려졌지요. 이전까지 알려진 인삼은 산삼이었어요. 조선 시대에 이르러서야 인공 재배가 이루어져, 인삼을 대량으로 재배하여 교역할 수 있었답니다.

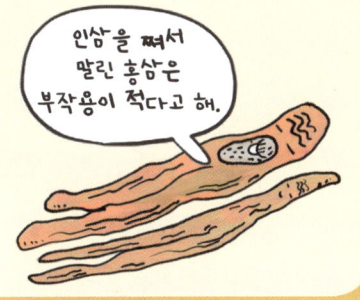

지구 온난화로 우리나라에서 열대 과일을 재배한다는 말을 들어 보았나요? 인삼도 마찬가지입니다. 기온이 높아지면서 강원도 홍천, 춘천 등에서도 인삼을 재배하고 있어요. 온난화가 계속되면 우리나라에서 인삼을 재배하기 어려워질 수도 있습니다.

# 민주주의를 꽃피운 호남의 도시는?

• **5·18 민주화 운동** 1980년 5월에 광주 시민을 중심으로 전라남도 사람들이 군사 독재와 통치를 반대하며 일어난 민주화 운동.

교과서 5학년 1학기 4단원 우리 사회의 과제와 문화의 발전  핵심 용어 5·18 민주화 운동

## 호남 지방의 대표 도시 광주

광주는 호남 지방에서 가장 큰 도시이자, 중심지이며, 유일한 광역시예요. 또한 광주 하면 가장 먼저 떠오르는 단어가 민주주의입니다. 예부터 광주 사람들은 불의에 맞설 줄 아는 용기가 있었어요. 1894년에 일어난 동학 농민 운동 때에는 4,000여 명의 광주 사람이 참여했고, 1919년 3·1운동도 크게 일어났지요. 1929년에는 일본인이 한국 여학생을 희롱한 사건을 계기로, 광주의 학생들을 중심으로 광주 학생 항일 운동이 크게 일어났답니다.

## 1980년에 일어난 5·18 민주화 운동

광주가 민주주의를 꽃피웠다는 말을 듣는 데에는 1980년 5월에 일어난 5·18 민주화 운동이 가장 큰 역할을 했어요. 1979년에 박정희 대통령이 갑자기 세상을 떠나면서, 전두환을 비롯한 몇몇 장교들이 군대를 일으켜 정권을 잡았어요. 국민들이 반발하자 군인이 장악한 정부는 전국에 계엄령을 선포하고 정권에 반대하는 사람들을 잡아들였지요.

이에 광주 학생들을 비롯한 시민들은 5월 18일부터 계엄군에 맞서 투쟁을 했어요. 계엄군이 시민들에게 총을 쏘고, 무고한 시민들이 죽어가는데도 옆 도시에서는 아무것도 몰랐답니다. 정부에서 광주에서 일어난 일을 아무도 알지 못하도록 방송과 교통까지 차단했거든요. 그런데도 용감한 광주 시민들은 쉽게 굴복하지 않았습니다.

하지만 안타깝게도 이 운동으로 많은 시민이 목숨을 잃었답니다.

### 지리 탐험대

**민주주의 발전을 위해 우리가 할 수 있는 것은?**

우리 지역의 문제와 정치 활동에 관심을 가져야 해요. 적극적으로 투표를 해서, 어떤 사람이 우리 지역의 일꾼이 되었는지, 약속한 일을 잘하고 있는지 지켜봐야 하지요.

 군대로 이루어진 정부는 광주에서 일어난 일을 시민들이 일으킨 폭동이라고 선전했어요. 하지만 시간이 지나 점차 '민주화 운동'으로 인정받았답니다. 1995년에야 겨우 5·18 특별법이 제정되면서 희생자들이 보상을 받게 되었어요.

# 백두산이 폭발할까요?

**교과서** 5학년 1학기 1단원 살기 좋은 우리 국토　**핵심 용어** 활화산, 휴화산, 사화산

- **활화산** 화산 활동을 하는 화산. 백두산은 폭발할 가능성이 있는 활화산에 해당한다.
- **휴화산** 화산 활동을 잠시 멈춘 화산.

## 마그마가 부글부글 언제 폭발할지 몰라요

백두산 땅속에는 아직도 마그마가 있어요. 마그마가 있다는 얘기는 앞으로 백두산이 폭발할 가능성이 있다는 거예요. 지리학자들이 말하길 백두산은 폭발할 가능성이 있는 활화산이래요. 최근 여러 징후를 보였거든요. 화산이 폭발하기 전에는 보통 지진이 일어납니다. 2002년부터 백두산 인근에서 작은 지진이 일어났어요. 또 천지에 있는 바위에 균열이 생기거나 산사태가 일어난 것도 폭발 징후로 보여요.

　백두산 분화구에서 화산 가스로 말라 죽은 나무도 관찰됐습니다. 학자들은 땅속 마그마에 있던 화산 기체가 밖으로 빠져나와 나무에 영향을 줬다고 주장하기도 했어요. 천지 주변 수온이 83℃로 올라가기도 했고요. 이 모든 것이 폭발 징후예요. 그래서 학자들은 백두산을 주의 깊게 관찰하면서 폭발에 대비하고 있답니다.

## 백두산은 언제 폭발했나요?

약 1,000년 전에도 백두산이 폭발했습니다. 화산재가 높이 25km 이상으로 솟구쳤어요. 힘이 얼마나 강한지 일본에도 화산재가 비처럼 내렸대요. 이후 조선 시대인 1403년, 1654년, 1668년에도 폭발이 있었어요. 1702년에도 큰 폭발을 일으켰는데요. 당시 상황이 《조선왕조실록》에 기록됐답니다.

### 지리 탐험대

**활화산, 휴화산, 사화산 구분을 해 볼까요?**

화산 활동을 하는 '활화산', 화산 활동을 잠시 멈춘 '휴화산', 화산 활동이 전혀 일어나지 않은 '사화산'을 들어 본 적 있을 거예요.

　하지만 오늘날에는 지금 활동하는 화산은 물론 나중에 활동할 수 있는 화산을 모두 활화산이라 해요. 구분이 모호한 휴화산과 사화산이라는 말은 잘 쓰지 않아요. 백두산은 언제든 활동이 가능해 활화산으로 분류합니다.

 한라산도 화산 폭발로 만들어졌어요. 한라산은 휴화산이에요.

# 지역에 따라 자라는 나무가 다 달라요

• **식생의 수평적 분포** 위도에 따라 달라지는 식물의 분포. 해발 고도(지역의 높낮이)에 따라 달라지는 식물의 분포는 '수직적 분포'라 한다.

교과서 5학년 1학기 1단원 살기 좋은 우리 국토  핵심 용어 식생 분포, 수평적 분포, 수직적 분포

## 지역의 자연환경을 알려 주는 식생

사람들의 옷차림을 보면 그 지역의 날씨를 알 수 있듯이, 어떤 나무들이 자라는가를 보면 지역의 기후와 토양과 해발 고도 등 자연환경을 알 수 있답니다. 지역에 어떤 식물이 자라는가를 **식생 분포**라고 해요. 식생이란 말하자면 땅 위를 옷처럼 덮고 있는 식물과 같은 거예요. 우리나라의 지역별 나무 분포에는 기온이 제일 영향을 많이 미쳐요.

## 어디에 어떤 식물이 자랄까요?

우리나라는 위도에 따라 자라는 나무가 달라요. 고위도인 북쪽에서 저위도로 가면서 냉대림, 온대림, 난대림 순으로 나타나는데 이를 **식생의 수평적 분포**라고 합니다.

연평균 기온 5℃ 이하 지역인 개마고원을 중심으로 추운 북쪽 지역에는 주로 **냉대림**이 나타나요. 전나무, 잣나무, 가문비나무 등 상록 침엽수가 냉대림에서 자라요. **온대림**은 개마고원을 제외하고 북위 35° 이북 지역에 넓게 분포해요. 주로 참나무류의 낙엽 활엽수가 온대림에 속하지요.

우리나라의 남쪽 지방은 겨울에도 날씨가 무척 따뜻해요. 남해안과 제주도 및 도서 지방은 1월 평균 기온이 0℃ 이상인데요. 이 지역에 주로 자라는 동백나무, 사철나무 등의 상록 활엽수를 이루는 산림을 '따뜻할 난(暖)' 자를 써서 **난대림**이라고 해요.

### 지리 탐험대

**지역의 높낮이에 따라서도 식생 분포가 달라져요**

식생의 분포는 '수평적 분포'뿐만 아니라 한 지역의 높낮이, 즉 해발 고도에 따라서도 달라진답니다. 이것을 **식생의 수직적 분포**라고 해요. 등산을 갈 때 긴 팔 옷을 준비하는 것은 산의 정상에 올라가면 기온이 낮아지기 때문인데요. 나무도 마찬가지로 산 정상 부근에는 추운 지역에 사는 나무가, 해발 고도가 낮은 해안 지역에는 더운 지역에 사는 나무가 살아요. 지형의 높낮이에 따른 수직적 분포를 잘 보여 주는 곳이 바로 제주도의 한라산이에요.

'상록 침엽수'란 사계절 내내 잎이 푸르고 뽀족한 나무예요. 상록 침엽수는 주로 추운 지방에서 잘 자라지요. '낙엽 활엽수'란 날씨가 추워지면 잎이 떨어지는 나무를 말해요. 활엽수들은 대체로 날씨가 추운 겨울이 되면 잎을 떨어뜨려 나무의 수분이 빠져나가지 않도록 해요. 그래야 겨울을 날 수 있어요.

# 찾아보기

### 숫자

1차 산업  15, 87
2차 산업  87
38선  56
3대 악성  141
3차 산업  87
4방위표  20
4차 산업  54
5·18 민주화 운동  144, 168
5대양 6대주  39

### ㄱ

가내 수공업  86
가두리 양식  140
간척 사업  166
갈옷  152
감귤  136, 152
강릉단오제  104
강수량  21, 55, 134
강우량  21
강화도  77, 86, 122, 167
개마고원  92, 124, 170
개항  76
갯벌  23, 113, 134, 145, 160, 166
거문도 등대  140
검룡소  107
경도  29, 42
경동 지형  107
경복궁  88
경선  29

계단식 논  116
계획도시  74
고랭지 배추  98, 120
고령화  43
고속 국도  69
고속 도로  17
고속 철도  17
고수 동굴  151
고인돌  86
고위평탄면  98
공공 임대 아파트  84
공룡 멸종설  36
공업 지역  143
공청회  90
관동 지방  107
관측 표준목  27
광역시  30, 60, 159
광주 비엔날레  144
교통수단  17, 69, 80, 81
교통도  69
구례 산수유  138
구석기  148
구황 작물  96
굴피집  153
궁중 음식  68
귀촌  16
근정전  88
금강산  125
기단  14, 22
기온  117, 124
기온 저하설  36
기후  33, 41, 124
기후 변화  14
김치  133

### ㄴ

나루  81
나혜석 거리  66
난계 박연  141
난류성 어종  102
난지도  67
날씨  33, 51
날씨 마케팅  51
남위  29
남이섬  63
내장산  154
너와집  103, 153
녹조  106
농업의 기계화  135
농촌  16, 34
높새바람  111

### ㄷ

다랑이 논  116
다문화  31
다우지  55
단오  104
단층애  123
당간지주  110
대간령  108
대게  99
대관령  98, 108
대기  33
대동여지도  52
대륙이동설  39
대청도  75
대축척 지도  28

댐  21, 106
도넛 현상  73
도로명 주소  24
도리뱅뱅이  163
도시 문제  64, 84
독도  119
돈의문  58
돌담집  153
돔배기  99
동고서저 지형  25
두무진  83
등고선  20

### ㄹ

람사르 협약  160
리아스 해안  113

### ㅁ

명량 대첩  131
무등산 수박  138, 144
문경새재  100
문화  19, 44, 133
물돌이 마을  63
미세먼지  46
밀물  101, 137, 146
바닷길  146
방언  32
방위  20
방조제  137, 166
배산임수  15
배타적 경제 수역  40

171

백두대간   94
백령도   55, 75, 83, 149
범람원   67
보신각종   91
본초 자오선   29, 42
봉수대   65
봉평 메밀   96
봉화   65
부산 국제 영화제   114
북위   29
북태평양 기단   14, 22
북한산   89
분지   95
불국사   115
불쾌지수   45
비무장지대(DMZ)   48, 56
빗장 도시   64
뽕할머니의 전설   146

사대문   58
사막화   26, 46
사빈   113
사액 서원   110
사이클론   49
사천   121
사화산   169
산방산   165
산지촌   34
삼각주   156
삼천포   121
삼한사온   22
상족암 군립 공원   118
새만금 간척지   166

생명공학   54
생산 활동   23, 34
생태 공원   67
생활 지수   45
서대문 형무소   61
서래봉   154
서리   41
서해 5도   75
석굴암   115
석빙고   105
석호   123
석회 동굴   151
설문대할망의 전설   150
설악산   125
섬진강   128, 147
세계화   31
세종특별자치시   60, 159
소수 서원   110
소수림왕   77
소우지   55
소축척 지도   28
수도   71
수원 화성   74
수직적 분포   170
수평적 분포   170
숙정문   58
숭례문   58
숭유억불 정책   112
습지   160
시장   68, 114, 147
식생 분포   170
신도시   70
신사임당   97
신에너지   47
신재생 에너지   47
심청각   149
썰물   101, 137, 146

아열대 기후   38
안동 국제 탈춤 페스티벌   109
어리굴젓   163
어복쟁반   92
어촌   23
역사적 인물   141
연교차   95
열대야   78
열섬 현상   73, 78
염전   134
영공   40
영광 굴비   138
영도다리   114
영산강   128
영토   40, 119
영해   40, 119
오름   150
오목교   62
오죽헌   97
오호츠크해 기단   14, 22
온돌   85
온천   161
와우산   62
용천   162
우데기   103
운석 충돌설   36
운종가   68, 91
울돌목   131
위도   29, 41, 170
위선   29
위성 도시   70
위성 위치 확인 시스템(GPS)   35

유관순   130
율곡 이이   97
응암   62
이모작   135
이상 기후   38
이수 해안   113
이천 도자기 축제   59
이촌향도   16
인구 공동화   73
인구 절벽   50
인구 집중   84
인구 피라미드   50
인문 환경   12
인문지리   12
인삼   167
인정   91
일교차   95
일기예보   18
일반도   20

자강도   92
자연지리   12
자연환경   12, 23
자전   41
잡상   88
장마   14
재개발   90
재래마   129
재생 에너지   47
저수지   21, 34
저출산   43
전등사   77
전주 대사습놀이   164

172

전통 가옥 153
전통 공업 86
전통 무술 158
전통 시장 68, 147
절기 27
정체 전선 14
제주 민속 자연사 박물관 152
조경수역 102
조수 간만의 차 101, 137
종묘 72
종상 화산 165
주상절리 165
주소 24
주제도 20
죽령 100
중심지 126
지구 온난화 26
지도 20, 28, 52
지리 12
지리 정보 체계(GIS) 35
지리산 125
지명 62
지방 자치 60
지방 자치 단체 60
지번 주소 24
지석묘 86
지역 문제 64
지역 불균형 142
지층 53
직지심체요절 155

차이나타운 76

채석강 139
천안 독립 기념관 130
천안 삼거리 157
천안 호두과자 157
첨성대 115
촌락 15, 16, 156
추풍령 100
축척 28
충주 세계 무술 축제 158
측우기 55
침수 해안 113

칼데라 103, 132
칼데라호 132

태풍 37, 49
통도사 112
통신 수단 18, 65
특별시 60
특산물 59, 79, 86, 92, 99, 136, 138, 152, 167

파루 91
판게아 39
팔도 13

팔도지리지 13
팔만대장경 122
평야 156
포천 막걸리 79
푄 현상 111
표준어 32

하굿둑 106
하회 탈춤 109
하회 마을 63, 109
한계령 108
한라산 132, 150
한류성 어종 102
한옥 85
해류 102
해발 고도 117, 124, 170
해식애 123
해안 사구 75
해인사 122
행정 구역 13, 24, 30, 71, 92, 107, 121, 159
허브 공항 80
혁신 도시 142
호박김치 92
화개 장터 147
화구호 132
화문석 86
화석 36, 82, 118
화석 연료 26
화성성역의궤 74
활화산 169
황사 46
효석문화제 96

휴전선 56
휴화산 169
흥덕사지 155
흥인지문 58

173

## 책

《경북 북부》, 한국문화유산답사회 편, 돌베개, 2015
《고전소설 속 역사 여행》, 신병주·노대환, 돌베개, 2015
《교과서에 나오는 유네스코 세계 문화유산 : 대한민국》, 이형준, 시공주니어, 2011
《대단한 지구여행》, 윤경철, 푸른길, 2011
《대한민국 여행사전》, 백남천 외 공저, 터치아트, 2009
《동국여지승람 제영 사전》, 김건곤·김태환·어강석, 한국학중앙연구원, 2016
《동에 번쩍 서에 번쩍 우리나라 지리 이야기》, 조지욱, 사계절, 2008
《생방송 한국사 4》, 서예나, 아울북, 2017
《서울》, 한국문화유산답사회 편, 돌베개, 2004
《선사 유물과 유적》, 이건무, 솔출판사, 2003
《시사 상식 사전》, 현대인경제연구소, 2016
《신정일의 새로 쓰는 택리지》, 신정일, 다음생각, 2012
《아름다운 우리 향토음식》, 정재홍 외 공저, 형설출판사, 2008
《아하, 그래서 유명하구나!!》, 박정애, 북멘토, 2006
《앵글 속 지리학(하)》, 손일, 푸른길, 2011
《위성에서 본 한국의 산지지형》, 지광훈 외 공저, 한국지질자원연구원, 2008
《재미있는 한국지리 이야기》, 이광희, 가나출판사, 2007
《조선왕조실록》, 이성무, 살림, 2015
《죽기 전에 꼭 가봐야 할 국내 여행 1001》, 최정규 외 공저, 마로니에북스, 2016
《지도로 배우는 우리나라 우리고장》, 양대승, 주니어랜덤, 2009
《지리교사 이우평의 한국 지형 산책1》, 이우평, 푸른숲, 2007
《토목기술자를 위한 한국의 암석과 지질구조》, 이병주·선우춘, 씨아이알, 2014
《한겨레음악대사전》, 송방송, 보고사, 2012
《한국 고지도의 역사》, 개리 레드야드, 소나무, 2011
《한국 공룡 대탐험》, 양승영, 명지사, 2000
《한국구전설화》, 임석재, 평민사, 1993
《한국근현대사사전》, 한국사사전편찬회, 가람기획, 2005
《한국사 개념사전》, 공미라 외 공저, 아울북, 2009
《한국사사전》, 김한종 외 공저, 책과함께어린이, 2016
《한국사회사연구》, 이태진, 지식산업사, 2008
《한국의 방언과 방언학》, 정승철, 태학사, 2013

《한국지리 이야기》, 권동희, 한울, 2008
《한국지리를 보다 1, 2》, 엄정훈, 리베르스쿨, 2016
《한국지명유래집 : 중부편》, 국토지리정보원, 진한엠앤비, 2015
《한국지명유래집 : 충청편》, 국토지리정보원, 진한엠앤비, 2015
《한반도의 댐》, 박치현, 한국학술정보, 2011
《해설 대동여지도》, 이상태·최선웅·김정호, 진선출판사, 2017
《희망의 단지 DMZ》, 황선미, 조선북스, 2011

## 기사

"과학자들 공룡의 멸종 원인으로 '운석충돌설' 결론", 박진관, 〈영남일보〉, 2013년 09월 13일
"날씨는 기업 성공의 기회 요소입니다", 김동식, 〈이코노미조선〉, 2008년 03월 01일
"미래 환경산업을 만나보자! ENVEX 2017 개막", 강유진, 〈환경미디어〉, 2017년 06월 07일
"백두산 폭발 공포", 구시영, 〈국제신문〉, 2017년 09월 08일
"백두산 화산 폭발한다면 어떤 일이…", 원호섭, 〈매일경제〉, 2016년 04월 21일
"북방계, 남방계로 알아보는 한국인", 이종호, 〈KISTI의 과학향기〉, 2006년 01월 16일
"역사따라, 물길따라 ~ 용천수 역사탐방길 조성", 조상윤, 〈한라일보〉, 2017년 10월 27일

## 누리집

국립국악원   http://www.gugak.go.kr
국립 중앙 박물관   http://www.museum.go.kr
네이버 지식백과   https://terms.naver.com
다음백과, 매경시사용어사전   http://100.daum.net/book/645/list
두산백과   http://www.doopedia.co.kr
디지털하동문화대전   http://hadong.grandculture.net
문화재청   http://www.cha.go.kr
세종특별자치시청   http://www.sejong.go.kr
에듀넷   http://www.edunet.net
유네스코와 유산   http://heritage.unesco.or.kr
통계청   http://kostat.go.kr
한경경제용어사전   http://dic.hankyung.com
한국관광공사   http://www.visitkorea.or.kr
한국민족문화대백과사전   http://encykorea.aks.ac.kr
한국세시풍속사전   http://folkency.nfm.go.kr/kr/dic/2/summary
한국콘텐츠진흥원   http://www.culturecontent.com
한국학중앙연구원   http://www.aks.ac.kr
한국향토문화전자대전   http://www.grandculture.net

그린이 **구연산**

대학에서 만화예술을 공부했으며, 프리랜서 일러스트레이터로 활동하고 있습니다. 그린 책으로는 《한 권으로 보는 그림 한국지리 백과》《한눈에 펼쳐보는 우리나라 지도 그림책》《봄·여름·가을·겨울 숲속생물도감》《처음 만나는 난중일기》《처음 만나는 징비록》《처음 만나는 열하일기》《조선 시대에는 어떤 관청이 있었을까?》 등이 있습니다.

### 초등학생을 위한 개념 한국지리 150
사회 과목이 좋아지는 탐구활동 교과서

1판 1쇄 펴낸 날 2018년 12월 30일
1판 6쇄 펴낸 날 2025년 2월 10일

지은이 | 고은애, 김영미, 문상온, 박효연
감　수 | 전국지리교사모임
그　림 | 구연산

펴낸이 | 박윤태
펴낸곳 | 보누스
등　록 | 2001년 8월 17일 제313-2002-179호
주　소 | 서울시 마포구 동교로12안길 31 보누스 4층
전　화 | 02-333-3114
팩　스 | 02-3143-3254
이메일 | bonus@bonusbook.co.kr
블로그 | http://blog.naver.com/vikingbook
인스타그램 | @viking_kidbooks

ISBN 978-89-6494-355-7　73980

**바이킹**은 도서출판 보누스의 어린이책 브랜드입니다.

• 책값은 뒤표지에 있습니다.

# 교과서 잡는 바이킹 시리즈

**STEAM 초등 과학 실험 캠프**
조건호 지음 | 민재회 그림

**초등학생을 위한 과학실험 380**
E. 리처드 처칠 외 지음 | 천성훈 감수

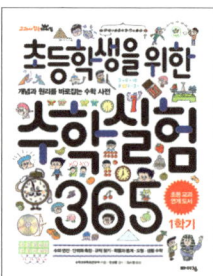

**초등학생을 위한 수학실험 365 1학기**
수학교육학회연구부 지음 | 천성훈 감수

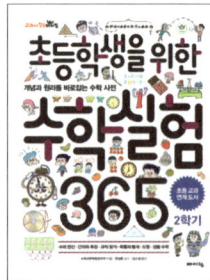

**초등학생을 위한 수학실험 365 2학기**
수학교육학회연구부 지음 | 천성훈 감수

**초등학생을 위한 요리 과학실험 365**
주부와 생활사 지음 | 천성훈 감수

**초등학생을 위한 요리 과학실험실**
정주현, 달달샘 김해진 감수

**초등학생을 위한 개념 과학 150**
정윤선 지음 | 정주현 감수

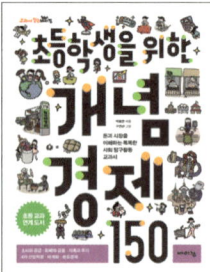

**초등학생을 위한 개념 경제 150**
박효연 지음 | 구연산 그림

**초등학생을 위한 자연과학 365 1학기**
자연사학회연합 지음 | 정주현 감수

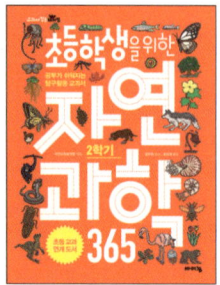

**초등학생을 위한 자연과학 365 2학기**
자연사학회연합 지음 | 정주현 감수

**초등학생을 위한 개념 한국지리 150**
고은애 외 지음 | 전국지리교사모임 감수

**초등학생을 위한 개념 정치 150**
박효연 지음 | 구연산 그림

**초등학생을 위한 개념 국어: 고사성어**
최지희 지음 | 김도연 그림

**초등학생을 위한 교과서 속담 사전**
은옥 글·그림 | 전기현 감수

**초등학생을 위한 교과서 명작 읽기**
최지희 글 | 윤상은 그림

**초등학생을 위한 교과서 고전 읽기**
최지희 글 | 윤상은 그림